ポケット顧問　や、此は便利

平凡社ライブラリー

Heibonsha Library

ポケット顧問

や、此は便利だ

下中彌三郎・秋永常次郎編

平凡社

目次

第三篇　実用文字便覧……239

凡例

一、本書は、大正二年、下中彌三郎（芳岳）と秋永常次郎（東洋）の共編により成蹊社から刊行された。その後、成蹊社の破産により、高利貸の手に渡っていた紙型を下中が買い取り、大正三年春、平凡社の創業出版としたものである。なお、本書では本名の下中彌三郎、秋永常次郎を著者名とした。

一、底本には再訂大増補第二四版（一九一六年一二月刊）を使用した。

一、原文のページ番号とは別に、新たにページ下部にページ番号を附し、目次にはそのページ番号を示した。

一、今回新たに付した目次および柱では新字体を使用した。

一、今日では差別的と思われる語句や表現が見受けられるが、時代的な背景を考慮してそのままとした。

一、明らかな誤植もあるが、そのままとした。ただし、数カ所に＊をつけて誤りの指摘をした。

再訂
大増補

下中芳岳
秋永東洋 共編

ポケット顧問 や、此は便利だ

第貳拾四版

大正五年十二月

此の書を手にし給ふ方々に

訂正大増補貳拾四版の發行に際して

『正味ばかりの本』として世に知られたる本書は二年間に拾數萬を賣り盡し、更に今回、八拾餘頁の大増補を加へて最新版を發行するに至れり。

本書の「文字便覧」は排列方法の斬新なる點に於て類書中最も完備せるものと言はれ、「故事成語解」また選擇の宜しきを得たりとて好評あり。されど、本書中、最も人氣を鍾めたるは實に「新聞語解說」なりとす。「新聞語解說」は、全く、最新智識用語の簡明なる解說たると同時に、如何なる辭書にも見るを得ざる社會的新語、常識語、流行語を網羅せるもの。例へば 優種學（ユーゼニツクス）、サシジカリズム、能率增進法（エフイシエンシイ）、キユービズム、等の如き語を始め、最も新しきは 黑表（ブラツクリスト）、抗毒素（かうどくそ）、ホルモン、曙光利用法（しよくわりようはふ）、絶糧政策（スターベーシヨンポリシイ）、等の如き、日本には勿論、世界の何れの辭書にもなき新語、更に、陣笠（じんがさ）、八百長（やほちやう）、デカダン、智識階級（ちしきかいきふ）、暗中飛躍（あんちうひやく）、半疊（はんじやう）を入（い）れる、御大（おんたい）、やとな等の流行語を悉く網羅せる點に於て、確に我が出版界に獨特の地歩を占め居ると信ず。事實は何よりも正直なり、請ふ、頁を繰つて仔細に御批判あらんことを。

例言

一、日常の談話に上り、新聞・雜誌に現はるゝ新意語・流行語・故事熟語等の中、やゝ難解のものを蒐めて簡明に解説を試み、更に、實用文字便覽をも附して一冊となし、友に示して批評を乞ひしに、友、頁を繰りつゝ微笑して曰く、『や・此は便利だ！』と。 これ、本書の名ある所以なり。

二、本書編纂の主眼は、實際的にして、且つ正味ばかりの書たらしめんとするにあり。故に、各篇を通じて餘りに專門がゝりたる、又は餘りに解りきつたる語・句は之を略し、主として、現代人の日常生活に必要なりと思はるゝ語・句・文字のみを採擇せり。

三、本書は、一種の社會語・常識語の辭書といふを得べきも、素より普通索引附の辭書にはあらず、目次を索りて、何れの項を繙くも、よく興味を以て讀了し得るやう組織したるを特色とす。されば、讀者は先づ、全篇を通覽しおきて、後、必要に應じて、其の項を索らるべし、然らば極めて簡便に、其の要求を充たし得ん。

編著者識

目次

第三編　實用文字便覽

第一篇第二篇共通索引

〔サ〕

〔へ〕

第一、第二篇索引 終

増補索引

増補索引終

第四編　續新聞語解說

附第二增補索引

右の〔其一〕〔其二〕〔其三〕共通索引

〔コ〕誇大妄想狂(3)。後天的。コカイン。コンビクション。コンモナー。コロボックル(27)。後方勤務。ござつた。腰巾(48)。コスめる。コンマ以下。御用—(49)。

〔サ〕產兒制限論。サーベル主義。サイノロジー。ザックバラン(49)。サイコロジー。サタン。サンスタリット。サンプルルーム。サルバルサン(27)。

〔シ〕時間と空間。新理想主義(4)。社會問題。事大主義。ジンゴイズム。信仰の自由。ジャコビニズム。常識宗。循環論法(5)。シェク•ハンド。ジオラマ。自家撞着。シグナル。思索。實感。シニク。シンガー。シンボル。シンメトリー(28)。ジュピター。醇化。衝動。ショック。自律(29)。しきしま。事後承諾。尻尾を出す(49)。しんねこ。ジァパニング。處女—(50)。

〔ス〕睡遊病(6)。スイッチ。スケッチ。スコッチ(29)。ステンド•グラス。ステロ。スパイ。スピリット。スペース。スポイト。スモーキング•ルーム。スリッパー。スルー•トレーン(30)。

〔セ〕制海權。生命學。セカンド•ハンド•ナレッジ(6)。責任支出。セセッション。刹那主義(7)。絶糧策。全的生活(8)。セオリー。セックス。ゼニアス。ゼネレーション。潜勢力(30)。センシュアル。センシブル。前提。先天的。ゼラチン。セルラック(31)。星菫派(30)。セカンド•ハンド(31)。

〔ソ〕造花。屬性。側面觀。操觚者。總務(31)。相對的。ソドミー。ソンネット(32)。宋仁。總花主義(51)。

第二增補索引

目次及索引終

再訂増補 顧問(ポケット)や・此は便利だ

成蹊社編輯局編纂

第一篇　新聞語解説

〔其一〕最新の術語並に流行語

1

新聞や雜誌や社交上の對話中には、政治、經濟、道德、文藝、社會の各般に亘って、日常、盛に使っては居るが、さて、實際の意義の明瞭ならぬ新術語が可なりある。

2　日常の談話語中には、大體其の意味が分っては居るが、さて、それを明瞭に知らうとなると、普通の辭書を繰り開いても解決のつかぬ流行語が可なりある。

3　此の章では、此等の術語及び流行語を平明に解説する。但し、此の書の主義として、分りきった語や、專門に偏した語は採擇せぬ。

偶像破壞主義（Iconoclasm.）
一切の傳來的思想を根本より破壞して個性の自由と權威とを極度に主張する晩近思想上の一傾向。是に偶像破壞の語を附する所以は、囚はれた思想、習慣を偶像と考へ、これを破壞し盡さうといふのである。此の思想を主義とする人を偶像破壞者といふ。偶像とは神の肖像の意。此の場合には、習慣的思想の符號として用ひたのである。

新しい女
（一）從來、男子に對して、絶對的に、盲從し來れる婦人の境遇より覺めて、婦人も人間である、人間である以上、人間(人格)として取扱はれたいとの要求の下に、自覺的に活動せんとする婦人の總稱。

(二)右の如き眞面目なる主義主張のあるではなく、徒らに、現在の不健全なる言論に煽動られて、徒に奇を衒ひ、新を喜び、我がまゝ勝手なる振舞を敢てして得意がる一群の婦人を侮蔑的意味で呼ぶ語。(婦人問題を看よ)(一)を「覺めた女」などともいふ。

一人一黨主義

我が國に於ける政黨のある一派の主張。

『眞の政黨は主義政綱に基く政治でなくてはならぬ。從つて、眞の政黨は、主義政見を同じうすれば集り、主義政見を異にすれば散ずる如きものでなくてはならぬ。單に自分の都合を中心として何等の自覺も見識もなくて相集る如きは、朋黨とは言へるが政黨とは言へぬ。此の立脚地から言へば、人は各その見る所を異にするが故に、結句、一人一黨主義の外ない。而も、小異は時に之を捨てゝ大同に就くは必ずしも妨げないと言ふのが此の主義者の主張である。現在の中正會の人々は即ち此の主義を標榜して居る。

印象主義 (Impressionism.)

晩近、藝術界に行はれる一派の主張。

此の派の名は佛國畫家ロード・モネーの作「印象」と題する繪畫から出た。モネーの主張によれば、『自然をその見たまゝに描け、されど其は作家の眼に印象された所そのまゝでなくてはならぬ。」と。印象とは即ち一瞬間の感覺、此の感覺を留めよといふのである。初はかく繪畫から出たが、今では、文學、彫刻等凡ての藝術界の一主義となつた。批評界にすら「印象批評」といふが盛に行はれつゝある。

世界語（エスペラント）（Esperanto.）

エスペラントは、本來は希望ある人の義。そして、此の名は發明者その人が始めて雜誌に之を發表した時の匿名をそのまゝ用ひたのである。一種の萬國共通語で、ポーランドの醫師ザーメンホフの創意にかゝり、フランス人のボーフロンが修正大成したものである。近時、世界各國の學者間に盛に行はれて居る。我が國に於ても、之が研究者は乏しくない。

歌劇（オペラ）（Opera.）

音樂を主とせる西洋演劇、音樂と劇詩との合したものに、動作身振を加へて舞臺上に演出し、以て或る劇的事件の筋を表現する。十六世紀の頃伊太利に起り、獨逸に入り、ワグネルに至りて大成せられた。オペラによりて舞蹈するをオペラダンスといひ、伸縮自在の高帽子をオペラハットといひ、オペラ見物等に用ふる一種の小さき双眼鏡をオペラグラスといふ。

オリンピック競技（Olympic-game.）

往古、希臘にては、オリンピア祭とて、四年目毎にオリンピア(地名)に於て盛なる大祭行はれ、その五日間、各國人の體育的競技の行はるゝが例であつた。中世、此の風一時杜絶えて居たが、近年に至つて再興せられ、歐洲各國競うて選手を出し、國際的競技として、四年目毎に之を行ふことゝなつた。千九百十二年の競技には、我が國よりも金栗、三島の二選手を送つた。

客觀描寫(かくくわんべうしや)

小說、劇等を作るに當り、その人物事件を描寫するに、全然、客觀的態度を持し、その表面に表はれたるものゝみを描きて、些の主觀的意見をも加へず、而も內部の意味によつて讀者、觀者を動かさうとする。即ち、單にその外面的の表現をなすのみにて、決してその心理に立ち入らざるやう力め、說明に陷るを極力避けんとするのである。我が國にては田山花袋等の主唱するところ。「平面描寫」といふ語も此の語と殆ど同義に用ひられる。

ガール・スカウツ (Girl-scouts.)

少女斥候隊。少女兵團。少女義勇團などいふ。ボーイ・スカウツに倣ひて、少女にも硬教育を與へ、社會生活の意義を理解せしめんとする新運動。(ボーイ・スカウツを看よ)

鑑賞批評(くわんしやうひやう) (Appreciative criticism)

文藝批評の一樣式。從來、批評といへば、作品の缺點を探し出さんことにのみ腐心する傾向があつた。が、此の鑑賞批評では、その作物の短所を探ぐるよりも寧ろその長所をあげて同感的に翫味し説明しようとする。

危險思想

社會主義殊に無政府共産主義の如き思想を目して、行政當路者の、之を危險思想と呼びなし、頻に壓迫を加へたるに由來する。即ち我國にては、明治三十七八年前後に於て、盛に此の種の思想の一部人士の間に宣傳せられ、更に、明治四十一年、所謂、大逆事件起り（大逆事件を見よ）、幸德一派の社會主義者斬罪に處せられて以來、政府者に楯つかんとする如き思想は、たとへ、それが社會主義ならずとも、概して危險思想の名を以て呼ばるゝに至つた。但し多くの場合、危險思想といへば、社會主義の別名となつて居る。

危險人物

（一）危險思想を抱ける人物。自由思想の鼓吹者。長上者に對して反抗し兼ねまじき氣勢を示さんとする個性強き人物に對して治者又は長上者が之を嫌忌する意味に用ふる語。

（二）人格的統一を缺くが如く見ゆる人物即ち油斷のならぬ人物にも用ふ

僞忠君・僞愛國の徒

一般人民が、閥族政治家若くは閥族擁護者を目して貶稱する語。曰く、「彼等は、徒に忠君愛國を口にすれど、その實、己が氏族の繁榮と幸福とその地位の安固とを希ふ外、何等、君國を思ふの誠意をも持たぬ。而して、彼等が、己が氏族の地位を安固ならしめんが爲に一般人民を壓迫するが如きは、正しく國家の健全なる進運を阻害するものであつて、是ぞ反つて危險なる振舞である。不忠の臣である。彼等の說く忠君・愛國は凡て僞である。」と。

金貨本位

金貨單本位制(Gold-monometallism)の略。金貨幣のみを以て、貨幣流通の本位とする制度。貨幣制度には、二種以上の貨幣を流通本位とする複本位制と、一種の貨幣のみを本位とする單本位制とある。單本位制には、現今にては、金單本位・銀單本位の二種あれど、金は銀より價格の變動少なく、且つ價高くして日常取引の盛なる近世經濟上の授受に便である。我が國にては、明治三十年以來、金貨單本位制を施行してをる。英・獨・佛・米・伊等皆金貨單本位制である。故に、貨幣の海外に流出することを我國にては、金貨流出といふ。金貨流出は、經濟界の不健全を意味する場合多きを以て、政策上施政者は常に之を恐れ且つ戒む。

近代劇 (Modern-drama.)

劇は昔から衆俗の娯樂となつて居た。近代になつて文藝思潮が人生と密接な關係を持つ樣になつて來たので、劇も亦自然に人生問題を取扱ふ樣になつた。近代劇といふのは、娯樂的でなくて、思索的、お話的でなくて暗示的、物語でなくて現實人生の斷片であるといふ點に其の特徴がある。

近代劇の開祖は誰か。嚴密な意味に於て一人の開祖と名づくべき人はない。近代人の心の要求に從つて、自然に生れ出づべくして生れ出たのである。けれども、最も早く最も大なる成功を納めたのは、ノールエーのイブセンであつた。イブセンに次で大なる成功を納めたのはスエデンのストリンドベルヒ、獨のハウプトマン、ズーデルマン、ウエデキンド、英のバーナード・ショウ、ワイルド、白のマーテルタンク、伊のダヌンチオなどである。

近代思想（Modern-thought）

廣い意味では、中世の教權に囚はれた思想から離れて個人の自由を主張して以來の、人格本位思想の一般の傾向を指すことゝなる。が、今日、廣く用ひられて居る近代思想の語は、十九世の後半以後に於て著しく高潮せられた個性中心主義の思想、及び從來の主知的傾向に極力反對する情意本位、ことに主意的傾向を意味して居る。此の思想の代表者としては、米のゼームス、佛のベルグソン、獨のオイケンを擧ぐることが出來る。此等の人は、その說く所素より一樣ではないが、その個性本位的であり、主意的である點に於て一致するものがある。文藝美術の方面に流れて居る近代思想も亦要するに、此の個性本位的、主意的傾向を中心として居る。

禁欲主義（Aceticism.）

克己主義。嚴肅主義。制欲主義等みなアセチシズムの譯語である。此は、一派の學說といはんよりは寧ろ宗教上・倫理上の實行方法上の一主義である。人の善は、感性の滿足又は社會の名聞利達に存せぬ。人生の目的は感情的欲望に囚はれずして、合法の生活を營むにある。即ち、吾人は、吾人の野生の我を抑へて理性の我を實現し行き、以て高潔無垢なる理想生活を實現すべきであると。しかし主張する人によりて多少その禁欲の程度に差がある。

共產主義（Communism.）

共產主義は、やゝもすれば、社會主義と同一視せられるけれど、正しくは區別して用ふべき語である。此の主義は、經濟上に於ては、現今の私有財產制を破壞して、財產の共有を主張し、社會上に於ては、世襲的個人的特權に反對して權利の平等を主張する。社會主義者にして、共產主義の喧傳者も素より少なくは無い。之を社會共產論者といふ。

鄕土藝術（獨—Himat-Kunst）

最近に於ける獨逸文壇の新運動。主唱者リエンハルト曰く「郷土藝術は反動によりて起りたるにあらずして人間自然の要求に應じて起りたり。自然主義が生みたる大都會の悲慘なる生活、象徴主義が生みたる女性的神經質的人間を脱却したる剛健なる人格を描かんとす。」と。以て其の一斑を知るに足らう。

虚無主義 (Nihilism)

無政府主義の一派。特に露國に發生したる政治的・社會的威權を否定し去らんとする過激なる革命思想。主唱者は同國バクニン及びクロポトキンである。

享樂主義

享樂を以て人生究竟の目的と考ふる説。倫理學上にては、快樂説に相當し、文藝上にては、唯美主義に相當する。高山樗牛の曾て主張したる美的生活にも通ずる。

英のオスカー・ワイルドは此の派の驍將。我が國、現文壇の人にて、此の派に屬する主なる人は永井荷風である。

立體主義 (Cubism.)

最近に於ける美術の傾向を代表する一派。ロダンの彫刻以來、彫刻界に於ては平面的、女性的表現を以て滿足せざる傾向が著しくなつて來て、稜角的手法(やゝ無理な語だが)を以て、「感じ」を主とし、勢力を主とする彫刻盛に行はれ、更に、轉じて繪畫にも其の影響が及ぶこととなつた。此の派の主張は寫實よりも感じを主とし、その藝術によりて精神ノ平和を味はしめんとするよりは、寧ろ強さ印象、「力」の人に迫る感じを味はしめんとするにある。

彫刻はよいとして、繪畫におけるキユービスムは、世界の人々に不可能なものとして過せられて居る。即ち、此の派の人々の作畫は、殆どすべて、鋭角の集合である。千仭の斷崖にそゝりたつ、水成岩の稜角を見るがやうである。此の流義の繪畫が、今後果して美術として考へらるゝやうになるかどうか、今の處不定である。

クーデター（佛— Coupd'etat）

政治上、一國の政府が、合法の處置によりて十分其の抱負を實行する能はずと信ずる場合に採用する激烈なる行政上、又は立法・司法上の非常手段の稱。佛語の意味は、國家の暴傑策又は非常政策といふ義である。嘗て、佛王シヤール十世が行ひたる政策の如きナポレオンが大統領より一躍して皇帝となりたる際の政策の如きは皆一種のクーデターであつた。近くは、支那の袁世凱これを行ひて大總統の位に即き、かの山本内閣が、民意に反して海軍擴張費を議會に於て通過せしめんが爲に、大數黨を恃み、司法權又は軍隊を用ひて議會を衞らしめたるが如きは一種のクーデターであつたとも言へる。

群衆心理（ぐんしうしんり） (Collective psychology)（コレクチーブ　サイコロジー）

一人一人別々に離しては考へ及ばぬやうなことを群衆は實行する。此の如き心理の働き方を群衆心理の活動といふ。誰でも世に立つて大事業を成し遂げようとするには、先づ以て時代の人心を收攬せんければならぬ。而して人心を收攬するの成否は、一に群衆心理を理解し居ると否とに基く。此の意味に於て、群衆の心理表現を研究するは頗る興味あることである。

官僚政治（くわんれうせいぢ） (Bureaucracy)（ビユロークラシイ）

一長官の統率主宰の下に、行政組織の完全周密なる一連鎖を成せる官吏全體の形づくる一種の行政的習慣をいふ。語原ビユローは、卓子掛の意味なれども、後、轉じて官府の卓子を意味するに至り、更に轉じて政務を執行する意味となつた。

此の語、本來は何等惡しき意味をも有たなんだが、漸次轉化して國家の行政機關及び法制上に發生せる一般の疾患を意味するに至つた。即ち、官吏が專恣偏頗に自己の卓上より世界を瞰視して政治を行ふを言ふに至つた。

モーレル氏の定義によれば、「平凡庸劣なる人物を以て充たされたる缺點多き多數の職業的官吏團體が、形式一遍の皮相的行動を以て滿足し、國家の任務を誤解して、一般人民と隔立し、社會現實の要求を正解せざる行政組織をいふ」とある。我が國に於ても藩閥跋扈の結果は、終に所謂「官僚政治」を打立つるに至り、官僚政治と藩閥政治とを殆ど同一の意に解するに至つた。

國家全體の行政組織のみならず、凡ての團體生活に於て、上から下へ、命令的連鎖を作つて其の統一的活動を計らんとする傾向を總て官僚的といふ。

懷疑思想（くわいぎしさう） (Scepticism.)（セプチシズム）

我々が眞理として認容しつゝある處、實は必ずしも眞理ではない。然るに之を眞理として認容し安心し滿足するが如きは、眞に世界の眞本質を明にせざる一種の迷夢に過ぎない。眞理は、缺陷多き人知の到底達し得らるべき處では無い。故に、我等は、我等自身の直感する處の感覺的生活を逐うて、そこに滿足を求むる外なしと考ふる說。平たく言へば「飲めや騷げや一寸先は闇だ」の棄鉢的思想に歸結する外なき思想である。

近代思想の底には、此の懷疑思想の黑き流れがある。此の思想は、哲學當然の歸結であるか否かは疑問なるべきも、深刻・痛烈なる點に於て、他の樂天思想よりも、人生をより高く深く導く。故を以て其の價値の頗る大なるものあるを認めざるを得ない。

快樂說（くわいらくせつ） (Hedonism)（ヘドニズム）

吾等の快樂を增す行ひは善、吾々の快樂を減ずる行ひは惡と見る倫理說である。

しかし、快樂說は、それ自身、矛盾を存する。何となれば、吾人もし、快樂を欲求し、快樂を追及せんとすれば、そこに來るものは快樂ではなくて苦痛の重疊を見るのみだからである。

快樂はある行爲の結果として來るもの、決して、「行ひ」の法式又は標準となるものでは無い。

又、此の快樂說を文藝上、美學上に適用する時は、吾々に快樂を與ふるものゝみが美であるとなる。しかし、斯る考からは、「崇高」といふことの說明がつかなくなる。快樂說は、要するに、自家撞着に終らざるを得ない。

科學的批評 (Scientific criticism)

最近に於ける藝術批評の一樣式である。即ち、玆に、ある作品を批評せんとならば、それは、科學者が、生物を研究するが如く、作者の氣質、經歷、境遇、生國及び彼の時代を研究し、然る後、その作品の價値を決定すべきであるといふのである。

しかし、斯る批評はありふれた作品、作者の力を入れぬ作品に對しては、無價値で、眞に、その作物が、作者の個性であり、人格である場合に於てのみ、有效に施され得る。

古典主義 (Classicism.)

希臘・羅馬の古文學の風格に則る文藝。尙古主義、擬古主義などゝも譯する。文藝復古期以後に於て、佛國を中心として一時盛に行はれた。その特色は、個性を沒して類型的、普遍的なる點にある。從つて均齊、統一、規律、明晰等の條件を具ふ。

文藝上に於てのみならず、古典派の語は、美術上にも、一般思想上にも用ひられる。

藝術の爲の藝術　Art for Art.

藝術は、それ自ら獨立の價値を有するもの、即ち藝術は、藝術そのものゝ爲に存すべきもの、決して、人生の爲、道德の爲に存すべきものにあらずと主張し、その相言葉として、「藝術の爲の藝術」なる語を用ふるを常とする。而も此の主張の下に集る諸の主義あり、藝術主上主義、唯美主義、耽美主義等がそれである。

現實暴露

自然主義の文藝に於て、從來の自己隱閉の生活、自己欺瞞の生活に反對し、人生の裏面に於て行はれつゝある事實を事實として表白するを人生の眞とし、かくの如き表白を以て現實暴露といふ。「現實暴露の悲哀。」「先づ汝の現實を暴露せよ」など用ふ。後、更に文藝上に現實を暴露するのみならず、人生一切の生活に於て、現實を暴露するが最も囚はれざる又最も意味ある又最も勇氣ある生活だと考へる傾向を一部人士の間に生ずるに至り、更に轉じて、現代生活の一樣式の如く考へらるゝに至つた。

憲政擁護

憲政は立憲政治の略語、我が國にては、明治二十二年以來、憲法政治行はれ來りしも、長・薩閥徒らに廟堂に於て勢威を張り、大正二年春、第一次桂内閣の、上、皇室に累を及ぼし、下、人民に政を私せんとするの傾向を示すに至り、在野の有志等、憲政擁護の名の下に、政府及び官僚政治家を攻撃し、同時に憲政擁護會を組織して盛なる運動を開始して以來、憲政擁護の語、次第に意義を確固にし、桂内閣倒れて後も、なほ、憲政に反する如き政治を攻撃するに「憲政擁護の爲に戰ふべし」の合ひ言葉を用ふることゝなつた。

後期印象派（Post-impressonism.）

最近に於ける美術の一派。感じを主として、形、事實の拘束を脱し、概ね强烈なる色彩、大膽なる手法を以て、事物の特長を極端に表現せんとする畫風である。

ゴーホ、ゴーガン、マチス、セザンヌ等は此の派の大家、我が國の美術界にも、近時、此の派の感化をうけた人が段々と生して來た。白樺（雜誌の名）の人々や、ヴイナス倶樂部の人々や、フユーザン會（今は解散したが）の人々やの中には、此の種の新しき畫を試みつゝある人も少なくない。此の派の畫が、以前の精密な寫實から離れて居る點は一の大なる特色であるが、此の派の畫は、日本の光琳風の畫や、支那畫の唐子畫などゝ甚だ相似た處がある。しかし、それは不審ではない、支那畫も日本畫も既に佛國や米國などへは澤山渡つて居る、從つて寫實派の畫に飽きた彼の美術界に、それがある種の刺戟を與へたであらうからである。尤も、此の派の畫は、單に、支那畫、日本畫の模倣ではなくて、新生命がその中に流れて居ることは否まれぬ。

功利主義 (Utilitarianism.)

最大多數の最大幸福が道德上の善であるとする學説。

此の説は、快樂の增進が道德の目的であるといふ點で快樂説の一種であるが、其の快樂は、自己の快樂を目的とするのではなくて、一般の快樂を目的とする點に於て、極端なる個人的快樂説(自利説)とその趣を異にする。これ即ち此の説を、一名公衆的快樂説といふ所以である。けれども、思想發達史上より見れば、快樂説は、その個人的なるに於て轍底し、既に公衆的の語を冠するに至りては、快樂そのものが、生活の目的ならざるを暗示するものであつて、快樂説より精神主義、理想主義への轉機を示せるものと見ることができる。歐洲にて此の説の主張者は英のベンザム、ジヨン・スチユーアート・ミルを以て代表者とする。我が國にては明治の初年此の種の思想大に流行し、理學正宗(功利說の飜譯書)などいふ著書の流行を見た。今でも、此の說を信じて居る人が頗る多い。

個人主義(Individualism)

倫理學上に於ける個人主義は、個人の權威及び個人の自由の强さ主張である。社會生活は、畢竟、個人生活の必要に基いて起つたものである。故に、社會が個人の自由を脅かす如きは、不條理であるといふにある。

此の思想は、上古の國家至上主義、中世の團體主義に反對して、十六世記以後新人文主義の起りたるによりて高潮せられ、十九世に於て、新に國家主義の起るまでの思想界に一貫し、現時に及びては、更に個性主義と相結びて凡ての新思想の根柢に橫はつて居る。

但し、個人主義が極端なる快樂說と相結びて說かるゝ時は、かのホッブスの主張せるが如き社會契約說に墮することゝなり、又、極端なる自利說と相結ぶ時は、我が爲をのみ思ひて世の爲を思はざるに至り世の爲を計らざるが故に、世は進步せず、世が進步せざれば、我も進步する能はずといふ個人主義の自殺に陷る。故に、眞の意味の個人主義に於ては、先ず以て個人の意義を闡明して、その個人は、常に社會性を帶ぶるものたるを知り、然る後、此の意味の個人の生活の向上と進歩と發展とを企圖するを以て、今日の社會生活と何等矛盾・衝突を見ざるに至る。これ即ち、個性尊重の思想としての最近の正しき意味の個人主義である。

西洋の思想は個人主義だからとて、一も二もなく恐れるは間違ひである。眞の意味の個人主義は、最も進歩したる思想であつて、日本の道徳とも決して矛盾はせぬ。

國家主義 (Nationalism.)

國家は、人類の發達に缺くべからぬものである。人類は秩序正しき國家に從屬してのみ始めて完全なる進歩發達を遂げ得るものである。從つて、吾々は、時としては、國家全體の進歩發達の爲には、之が犧牲となることを拒んではならない、否寧ろ最上の義務を果たすものと心得ねばならぬといふのである。

個人を國家の機械と考へ、その自由を少しも認めぬ如き極瑞なる國家主義は可けない。何となれば、個人の自由なる發達を遂げ得ぬ國家は、自滅の外ないからである。

正しき意味の國家主義は、個人の自由を尊重する。故にかゝる意味の國家主義は、同時に、眞の意味の個人主義と何等扞格する處もない。かゝる意味の國家主義のみ人類の進歩發展を助くることが出來る。

因習主義（Conventionalism.）

在り來りの因習に囚はれて、何等の創意もない生活の仕方を總稱する。先例がすべての生活を支配するのみで、自己の生活に何等の反省批判をも加へぬ如きは正しく一種のコンベンショナリズムである。

我が國の老人達が、舊例にあらずの故を以て、動もすれば新思想に反抗せんと試みるが如きは、正しく一種のコンベンショナリズムである。

要するに、故なくして舊慣を墨守せんとする生活の仕方はすべてコンベンショナリズムである。

しかし、古いものを尊重するからといつて、必ずしもそれがコンベンショナルだとは言へない。古いものゝ中にも尊重すべきものが多々ある。尊重すべきを覺認して、之を尊重するのは決してコンベンショナルではない。寧ろ一の創造であり、發見である。

在外正貨

經濟上の信用を保持せんが爲に、外國の市場に貯へおく正貨。正貨はいふまでもなく金貨である。

日露戰役の際、我が國は十四億の外債を募集したが、其の時、外國のシンジケートから一時に、正貨十四億を持ち行かれては、金融市場を攪亂する故、暫く正貨は其の應募國に置いて貰ひたいと要求したのが、抑の初まりだが、今日では、それが、我が經濟上の信用を繋ぐ資金のやうになつて了つた。

産業革命（Industrial revolution.）

十八世紀末より、十九世紀の初期に亘りて英國を中心として起つた農業上・工業上等の變動。卽ち從來の小規模農業・家内工業の舊制度を打破して、農業上には大規模の農業行はれ、科學を應用してその耕耘に人力をはぶき、工業上に於ては、大工場に出でゝ機關を利用して製造に從事し、雇主はその下に數百の職工を使用し、分業の制度益緻密に赴き、商業上に於ても亦大規模の卸賣取引行はれ、交通機關・金融機關の具備となつて、爲に社會的・經濟的生活の各方面に大なる影響を與へた。卽ち、富の生産並に人口の增殖に大なる刺戟を與へ、企業心を勃興せしめ、同時に舊習を墨守する人民をして路途に迷はしむるに至つた。

サンヂカリズム（Syndicalism.）

勞働問題を中心として最近に現はれた社會運動の一種。譯して、勞働無政府主義の語を充つ。

從來、歐米の社會黨は、概ね立法の力によつて社會改革の理想を實現しようとした。卽ち社會黨から多くの議員を選出するに全力を用ひて、之を議院政略と呼んだ。かくて、獨逸の議會の如きは社會黨員より選出された議員が最大多數を占むるに至つたは可いが、此等の議員は、今や、本來の目的を達し得るが如き地位に立つに至つて、從來の如き熱心なる主張をやめて、却て實際問題について、國民多數の意を迎へ始めた。即ち、いろ〱の口實の下に、曾て唱導した所の政策を實行しようとせぬ。そこで、是まで、此の人々を頼みにして居た一般社會黨員即ち勞働階級の人民は、大に絶望して從來の如き、議院政略の無効なるを思ひ、寧ろ、勞働者そのもの丶力によつて現社會を破壞しよう、破壞したらどうなるか、それは見當がつかぬが、取り敢へず現社會を破壞しようと考ふるに至つた。此の一團の突進主義者をサンヂカリストといふのである。而も、此のサンヂカリズムの中心思想は、全く、佛のベルグソンの哲學に胚胎して居る。即ち、萬有の實相は流轉である。勞働者が現社會を破壞しても、破壞の後どうなるかを心配するには及ばぬ。現社會を破壞しても、社會は無になる氣遣はない。何か新しいものが必ず出てくるに違ひない。突進！是が吾が黨の取るべき道であると。

示意運動（Demonstration.）

在來の踏襲的權威を以てある階級の人々が他の階級の人々を壓迫せんとする時、又は壓迫した時、壓迫に堪へ來れる、又は壓迫せられんとする階級の人々が、一團となりて運動を開始し、壓迫を加へたる階級或は壓迫を加へんとする階級に對抗して、最後の手段（暴力）を取らんの氣勢を示し、對者の反省を促して以て自由を同復し、或は地位を高めんとする運動。英國の多數の婦人、行列を作りて街路を練り行き、時に、暴行を敢てするが如きは、男子階級の獨占せる參政權を女子に於ても獲得せんとする示意運動の一種である。

我が國に於て、曾て盛に行はれたる百姓一揆の運動または、近年、しばしば日比谷公園その他に於て國民大會等の開かるゝが如き亦一種の示意運動に外ならぬ。その他、勞働者が、その資本主に對して同盟罷業を試みるが如き、是亦一種の示意運動なのである。

されば、示意運動は、多くの場合に於て、強き少數の權力者に對する弱き多數者の反抗運動とも見ることが出來る。

自由意志（Free Will.）

自分の行爲は自分の思ふ通りにやり得るとの感じが誰にもある。これを「自由の感」といふ。此の感に基いて、自分で自分の意慮をきめる。それが自由意志である。例へば、友人が、「株を買はないか」と言つたとする。そして、それを買はうと買ふまいとそれは其の人の勝手である。即ち自由意志である。又例へば、世の親達が、その娘に對して、「お前は、あの家へお嫁に行くのだ」といふ。此の時、娘は、何の考もなしに、親に言はれるから、仕方なしに嫁に行つたとすれば、其の結婚はその娘の自由意志によつて定められたのではないのである。これらの例で、自由意志の意味は明にならう。

が、古から、吾々の意志が果して自由であるかどうかといふことに就て疑問がある。で、吾々の意志は自由であると主張する學説を意志自由説といひ、吾々の意志は自由ではないといふ學説を意志決定説といふ。

決定説では、吾々の意思が自由なやうに思はれるのは、それは單に思はれるに過ぎないので、ある一事を自分の意見で決めたとしても、それは、さう決めなければならぬやうにその人の心持や周圍の事情がなつて居たからで、所詮はさうなる外なかつたのだといふ。

自由説では、いや、意志は、意志を規定せんとする自然の原因に反對した方向を取り得る、これが人間に努力とか、奮闘とかのある所以である。吾々は、吾々の意見によつて、如何樣にも、その行爲を選擇する自由をもつて居るといふ。

自由貿易主義 (Free trade)

外國貿易に關して、國家は全く個人の自由に放任しおき、何等の干渉をもなさざるを言ふ。此の主義の主張者は言ふ。各の人が自己の利益なりと信ずる所に從つて行動せしむるは、畢竟、國家社會の福利を增進することゝなる。且つ財產及び人民に關する權利保護のために必要なき限り、個人の自由を制限せざるが國家及び社會の義務であると。此の主義は、保護貿易主義と相對するを以て、それと併せ見るがよい。

雌雄淘汰（Sexual selection.）

同じ種類の雌と雄とが互にその異性即ち配偶者を求め選むことによつて、その種類一般のものに好まれぬ素質を有するものは淘汰される即ち亡びて行くことをいふ。生物進化論上で言ふ自然淘汰の一形式である。而して、此の如き雌雄淘汰の結果は、自ら異性を喜ばすごとき形體を有することゝなり、食物を得んが爲の生活、即ち個體保存の生活は、之によりて寧ろ不便を生ずることゝなる。鳥類の羽毛の美、雄鳥の美、音聲の美等概ね之に起因する。人類に於てもある程度までは、雌雄淘汰が行はれつゝある。その實例は、誰でもすぐ、恐らくは考へつくであらう。

集產主義（Collectivism.）

土地その他の生產機關を社會若くは國家の公有たらしめんとする產業經濟主義。近世社會主義の根本には此の思想を含まぬはない。その共產主義と異なる點は、共產主義の生產及び分配をどこまでも平等主義によらんとするに反し、此の主義は、各自の勞働に準じて分配するを本義とする點に於て穩和に社會の改良を行はんとするにある。即ち現社會の制度を大體そのまゝにしておき、各人の勤勉と勞働とを促して以て社會を漸次改善せんとする説である。

重商主義（Mercantile system.）

商工業を重んじ、保護貿易を以て國家を富强ならしむる所以なりとする一種の經濟政策である。此の主義の主張者は、やゝもすれば、貨幣が存すれば人民は幸福であると考ふるに至るを以て、一名重金主義とも言はれる。其の最も重んずる所は、商業政策と殖民政策とによつて、輸入額よりも輸出額を多からしめんとする點である。目下の我が國の如きは、より多く此の主義を採用する必要があるかも知れぬ。しかし、此の主義亦素より如何なる場合にも安全の經濟政策であるとは言へぬ。

重農主義（Physioclatism.）

重商主義者が、國の富は商工業によりてのみ作らるゝと主張するに對し、土地の生産業殊に農業を以て富國の本と考ふる説。

いふ處によれば、人類社會の經濟活動は、畢竟、自然と戰ふにある。工業は自然によりて供給せられたものに、加工するに過ぎぬ。商業は自然物若くは加工物を需要地に運ぶに過ぎぬ。かく、商工業は單に、既成の財の價格の增加に止まり、財その物の分量を增加するものでは無い。されば、商工業は、その財の基本たる農業によるでなくては十分に活動することができぬ。農業の發達は、商工業の發達にも缺くべからぬ要素なる故に、先づ以て、國家は、之が保護奬勵に力を致し、貿易の如きも、また自由主義を取らんければならぬと。

要するに、經濟政策に於ては、時にその一方に偏せざるを得ざる場合なしとせざるも、最も健全なる經濟生活に於ては、農・工・商の各產業を並行的に發達せしむるにあるはいふまでもなく、從つて、重農主義も重商主義も、共に一方向で、一時の政策たるはいふまでもない。

自我實現説（Self-extentionism.）

自分の本來もつて居る資質を完全に實現發揮するが吾人の道德であると考へる説。

自我には、野生の自我と、理想の自我とがある。けれども、實現すべき吾々の自我は、野生・理想の一方のみをさすのではない。兩面を合せた全我でなくてはならぬ。而も、野生の自我と理想の自我とを相對するに、野生の自我は一時的の自我、理想的の自我は永遠の自我である。故に理想の自我に野生の自我を包含せしめての全我を發揮するが眞の自我實現である。故に、斯る意味の自我實現に於ては、同時に、自我犧牲をも意味する。即ち犧牲に供せられる自我は、野生のそれ、而して實現せられる自我は理想のそれである。而も、野生の自我を無價値なるものと考ふるのでは無い。全我の實現の爲にさうせざるをないといふまでゝある。

此の說はかのグリーン等によりて盛に主張せられたが、それは、やゝ理想に馳せ過ぎた感があつた故、今日では、グリーンその儘でなくて、大に現實味を帶びた自我實現說が唱へられて居る。又、今日では、自我實現と言はず、人格實現と言ふ方、意味を如實に表現すると唱へる學者もある。

要するに、自我實現は、單に利己的の自我の實現擴張を意味するのでなく、肉體的、精神的、社會的の三要素を具備せる人格全部の實現を意味するのである。こゝを履き違へると、とんでもなき利己主義に陷る。

自然主義 (Naturalism.)

自然主義には二樣の意味がある。

一はルソー・ペスタロツチなどの唱へた敎育上の自然主義。

二は十九世紀の中葉以降佛國を中心として流行した文藝上の主義。

最も此の二つ思想の間には、事物のありのまゝを重んずるに於て、相似通つた點のあるのはいふまでもないが、その表はれた方式の上では大分違つて居る。

□教育上の自然主義では、兒童のもつて生れた天性はすべて完全であるから、それを悉く、遺憾（ゐかん）なく發達させようといふのである。「人は生れたまゝならば、完全だのに、人の手にかゝつて汚される」とはルソーの根本見解。しかし、かゝる教育上の意見は、正（まさ）しく、教育そのものゝ否定を意味する。自然を重んずるは必要だが、自然のまゝでは人とはなれぬ。陶冶・訓練・教育といふことは、自然に對する加工を意味する。

□文藝上の自然主義は、華想主義（ローマンチシズム）の反動として起れる近代文藝上の一傾向。

自然の眞を描寫するを以て、文藝究極の目的とし、一切の技巧を排し、直接、赤裸々（せきらゝ）に人生の眞を寫し出さんとする。舊文藝（自然主義より言へば）は美を旨とすれど、新文藝（自然主義）は、眞を發見せんとする。舊文藝が、主觀的・理想的なるに對して、新文藝は、客觀的・現實的にして、而も科學的である。

更に、之を、描出の方法よりいへば、

一、本來自然主義

二、印象自然主義

の二つにある。一は純客觀的で、二は、主觀挿入的である。一は寫實で、二は説明である。ゾラ、モーパッサン、日本の花袋などは本來自然主義の代表者、フローベル、ゴンクールなどは印象主義の代表者である。

時代精神――(時代思潮。時代思想)

ある一時代の人々に共通不遍なる根本思想をいふ。大なる時代精神に就ていへば、文藝復古期以後の人文主義、十九世紀に於ける國家主義、科學萬能主義、現代に於ける哲學復古思想・個人中心思想の如きはそれである。日本について、小なる時代精神をあぐれば、明治の初年には、歐風崇拜思想より來れる實利思想、民主思想、明治二十年代より三十年代の初めにかけての國粹保存思想、明治三十五年代より四十年代に至れる間の懷疑的哲學思想、四十年代より現代にかけての現實至上思想の如きは、皆、それ〳〵その時代に於ける一切の事物の根柢を貫いて居る。如何なる時代に於ても、その時代特有の時代精神があつて、その文明に特殊の色彩を與ふる。

實證說(Positivism)

佛蘭西のコントによりて創唱せられたる學說。積極說ともいふ。

「吾々は、むつかしい理屈を言つた所で、所詮は、神の本體などを知り得るものではない。吾々の知り得る所は、現象及びその間の關係ばかりである。吾々は何よりも先づ、經驗せんければならぬ。確實に觀察し、精密に實驗せんければならぬ。これが、吾人にとつては、第一義の生活であるといふのがその主張の要點である。

近代思想は、何等かの形において、此の實證說に關係を持たぬ思想はない。假令、現代思想の底には、此等實證說にては滿足の出來ぬ傾向はあるにしても。

自然淘汰（Natural-selection.）

如何なる生物でも、その增殖率は頗る大きい。然るにも拘らず、地球がなほ生物を以て埋まらないのは自然が、此等の生物を次第に淘汰するからである。而して、その淘汰の標準は、すべて、自然界に於て生存に適するものを生存せしめ、然らざるものを絕滅さする。此の理法を進化論にては適者生存の理法といふ。

人爲淘汰（Artificial-selection.）

自然の淘汰に任せての生物界の適者生存の理法は人類に取りては必ずしも好都合ならざる場合がある。此の場合に於て、人類の生存に都合よきやう、生物を變質、變種せしむる働きを人爲淘汰といふ。植木屋が、花卉の「變り種」を作る如きは、一種の人爲淘汰である。

進化論（Evolutionism.）

昔は、此の宇宙は神樣が作られたもの(宇宙創造說)だと信じて居た。然るに、十九世紀に至りて、からる迷妄なる古代思想を打破し、一切の生物は簡單より複雜に、分化なき生物より、分化ある構造の生物に、粗より精に進むことを實驗の上より說明したのが進化論である。

但し、此の變化を誘起する原因、及び進化の經路の說明に至りては、學者の說く所必ずしも一定しない。ダウキンは自然淘汰を以て之を說明し、ラマルクは用不用を以て之を說明する。

ダウキン一たび進化說を唱道してより、從來、形而上學と稱せられたる哲學・心理學・美學の如き、皆、進化論の基礎より說明せんとするに至り、こゝに一切の學術を殆ど一新するに至つた。近代思想の根柢に横はれる自然科學的傾向、實證的傾向は、總て此の進化論より覺醒し來れる一傾向とも見ることが出來る。

人口增殖率

經濟學上より人口增殖問題を論定して新しき意見を立てたるマルサスの人口論によれば、

「人類の生殖力と生殖慾とは如何なる事情、如何なる時代に於ても、常に、必ず、同一にして、人口の增殖は、年々死亡して行く人々を補充して必ず多少の餘裕がある。然るに、人類の生命を維持する食物は、その比を以て增加しない。何となれば、土地と、その生產力とには、一定の限度があるからである。

勿論、人智の發達、資本及び勞力の增加は、土地の生產力を幾分增加せしめはするが、しかし、それは、到底人口增加に伴ひ得べきではない。

故に、今日の社會の窮迫(きうはく)は、食物の不足と人口の過(くわ)剩(じよう)とに原因するを以て、其の救濟策として、一方には早婚より來る不過なる子女の增加を豫防して、食物と人口との調和をはかり、一方、農業を奬勵して穀物の增加をはかり、兩者を、永久に調和せしめんければならぬ。」と。是れ即ちマルサス人口論の大要である。更に、その後、マルサスの人口論を補ふとて、新マルサス主義の唱導を見るに至つた。新マルサス主義によれば、かのマルサスが克己心によりて早婚・私通を制限せよといふに對し、早婚必ずしも不可ではない。たゞ、受胎を豫防すればよいと說くのである。此の主義に於ては、二兒制、三兒制をとらんとする論者多く、人種改善學(ユーゼニックス)の思想を相聯關して、歐米に於ては、一般の注意を惹きつゝある。現に、此の意味よりして頗る巧妙なる避姙法(ひにんはふ)が採用せられつゝある。

我國の如き、年々七十萬人宛の增加率を以て人口の增加しつゝある國にありては、人口問題は、やがて生活問題でもあり、政治問題でもある。

神祇崇拜(じんぎすうはい)

我が國に特有なる俗。

我が國に於ては、如何なる寒村避地に於ても、氏神（うぢがみ）又は産土神（さんどしん）を祀らぬはない。而して此は、その地方地方に於ける氏族の祖、又はその土地の開拓等に於て功勞ある偉人物を祀れるものなれば、これを崇拜するは、過去の偉人に奉謝する所以であつて、かの冥想（めいさう）の所産たる「神（ゴッド）」にかしづくが如きものとは自らその趣を異にする。而して、此の神祇崇拜が、我が國に於ては、地方精神教化の中心として頗る効果あるを思へは、此の良俗は今後益々發達せしむべきものであらう。

シンヂケート (Syndicate)

譯して企業組合（きげふくみあひ）といふ。企業家が、相互の利益を圖らんが爲に、共同的行動を目的として團結したる聯合團體であつて、加入者の獨立行動及び相互間の競爭を避くるといふのがその特徴である。

人道教（じんだうけう） (Humanism（ヒユーマニズム） doctrine（ドクトリン）)

人道教といふのは、佛蘭西の碩學オギユース・コントが創唱する所の一種の社會教である。その綱領は、愛を中心とし、秩序を基礎とし、進歩を目的とする。而も、此の綱領を實現せんが爲には、偉人崇拜の形を取るが最良の方法であるとする。

「吾々が今日あるのは、過去の偉人の活動の賚（たまもの）である。吾等は、此等、過去の偉人の旨を體し、之に奉謝すると共に、その思想を繼承し、補充し、發揮することとに努めねばならぬ。而して此は、社會的結合を强大ならしむる重要なる契點であり、また、社會風化の中心要求でもある」とて、偉人の肖像を堂中に揭げて之に禮拜せしめやうとした。

丁度、我國の神祇崇敬の思想とその趣を一にする。彼の國に於ては、此の人道敎の宣傳は、大なる運動とはならなんだが我が國の神祇崇敬の思想に恰も深き理論的根據を與へられたかの感がある。

人生の爲の藝術 (Art for life.)

藝術の爲の藝術が、藝術それ自身に獨立の目的を有するものであるといふに對し、藝術は、吾々の生活の爲にする所のものである、さうなくては、藝術は無意味であるといふ。此の派の主張者を總稱して人生派といふ。

神秘主義 (Misticism.)

智力によりての認識を排斥して、自己と絕對との接觸を不可說の沈默によりてなさんとする超越的の思想傾向。

哲學上に於ては、理性主義と對立して、直ちに現象の中に實在を感得發見せんとするにある。

文藝上に於ては、所謂夢幻劇によつて示さるゝ處のそれで、マーテルリンクはその最大代表者である。

象徵主義 (Symbolism)

事物の色・音・香・味等の感覺を縁として、抽象的なる心中の實在事象を表現し、以て、超自然的又は美妙なる世界に接觸せしめんとする晩近文藝上の一主義。十九世紀後半に於ける佛國のベルレーヌ及びマラルメ等は、此の派の二柱石と呼ばれ、且つその建設者と言はる。

我が國の小説界、劇界にはなほ象徴的作品極ならねど、詩壇には既に久しき以前より此の派の作品の頗る多きを見る。短歌にも、俳句にも又は長詩にも。

社會教育（Social-education）

社會一般の風俗を改善せんとする一切の施設の總稱にして、學校教育、家庭教育と對立する。

近時、我が國に於て盛に行はれつゝある青年會の運動を初め、通俗圖書館の施設、通俗圖書の選擇、通俗興行物の改善、神祇崇拜の俗の復古運動等皆これ社會教育の一方法である。

社會主義（Socialism.）

社會主義には二つの意味がある。

その一つは、現時の經濟組織は、私有財産制と自由競爭とのために、甚しく貧富の懸隔を生ずるを以て此の制度を根本的に破壊して以て土地及び資本を公有となし、各人は、各、その勞働に對してそれに相當する報酬を得しめんことを主張するもの、即ち純正社會主義である。之に類するものに、無政府主義、共產主義などあるが、その本質には、素より相違がある。その二は、廣義の社會主義であつて個人的活動を社會公共の目的に從屬せしめんとする一切の意見をいふ。此の意義に從へば、一切の國體本位主義を網羅するものにして、國家主義は素より、中世の敎會本位主義の如きも亦一種の社會主義である。また、(一)の意味にての社會主義及び國家社會主義、講壇社會主義、社會政策等をも悉く包含する。

右の中、社會政策は次項に之を讓り、茲には、國家社會主義、講壇社會主義に就て概說しておく。

國家社會主義(State-Socialism)は、廣い意味では講壇社會主義をも含むが、狹い意味では、獨逸を中心として十九世紀後半に現はれた社會政策上の一主義である。此の主義は、普通の社會主義の如く、現在の社會制を否定するものではなくて、國家政策の改變によりて現在の社會問題を解決せんとするものである。此の主義は、前代の產業保護制度の復活を意味するを以て保守的社會主義の名もある。

講壇社會主義は、經濟上にありては、自由放任主義に反對し、政策上に於ては社會主義の要求を入れ、產業に干涉し、資本の專橫を和げて漸次社會狀態を改善せんとする一派である。但し、革命的政策には反對するを以て純正社會主義ではない。名の由來は此の學派の人々の多くが大學敎授の中に出たからである。

社會政策（しやくわいせいさく）（Social-Poritics）（ソシアル ポリチクス）

現在の社會組織及び經濟活動に缺陷あるを認め、穩和なる社會改良を目的とするを以て社會改良主義の名もある。

經濟上の自由を主張するけれども、囚はれたる個人主義者の如く絕對自由を認めぬ個人の自由を認むるけれども、社會主義者の如く劃一的平等を主張せぬ。社會改良の必要は認めるけれども、一擧に社會問題を解決しようとはせぬ。

眞の意味に於ての經濟上の自由を成立せしめ、個人性の發達進步に重きをおくと共に、國家の權力を善用して現社會に適應すべき新制度の發生を促さんとするのが社會政策の本領である。

故に、私有財產制を保存して尙之より生ずる自由競爭の弊を抑へ、利己心の全滅を期せずして公共心の發達を計る。即ち、私有財產制の破壞でなくて制限、社會組織の革命ではなくて改良、各人に平等なる所有權を附與しないで、各人に所有權を得べき機會を平等に保障せんとするにある。

我が國にも、社會政策學會あり、有力なる學者によりて組織せられ、社會改良に關して常に硏究し運動しつゝ社會の改善を促しつゝある。これにも、二三の種類あり、ある一派の社會政策學者は國家社會主義又は講壇社會主義をも社會政策の中に含ましめる。

宿命説（フエタリズム Fatalism.）世界の運行、人事の現象等、すべて豫定せられたる如く起るものにて、決して偶然の事情又は原因によりて支配せられるものではない。されば、幸運を得ようとしてあせつてもだめ、來べき幸運ならあせらんでもくる。不運を免れようと努力するのもだめ、來べき不運は、いかに努力しても吾等の上に來る。即ち、吾々は、神の造つた舞臺で、神の作つた脚本を演じて居るやうなもの、自分は、意識してゐなくとも、自分の運命は神の作つた脚本によつて定まつて居ると考へる説。東洋にも、此の宿命説は可なり多くの學者に説かれて居る。

主知説（インテレクチユアリズム Intellectualism.）認識作用即ち智的作用を情・意よりも根本的なる意識であると考へ、情も意も、畢竟智的作用から派生したものであると説く説。ヘーゲルの思辨哲學、ヘルバルトの觀念至上の心理説、グリーンの智的實在説、ブアローの美の根本は明瞭にありとする説の如き、皆主知説を以て目すべきものである。けれども、今日にありては、主知説は、殆ど取るに足らぬ説となつて居る。

主意説（Voluntarism.）

心理學上の主意説は、意志の作用を心意の根本事實となし、知も情も畢竟意志自らの生み出したるものであると考ふる學説、ヴント・ゼームスを初め最近の心理學者は皆此の主意説を取つて居る。

哲學上に於ては、實在の本體は意志である。人生の事實は、此の意志の顯現したる種々相に過ぎないとする説。此の説は、ショペンハウエルによつて代表せられる。

近代思想の底を流るゝ思想の最も力ある部分は正しく、その主意的傾向にある。否、近代思想の特徴はといへば、第一にその意的なるをあげなくてはならぬのである。

星雲説（Nebular-hypothesis）

太陽系發生に關する一説明。

太陽及びその系統に屬する諸惑星は、太陽は凡て瓦斯狀即ち星雲の大塊をなして居た。此の高熱なる星雲は一軸の周圍を廻轉して居たが、その漸く放熱縮少するに及び、廻轉の速度を増し、その赤道部著しく膨脹し、終に一の環狀體を分離し、環狀體は更に分裂して一の塊に集合し、中心體の周圍を運行するに至つた。此の作用を反覆する間に、今見るが如き惑星を生じ、各惑星はまた同じ作用を繰返すことによつて衛星を生じ、かくて、中心體として最後まで殘つたのが太陽であるといふ說。

世紀末（佛―Fin de siecle.）

十九世紀の末葉に至り、歐洲各國の人々は、すべてのものに對して信仰を失ひ、一切の權威を認めず、極端なる懷疑に陥り、厭世思想に傾いた。此の思想的傾向を世紀末といふ。

性の敎育（Sexual-tral-traing.）

古來、性欲問題については、人、多くは之を言ふを憚るを以て、靑年男女多くは性に關する智識を缺如し、爲めに樣々なる惡風に慣るゝに至り、正當なる結婚の意義を解せざるに至らしめ、自ら敎ふべからざる不幸を招致するのみならず、延いては、社會の風敎を害することすら少なからず、故を以て、歐米諸國に於ては、少年期の終りに於て、性に關する敎育を施すことの必要を感じ、これが敎育法につきても、種々の意見發表せられつゝあり、多くは、父母若くは敎師又は醫師等に於て、嚴肅に、莊重に性の事實を說述しおくべしといふに一致して居る。

生存競爭（Struggle for existence）

生物の生殖力は極めて强大なるものなれば、此等の凡てを生存せしむることは出來ぬ。從つて、各の生物は自己の住所及び食物を得んが爲に他の生物と競爭せんければならぬ。かくて終に、優勝者のみ生存し、劣敗者は死滅するに至る狀態を生存競爭といふ。

初めは、他の生物のみに就て言つたのであつたが、此の事實は、人類界に共通なるより、終に、人類界の事實にも適用するに至つた。

世界主義（Cosmopolitanism）

一國の幸福と安寧とのみに腐心する國家主義・帝國主義等に反對し、人類全體の安寧と幸福とを理想とする。

此の主義者の主張する所は、自由貿易・平和政策・軍備縮少・平民政治・殖民地自治・國際間の平和等で、そのすべての中心となれる思想は自由平等の精神である。

「我は世界の民なり」と揚言した露のトルストイの如きは、世界主義者の最も大なる一人であつた。

センチメンタリズム（Sentimentalism）

悲觀的、感傷的にして、事物を誇脹して感ずる一傾向。譯して主情主義。多感主義などいふ。

『君はよほどセンチメンタルだね』などいふ時には、概ね、その人の神經過敏的情調を指してをる。

文藝に携はる人々の生活樣式は、多くは、此の多感的な傾向をもつて居る。

祖先崇拜

我が國特有の一風俗。我が國民は、古來、個人の家庭に於て、その家の祖先を崇るのみならず、國民としても郷黨としても、この國民的、この郷黨的の恩人を崇め祀る風がある。

此の國民的・郷黨的恩人を神とし崇め祀りたるが、我が國に於ける神社である。

されば、我が國に於ける「神」は、冥想上の所產である神即ちゴッドではなくて、「上」「長者」の意である。

此の意味の「神」を崇拜するのは、取も直さず祖先崇拜である。我が國の「神道」が純粹の宗教でなくて、一種特別なる祖先崇拜の一風俗に過ぎぬとせられるのは此の點である。而も、我が國に於ける此の風俗は、我が國の政治・道德の中心をなすもので、我が國に固有なる國民的活動は殆ど一として此の俗と相涉らざるは無い。

第一義の生活

第一義といふのは、根本・無上の義である。然らば、私どもの生活で、何が根本であり無上であるか、即ち第一義の生活は何か。此の疑問は、思想に於て自由を考ふべく放たれたる現在人に當然起り來る問題である。その答案は？

「方便的、因襲的に社會生活の舊樣式に縛せられて、無自覺に、その日活しに營んで居る我々の日常の生活は、それは、吾々に取つての第一義の生活ではない、我々は吾々自身の個性を中心として、自覺的に、吾々の本然の要求に從つての生活それが第一義の生活である」と。

此の第一義の生活に對して、囚襲に囚はれた社會生活は「第二義の生活」であると言はれる。

大學擴張(だいがくかくちやう)（University(ユニヴァシチー) extention(エキステンション).）

十九世紀の末葉、英國を中心として起りたる一種の知識普及策。即ち巡回講話並に通信教授等によりて最新發達の學問を一般人民をして了解せしめようとする運動をいふのである。

學問教育の通俗化、一般化として、その社會改良に及ぼす効果は決して尠なくない我が國に於ても、近年、樣々の名に於て漸次此の運動が起されつゝある。

大逆事件(たいぎやくじけん)

明治四十二年、幸德秋水外數十名の社會主義者が非常手段に訴へて我が廟堂(べうだう)を轉覆せんの隱謀を運(めぐ)らしつゝあつたことが露見(ろけん)し、國法によりて、其等の連累者二十餘名の一時に死刑に處せられた事件をいふ。此の驚くべき出來事は、實に我が國開闢以來未曾有の事件として、國の内外を甚(いた)く震駭(しんかい)せしめた。

第三帝國(だいさんていこく)（Third(サード)-imperia(インペリア)）

「第一の帝國は肉の帝國、第二の帝國は靈の帝國、第三の帝國は、靈肉一致の帝國である」と、此は、近代劇作家の先達イブセンの初めて言ひ出したる語。

我が國の或る進步派の人々によつて、此の意味は、また種々の意味に轉用せられ、第三帝國建設の急を叫どしめつゝある。曰く。『我が德川期以前の帝國は無自覺なる靈肉共に萎靡して振はぬ帝國であつた。明治時代の帝國は、德川時代以前の帝國を打破して新進路を見出した第二の理想の帝國であつた。しかも其は徒に理想に囚はれた內容の充實せぬ即ち內に徹せざる覇者の帝國であつた。今や吾等は、靈肉調和、理想と現實を渾然一體となすべき時代を作るべく大正の御代におかれた。然り、我等は萬難を排して、奮夢より覺め、一意第三帝國建設の途に驀進(ばしん)せんければならぬ』と。

大陸政策(たいりくせいさく) (Continental-porities(コンチネンタル ポリチクス))

滿蒙の地に發展の歩を進め、支那大陸に我が國の勢力を扶植し、兼ねて露國の南下政策に當らんとする外交上・殖民上の根本政策。

大陸政策の放棄說と維持說　我が國は、日露戰役以來、大陸政策を取つて進んで來たが、是は、我が國目下の事情より考ふるに、頗る無理な政策である、即ち日本現在の財政困難は、軍備擴張を強要せられるに因る。而も軍備擴張の必要は主として大陸政策を維持せんとするに基く。故に、日本現下の窮境を濟はんが爲には、大陸政策を放棄する外ないといふ說。之に反對する說は、日本永久の國是は大陸政策にあるを以て、如何なる困難があつても之を放棄することは出來ぬといふ。何れを是とすべきかは、容

易に判斷すべきでは無い。(「南進乎北進乎」參照)

忠孝一本

我が國に於ては、忠は即ち孝であり、孝は即ち忠である。「祖先の遺風を顯彰する」のが孝であるのは勿論だが、それが同時に忠となる。故に支那風の革命は日本の國體に於ては起り得ない。これを忠孝一致の國體といふ。

が、此の忠孝一致は、どこから出たか。

我が國の皇室の先祖は即ち我が國民の先祖である。君臣共に一つ家の分家の如きものである。これを君民同祖といふ。君臣同祖なるが故に、忠と孝とは、その本は一である。されば「忠孝一本」とは忠も孝もその本が一つだとの意。

直覺の哲學(Phylosophy of intuition)

直覺といふのは、直觀又は推理によらず、事物に對する直接經驗によつて、その事物を全體として、體認すること。而して、斯る體認こそ、眞理を捉へる最良の方法であるとするのが哲學上の直覺說である。此の說は、最近の大哲、佛國のベルグリンの力說する所。彼に從へば「從來の科學的研究法即ち分析總合によつて得たる哲學上の結論は、生命の殼を捉へて居るに過ぎない。生命そのものは、彼等の知る所ではない。生命は、直覺によつてのみ、體認せられるものである」と。

帝國主義 (Imperialism)

國民活動が國家生活を中心として營まるゝは、國民自家の防衞上正當にして且つ頗る必要なる態度であるとする一種の政策。かの國家主義が、やゝもすれば、個人を機械視するに反し、此の主義に於ては、個人の自家保存を中心として考へらるゝが其の特色。十九世紀の中葉以後、獨逸帝國の取りたる政策。

超人主義 (Superhumanism)

自我が力を以て衆愚凡俗を統御し征服する强者を理想とする主義。獨の狂熱的哲學者ニーチエの創唱にかゝる。曰く『强者には、勝利と獲物とあり、弱者には苦痛と悲哀あるのみ。吾人若し優出せんとならば先づ以て他人を抑壓せざるべからず。これ暴虐に似たれど、而も、我が理想人即ち超人の選ぶべき道なり。多數の群衆、そは超人の生活の資料たるべきも、文明は凡衆の爲に存せずして少數なる超人の爲に存す。』と。

デカダン (佛—Decadents)

近代文明の產出せる神經衰弱的頹廢的傾向をいふ。此の傾向に囚はれたる人物は、近代文學者の好んで扱ふ所。主義的にして傲慢なれども意志弱く、氣分によつて右し左し、精神、常に、動搖して定所なく敏感にして、心身共に病的に、常識を逸し、自己の生活々動を十分統一することが出來ない。

哲學復古（Phylosophical-restration）

十九世紀は、科學萬能の時代であつた。しかも、科學は、生命を取扱ふことは出來ぬ。否、科學が生命を強ひて取扱はうと前進する後に、生命は突然に叫んだ。『やめよ、影をおへる愚かものよ、生命我れ、我は汝を離れて此にあり』と。科學はふるへた、行詰つた、自己の力の及ばざるに氣付いて後を振返つた。かくて、曾ては殆ど科學によつて壓伏し盡されて居た哲學復古の曙光は閃いた。ベルグソンの流動の哲學、直覺の哲學。オイケンの新理想主義の哲學、これ正しく哲學復古ではないか。けれども、哲學復古は、カント・ヘーゲル等の思辨哲學復古ではない科學に壓伏せられて居た生命の甦りである。主知説に對する主意説の勝利である。

デパートメント・ストアー（Department-store）

百貨商店の義。一商店或は商社内に幾多の部局を設け、百般の需用品を分配して販賣するをいふ、一店に於て百般の需用品を買ひ得るは通常の勸工場と同じだが、勸工場は、各局部の獨立せるに反してデパートメント・ストアーは一人の首腦者によりて統轄せられる點が異ふ。東京三越の如きは、一種のデパートメント・ストアーである。

田園都市運動（Movement of garden city.）

本世紀の初頭以來、英國を中心として、歐米諸國に於て盛に行はれつゝある生活改善の新運動。清新なる農村趣味を活用して現都市を改良し、又は新都市を經營して大都會に免れ難き神經衰弱的、墮落的弊風を根絕し、以て、田園生活を中心とせる清新なる市民生活を遂げしめんとするがその理想。

デモクラシー (Democracy)

譯して民政主義といふ。人民を本位として行ふ政治。米國には、民主思想を以て成れる政黨デモクラツトといふがある。

トラスト (Trust)

(一)信任。信用。(二)同種類の生產業に從事する者が合同して市場を獨占する企業家組織。企業家同盟。

ド級艦

ドレツドノート(Dreadnaught)型戰艦の略。ドレツドノートの語は「何物にも恐れず」の義を有するより轉じて、大戰鬪艦をドレツドノート型と呼ぶに至つた。その威力は、日露戰役當時の我が一等戰艦であつた三笠級の十二サンチ口徑砲四門を備ふるに對し、ド級艦にては十二サンチ口徑砲十門以上を備ふるに見ても、その威力の如何に大なるものあるかを知るに足る。英國始めて此の型の戰艦を造りて以來は各國競うて此の型の戰艦を造るに至りたるのみならず、更に超ド級、高超ド級等の戰艦續々として造らるゝに至つた。我が攝津級の如きは即ち超ド級艦である。

南進乎北進乎

我が國海外發展の根本策案。

遼東半島・滿洲・內蒙古に於ける我の既得の利權・既成の經營を繼續し、前進して、適當の機會に於て、此の既成の經營を立脚地として、更に、或は南に、或は北に或は西に步武を進めんとするが所謂北進說である。即ちほゞ大陸政策と同一義である。

北進は世界の大勢上幾多の困難ある上に、此の計劃を實行せんが爲には、經濟上・軍備上多大の犧牲を拂ねばならぬ。而も、其は、我が國現下の狀勢に於て、堪へ得べき處ならぬを以て、寧ろ、此の方面はその儘に成し置き、南淸より、南印度諸島、更に進んでは濠洲一帶大洋洲に發展の進路を取るこそ策の得たるものなれと成すのが、所謂南進說である。即ちほゞ大陸政策放棄說と同一義である。

南京事件

我が大正二年中支那革命戰に際し、南北兩軍、南京に戰ふ。九月一日、北軍、朝陽門より侵入して市街戰となるや、遂に掠奪・虐殺の慘劇を演ずるに至り、本邦人三名、國旗を押し立てゝ我が領事館に避難せんとする途次、北軍の將、張勳の部下の爲に、慘殺された。我が國の輿論、爲に大に沸騰して、一時、出兵すべしとまで言はれたるも、政府は種々の對外事情に縛せられて果さず、一、中央政府の謝罪。二、直接責任者の處罰。三、賠償金の支出等の條件を要求し、支那政府の之を容るゝに至りて事濟となつた。

二重人格

一人にて全く相異る二種の人格を有するをいふ。吾々の日常の經驗は、悉く人格的統一圏に入り得るものでなく、絶えず、經驗のまゝ人格の統一外に分裂しつゝある。此の分裂しつゝある經驗意識が、一團となりて、通常人格以外の精神中に潜在し、その力、强大を致すに至つて、通常人格に對立する一人格を形くる。之を第二人格といふ。人によりて第三・第四の人格を有するものもある。催眠術によりて、この第二人格の呼出し、樣々の行動をとらすることが出來る。世にいふ、神おろし、生靈・死靈・狐付などいふ現象、さては見神、見魔の事實の如きは此の複重人格の心理より說明が出來る。

二重生活

同一の人にて、二樣の生活を營むをいふ。例へば、ある文學者が、自己の感興によらずして、パンの爲に筆を取り、一方に於ては、自己の趣味生活を營む如きは二重生活である。即ち、パンと趣味の兩立を意味する。しかし、パンの爲にとは言へ、常に自己の思想的に痛罵しつゝある職業に平氣で從事するといふことは、生活の徹底を欲する人には堪へ難い所で、こゝに現代人の煩悶がある。この煩悶・此の矛盾に對するアキラメ・ゴマカシの爲の口實が即ち此の二重生活である。

ネオ・ローマンチシズム (Neo-romanticism)

新華想主義（しんローマンチシズム）、自然主義の反動として、最近に起れる文藝上の新運動。

自然主義が、理智を重んじ、研究を主とし、人生を物質的方面の一面のみより觀察せんとするに反し、此は、感情を重んじ、直覺を主とし、人生を主として精神的方面より觀察する舊華想主義（きうローマンチシズム）の理想境に憧（あこが）るゝに反し、此は現實の生活に根柢をおく。即ち精神生活に重きを置くの點は、華想主義（ローマンチシズム）なれども、現實の生活に重きをおくの點に於ては自然主義と共通である。

閥（ばつ）

ある社會生活に於て、一たび固定したる力は、その勢力を中心として活動し、他にその勢力に對抗するもの無きに任せ、我儘なる振舞をなすに至り、爲に弊害百出するに至れる、而も容易に倒し難き固定勢力を閥といふ。閥にはいろ〳〵の種類がある。

藩閥（はんばつ）——特定の藩が政治的勢力の中心となれるをい

ふ。

薩閥、長閥など

學閥（がくばつ）——學問上の勢力の中心の固定せるをいふ。

帝大閥。官學閥など

財閥（ざいばつ）——財力の中心勢力の固定せるをいふ。

三井系。安田系など

閨閥（けいばつ）——結婚關係を中心として形られたる閥。

これは、藩閥、學閥、財閥に必然伴ふもの。

年齢閥（ねんれいばつ）——一定の年齢に達したるものは、他の理由なしに、價値を有する如く考へ、靑年者に壓迫を加へんとするをいふ。

白人閥（はくじんばつ）——白皙人種は人類の中心勢力たる地位を得たる處よりして、白人は特に優秀なる人種の如く自負し、傲慢なる態度を以て他に臨む。

此の外、如何なる社會にも、多少の閥を有せざるはない。

パナマ運河（うんが）

太平洋と大西洋とを接續する大運河。

此の運河は、數十年以前から幾度か計畫せられ、幾度か蹉跌（さてつ）し中絶し來つたが、千九百三年に至り、終に北米合衆國の手によつて經營せらるゝことゝなつた。

即ち、合衆國は、千九百三年十二月新に獨立したる新パナマ共和國と條約を結び、運河の兩岸各々五哩に亘る一帶の地を永久租借し、警察、司法、衞生等の支配權を得、またパナマ灣の諸島及び運河防衛に必要なる地帯を割讓させ、その代價として一千萬ドルを拂ひ、かつ、條約批准後九年間は年々二十五萬ドル宛を支拂ふことゝした。

此の運河は、一九一五年を以て愈竣成する筈であるが、開通の曉には、實に世界の産業交通に大なる影響を與ふることは明である。從つてアメリカ合衆國は、よく兩大洋の鎖鑰を握つて世界に雄視するに至るであらう。

萬國平和會議（International peace conference）

露帝ニコライ二世の主唱にかゝる。千八百九十八年、第一回會議をハーグに開き、仲裁々判所を常置し各國の根本的利害に關すること以外の爭議は之に附すること、氣球よりの爆彈投下や窒息的若くは中毒的ガスを發生する砲彈及び體内にて膨脹する銃彈を禁止すること等を決議し、別に武裝輕減は望ましいとの申合せを爲した。その後、アメリカ合衆國大統領ルーズベルトの勸告により、露帝は、第二回萬國平和會議の通牒を發した。で、文明國は概ね皆委員を出し、千九百七年ハーグに於て開會、強制的仲裁々判所設置の必要あることを可決し、別に海戰法規を定めた。

萬國平和會議は、趣旨そのものは結構だが、やゝ理想に馳せ過ぎて、各國共に本氣で之に臨まない傾向がある。又、此の會では、各國の委員が、皆平等の投票權を持つて居るから、實情に暗く理想にのみ走る小國の委員などに多數を占められて、折角の決議も實行することの出來ぬやうな場合が屢々ある。

美的生活

情慾及び本能の要求を滿足するを目的とする生活。文藝上の華想主義（ローマンチシズム）の思想と、倫理上の個人的快樂説の價値論とを搗き合せたやうな生活を以て、最上第一義の生活と考ふる思想。高山樗牛の初めて唱へたる説。

人本主義（ヒューマニズム） (Hnmanism)

文藝復古期に於て伊太利を中心として起れる思想上の新運動。一面には、敎權萬能主義に反抗し、一面には、人性の出世間的生活の價値を唱導した。されど、此の運動は、古典崇拜の傾向を有するに至つて、現世を輕んずる傾向を生じたので、更に十八世紀の中葉に入りて、**新人本主義**の唱導を見るに至つた。新人本主義は、人格の完成を以て至大至高の理想とし目的とし、崇高なる人格を發揮するに有効たる點に於てのみ希臘文藝を理想とした。即ち、最初の人本主義が、無批評に古代文藝を模倣したるに反し、此は、古代文藝の研究によつて、美的判斷力を養ひ、人格の開發涵養に資しようとしたのである。

ブリユーストッキング (Blue stocking)

譯して、青鞜の文字を充てる。

千七百五十年の頃、倫敦にて文學美術に關する會合あり、時に、一人の流行兒が、青い靴下を穿いて此の會合に加つて以來、此の會員殊に女流作家を青鞜と綽名したが始めで、後、一般の女流文學者をもさう呼ぶやうになつた。我が國の新しい女の一群は、此の名をとつて、青鞜社と稱する團體を組織し、機關雜誌「青鞜」を發行して居る。

婦人問題

婦人問題と言ふのは、「社會に於ける婦人の地位を如何にすべきか」の問題である。此の問題を解決せんが爲に起つたのが、所謂婦人運動(獨―Frauenbewegung)である。これは、既に十八世の終に起つて居た。即ち「男子と女子とは、公・私の生活に於て互に同等の地位を占むべきものである」とのそ張の下に運動を初めた。が、それは間もなく下火になつて、更に十九世紀の中葉に至つて、再燃し來り、此度は、婦人解放(獨―Frauenemansipation)の名で、歐洲諸國等しくその運動を始めた。

爾來、婦人問題の内容は次に複雜になつて來たが、しかし、其の要求は、大體之を左の四方面に約めて考へることが出來る。

第一は、教育的解放——女子も男子と同じ教育を受けなくてはならぬといふ主張。

第二は、職業的解放——女にも男子と同じくあらゆる職業に就き、同率(りつ)の報酬を得なくてはならぬとの要求。

第三は、法政的解放——民法上にすべての權利義務の能力を認められ、刑法上に男女同一の取扱を受け、公法上に參政權を得ようとの要求。

第四は、社會的解放——婦人の社會的家庭的事業が男子の他の事業と價値に於て同等であることを認められ、女子を加へない男子の諸活動が不完全なものであることを認められやうとする要求。

右の中、目下、英國を中心として盛なる運動が起つて居るのは、第三の點で、參政權獲得に狂熱的運動をやつて居る。これを
サッフレージ・ムーブメント
(英—Suffrage movement)
といふ。第一の方面は大抵其目的は達せられて居る。第二・第四の方面は、佛・獨等に於て徐々に運動せられつゝある。此の方面の主張を通常、
フェミニズム(英—Feminism)といひ、
その運動を
フェミニスト・ムーブメント
(英—Feminist-movement)といふ

普通選擧（ふつうせんきょ）

普通選擧制の略。制限選擧制に對して言ふ。代議士選擧に、選擧人の資格的制限を設けず、一般人民即ち丁年以上の男子にして公民權を有するものには、何人にも選擧權を與へて選擧せしむるをいふ。國民の誰もが參政權（代議政にていへば選擧權・被選權）を有するが憲法政治の本來の意義である。されば、立憲國に於ては、多くは、普通選擧制を採用して居る。然るに我が國では、まだ、頗る窮屈な制限選擧制を採つて居る。で、年々選擧法改正案は議會に提出される衆議院に於ては既に幾度か委員會を通過したのであるが、貴族院側では槪して之に反對する傾向がある。普通選擧制は、人民の政治的知識が今少し普及しての後に布くべきであるといふ意見も萬更理由がないでは無い。で此の頃は、普通選擧制の主張者も、漸次に、その理想を實現して行く積りで、先づ以て、中等以上の敎育を受けたるものには直接國稅何程といふが如き制限を撤廢せよと言つて居る。

プラグマチズム (Pragmatism)

譯して實際主義・實用主義などいふ。米のゼームスの力說して以來、近代思想の一大主張をなせる論學、哲學上の學說。平たくいへば、吾々の生活に役立つもののみが眞理である。即ち、ある事柄の眞僞如何はそれが吾々の生活に有用であるか無いかによつて定まるといふ説。

即ち從來の主知説に反對して、主情意説の上に立ち、かの思辨哲學、形式論理を極力排せんとするにある。

ボイコット (Boycott)

譯して、同盟反抗・非賣同盟などいふ。

此の語は、始めて、此の制裁を加へられたアイルランドの地主の名をその儘用ひたのである。

地主・商人・雇主又はその他の資本家に對して、同盟して反抗を企て、社交上又は業務上の關係を絕ちて苦ましめ、以て、自己の利權を獲得しやうとするにある。

ボーイ・スカウツ (Boy scouts)

少年に硬教育を施さんとして起れる武的教育の新運動。英國陸軍中將バーデン・パウエルの創唱にかゝる。譯して少年兵團。少年斥候團。少年義務團。健兒斥候團などいふ。

その規約中に『他人の爲に善事を爲せ。祖國の爲に盡力せよ。微笑せよ快活なれ。勇敢にして沈着なれ。』等の語がある。以て其の主旨のある處を知るに足る。

各國競うて此を組織し、歐米諸國を通じて、今や三十餘萬の團員を有するに至つた。

保護貿易主義 (Protective trade)

保護政策ともいふ。自由貿易主義に對立する。

此の主義は、國内の産業を保護せんが爲に、外國産業の競爭を防止するを主要の目的とする。即ち、保護關税を以て外國品の輸入を制限し、國内産業の發展を助長せんとするにある。

マキアベリズム (Machiavellism)

内治外交の上に權謀術數を用ひるを言ふ。

その起原は、十五世紀の頃、フィレンツェ人マキアベリといふが著した「君主」と題する書中に記されたる陰險陋劣なる政策上の手段を賞用して、勉めて武力に訴へざらん事を心掛くるに至り、欺瞞陰謀はいふまでもなく、甚しきは暗殺毒害などの罪惡を敢てして猶は恥ちなかつた。而して、此の權謀政治が最も發達したのはイタリアであつた。爾來權謀術數主義の政治をマキアベリズムといふに至つた。

マルコニー事件

千九百十三年、英國の大藏大臣ロイド・ジョルジがマルコニー電信會社の株を買つたのを反對黨が政府者の行動として不都合であるとて之を非難し、遂に議會に對して不信任案を提出するに至つた。

ロイド・ジョルジは、大に驚き、直に、自己の私有財産を公表し、更に進んでは、夫人の銀行通帳に至るまで悉く之を公表して、何等、私腹を肥さんが爲にしたのでないことを明にした。議員では、直に之が調査を行つたがロイド・ジョルジが株を買つたのは、單に、己が親戚の窮境を救はんが爲の已むなき行爲であつたことが明になつて、不信任案は、否決せられた。是が所謂マルコニー事件で、ロイド・ジョルジの此の時の態度は實に公明正大なるものであつたとて、海軍收賄問題に關して荐りに引合に出された。

未來派（Futurism）

最近に於て伊太利を中心として起りたる文藝美術上の新運動。すべて、活動と力の表現を主義とする。

其の綱領の一に曰く。

『吾々は、世のあらゆる陳腐なものを名殘なく掃除せんければならぬ。そして、今後は、鋼鐵と、自尊と、狂熱的活動と及び速力とによりて支配せらるゝ吾々の時代の旋風的生活を表現せんければならぬ』と。以て其の一斑を知るに足らう。

此の派によつて作らるゝ繪畫は全く奇妙である。活動を表現せんとして、宛も重ね寫眞の如く輪廓が動搖して居る。しかも、それが此の派の畫の特長である。

此の派の文學に於ては、女性的傾向を斷乎として排斥し、一に男性美の發揮に力めて居る。

軍國主義（Millitarism）

帝國主義の一變體であつて、武斷政治、偏武主義と同義に使用される。

國家の統治權を主として軍隊の力によりて維持せんとする主義。我が國の藩閥政治家が從來採り來つた主義は、大體に於て此のミリタリズムであつた。

無政府主義（Anarchism）

中央行政機關を廢して一切個人の自由行動に放任する如き社會を建設せんとする頗る危險なる主義。曰く。

自己を支配するものは自己の思想と感情の外に何もあるべきでは無い。故に、一切の外的規定は悉く之を打破せんければならぬと。

之を社會主義に比較するに、社會主義は、富の分配に對する公平を要求し、無政府主義は、權力の公平を要求する。故に前者は、經濟上の革命主義だが、此は政治上の革命主義である。さはれ、現存社會組織に滿足せずして、徒に破壞を喜ぶ點は二者全く同一である。

此の思想は、十八世紀に於ける佛國の感覺論的懷疑論に胚胎し、初めは、精神上の虛無主義であつたが、社會主義運動の興起に伴うて政治上の意味をより多く有するに至つた。虛無主義は、露國に發生した無政府主義である。

モンロー主義（Monroe doctrine）

千八百二十二年、西班牙が、神聖同盟の餘威を以て、南米に出兵せんとの計畫を立てたる時、北米合衆國の、時の大統領モンローが、教書を以て發表したる一種の國家主義。その要に曰く。

一、亞米利加大陸は、歐洲列國の干渉を許さず。

二、北米合衆國は、歐洲各國の紛爭に關與せず。

今日の米國は、外に向つては侵略主義を取ることがないでは無いが、内に於てはなほ此のモンロー主義を主持して居る。かの最近墨國に對する政策態度の如き、明に此の主義に本づけるを證して居る。

ユーゼニクス (Eugenics)

譯して人種改善學(じんしゆかいぜんがく)といふ。

現在の社會に漲(みなぎ)る生活難てふ灰色の潮は、健全なる中等階級を倦して、次第に下層階級に押し沈めつゝある。かくの如き、中等階級縮少の事實は、全體として人類的價値の低下を示すもので、眞に寒心すべき傾向である。

人種改善學(ユーゼニクス)は、かゝる人類の一般的退潮を救濟せんが爲に、ある人爲的方法を講究實施して以て人種の改善を計らうとするものである。

而して此の說の主張者が、採用せんとする主なる改善方法は、一、結婚法の改善。二、女子の生存競爭場裡に立つことの否定。三、生兒制限及び避任法。四、保育方法の改善。五、一般青年男女の性欲教育。六、禁酒禁煙。七、下級社會の精神的救濟。等である。

流動の哲學（Phylosophy ot Fluxation）

「萬有は常に流動して止まない。然るに多くの學問は、萬有の眞相を靜止したものと假定して研究する。斯の如きは生命の死骸を抱いてそれが生命だと思うやうなもので、大なる間違ひである。吾等の新哲學は、動を本體として考へねばならぬ。靜は便宜上の抽象であつて、實在せぬものであるといふことを常に頭において考へねばならぬ」と。佛のベルグソンの創唱する所。彼の語をそのまゝ引用すれば「實在は流動する。出來つゝあるものゝ外、出來上つたものはない。變る狀態・存在の外、自己持續の姿はない。』といふのである。

リヒテル事件

曾てシイメンス・シュックケルト會社（獨逸の電氣器械會社）東京支店員であつたリヒテルといふが、脅喝取財事件で、獨逸伯林の地方裁判所にて取調を受け、有罪を宣告せられ、右判決理由中に日本海軍々人の名ありて、それが收賄事實なるらしきよし外國新聞に報ぜられたるより、議會の大問題となり、查問會の設置を見、嫌疑者續々取調を受け、海軍高官の軍法會議に附せらるゝさへあり、山本內閣は、爲に致命傷を蒙りて倒れ、海軍革清の聲、次第に民間に高まるに至つた。大正三年初頭の出來事。リヒテル事件・シーメンス事件・海軍收賄事件などいふ。

聯想診斷（れんさうしんだん）（Associational diagnosis）（アツソセーショナル ダイアグノーシス）

實驗心理學の一應用たる精神診斷の一方法。

今、甲と稱する人、ある犯罪の嫌疑を受けたとする。裁判官は、此の時、その犯罪事實に關係ある數語を選び、他に之と全く無關係の語を多く選びて犯罪事實に關係ある語と混合しおく。用意整へば、嫌疑人を呼び出し、用意せし語を口誦してその語より聯想される第一聯想語を直に口誦せしめる。かくて、その反應時間の長短及びこの連想語の彙類研究によつて、犯罪の如何を決定する方法。此の方法は、若し、熟練なる心理學者之を用ふれば、頗る明瞭に人の心中を讀破することが出來る。

華想主義（ローマンチシズム）（Romanticism）

十八世紀末より十九世紀の初頭にかけて全歐を風靡せる文藝上の傾向。一切の因習を排して直に熱烈なる天眞の情緒に至り、高遠なる理想に憧憬して空想世界にその心魂を遊ばしむるを樂しむ。故を以て個性はその權力を挽回し、自己を自覺して以て萬物の規範とし、自ら自己の目的を立つるに至つた。けれども、その思想なほ多くは架空的であつて、人間の生活と亙らざるもの一にして足らざる有樣であつたので、やがて之が反動として自然主義の勃興となつたは寔に是非もない次第であつた。

〔其二〕 常用の飜譯語・外來語・新意語

1 吾々が日常使用して居る談話語中には、英語その他の飜譯語が頗る多い。否、明治語の大部分は飜譯語である。

2 吾々が日常使用して居る談話語中、英語その他の外國語を其のまゝ使用して居るのが頗る多い。

3 吾々が日常使用して居る談話語中には、飜譯語・外來語では無いが、而も、それ等に刺戟せられて出來た新意語が可なりある。

4 こゝには、此等、日常の談話中に使用さるゝ飜譯語・外來語及び新意語の重なるものを選んで、解說する。但し、分りきつた語、又は餘りに專門がゝつた語は採擇せぬ。（原語中、何とも記してないのは總て英語である。）

アートタイプ （Artotype）

つやけし寫眞版の稱。つやけし硝子の粗面に感光液を塗布し、寫眞原版を加へて日光で燒き、不感光部を洗ひ去る手數を省く爲に下塗に水硝子を用ひて製する。出來上り頗る上品。

アーメン （A'men）

基督教信者が祈禱の終りに唱ふる辭。心願如是、又は納受し給への意。

アイロニー （Irony）

反語。あてこすり。いやみ。

アカデミー （Academy）

(一)學者、文人、美術家の團體の總稱。

(二)歐米諸國に於ける高等なる學校又は學士院の稱。

アクチブ （Active）

働きかける。活動的な。能働の。「もつとアクチブに出なけりや」など用ふ。

惡德新聞

他人の秘密を好んであばき、或は、無根の事實を揑造して强迫し、おどして金にせんとする新聞。地方に此の種の新聞多し。

土瀝靑 （Asphalt）

黑い油狀體又は個體の鑛物。砂及び油類を混じて道路舖料又は防水防腐塗料等に用ふる。

アダム （Adam）（伯）

猶太神話(ジュデアしんわ)に於ける人類始祖の名。アダムの原義は「赤(あか)土(つち)」の意。
その配者(つれあひ)を「イヴ」といふ。

アーティフィシャル (Artificial)
小刀細工的(こがたなざいくてき)な。人爲的な。
「あまりにアーティフィシャルだな」など用ふ。

雰圍氣(アトモスフェアー) (Atmosphere)
大氣。周圍の空氣。周圍の氣分。
「かゝる雰圍氣內(ふんいきない)において」など用ふ。

アトリエ (Atelier)(佛)
畫室。仕事場(しごとば)。細工場。技術室。

アブサント (Absinthe)(佛)
にがよもぎの葉の搾液(しぼりしる)を酒精(アルコール)に混和して製した る綠色の强酒。デカダンの文士は、此の酒を飲まざれば人間らしき生活でないやうに思つて居る。佛蘭西の巴里では。

アミーバ (Amoeba)(拉)
原生動物の一種。極めて微細なる顯微鏡的蟲類。根足蟲類の屬。分體生殖を營み、池沼等に棲む。

アンクル (Anchor)
アンクル操縱(エスチーアメント)の略。正しくは、アンコアーといふべきで、錨(いかり)の義。懷中時計の構造の一種。錨形(いかりがた)の爪(つめ)が順次に齒車に嚙合(くひあ)ひてその運動を制御する裝置。左アンクル、右アンクルは、その錨形の車の在り場所によつて言ふ。

暗示（Suggestion）

(一)強き刺戟。精神内部よりその刺戟に従はざるを得ざる如く思ふ諷示力。

(二)催眠術の用語。

審判者（Umpire）

勝負ごとにおける行司。時に、仲裁人をも然かいふ。我が國にては、テニス・ベースボールなどの審判者に専用する。

アルパカ（Alpaca）

羊駝の毛にて織りたる織物の稱。洋服の裏地などとして多く用ふ。

アングロ・サクソン（Anglo-Saxons）

第四世紀の頃、歐羅巴大陸なる獨逸の北西より英吉利の地に來り、今日の英國人の主なる祖先となつた人種の稱。

イエス（Yes）

さうだ。さうです。然り。よし。「建設」の字を當つるは近來の用法。

意志（Will）

(一)心の活動方面の總稱。

(二)行爲の先行條件―執意と同義。

(三)精神と同一義に用ふることもある。

意志表示

どう考へて居るかを明にること。法律上の語。

意向（Intention）
おもはく。考へて居るところ。

有機的（Organic）
全體と部分とが互に離なすことの出來ない關係をもつて居ること。機械的の反對。

點燈裝飾（Illumination）
多數の電燈又は瓦斯燈を以て家屋等を裝飾すること。

インカム（Income）
收入のこと。所得。歲入。俸祿。

インクライン（Incline）
傾斜の義。その面に鐵車を敷設し、ある動力によりて荷物を昇附せしむる裝置。京都の疏水下に設けあるが如きはそれである。

インスピレーション（Inspiration）
感動。靈感。感化。神託。神興。

インデッキス（Index）
索引。見出し。

ヴァニチー（Vanity）
うぬぼれ心。虛榮心。ないものをあるやうに見せかけたい心。自分のねうち以上に見てもらひたい心。

ウ井スキー（Whisky）
酒精分強き一種の酒。大麥又は麥芽等を醗酵せしめて蒸溜したる火酒。日本の火酒（しようちう）の類。

ウォーター・クロゼット (Water closet)
小便所又は厠（かはや）をいふ。略して W.C. と書きて、ダヴルユー・シーと發音する。「ダヴルユー・シーに行く」など用ふ。

ヴァーチュアス (Virtuous)
有德なる。貞操正しき。

ウェルカム (Welcome)
歡迎。いらつしやい。

エプロン (Apron)
前かけ。ひざかけ。

エキスプレッション (Expression)
(一)表明。言ひあらはし。(二)言ひぶり。(三)顏付。表情。(四)表現

X光線（エッキスくわうせん） (X-ray)
クルークス管内にて放電する時、管内より發生する一種の輻射線。目に見えざれど、物をして螢光を放たしむる性を具ふ。金屬の外は、暗體をもよく通ずるが故に、醫療上に使用せられて便利である。

精力（エナージィ） (Energy)
仕事をなし得る力。獨逸語にてはエネルギー。

百科全書（エンサイクロペヂア） (Encyclopaedia)
百科辭書（ひやくくわじしよ）。叢書（さうしよ）等の意味もある。

エンヂン (Engine)

機關。機關車。

エゴイズム (Egoism)
利己主義。わがまゝ勝手に振舞ふこと。

エターナル・ライフ (Eternal life)
永生。永遠不滅の生命。

英雄崇拜 (Hero-woship)
大人物を崇拜してその精神を自ら體現せんとするをいふ。

エーテル (Ether)(獨)
(一)精氣。宇宙各所に存在して光熱を四方に傳播すと想定せられるもの。(二)酒精に硫酸を加へ之を蒸溜して得たる液藥。

エンジェル (Angel)
天使。天のつかひ。

エポック・メーキング (Epoch-making)
(一)新紀元を開く。(二)新時代を劃する。(三)新時代を劃するが如き著述。
新時代を劃する人をエポック・メーカーといふ。

要素 (Element)
元素ともいふ。

エレベーター (Elevator)
昇降機。電力・氣力或は水力で、人又は貨物を昇降運搬する機械。

オーソリチー (Authority)

權威」大家。
「あの人は、何學のオーソリチーだ」など用ふ。

オゾン (Ozone)
雷鳴の時などに空中に發生する無色有臭の瓦斯。海氣の中にも之を含むと言はる。此のものは、人體の健康増進に有効である。

オブラート (Oblate)(獨)
澱粉・ゴム末等にて製したる薄き煎餅片。水にひたして和らげ、處藥を包んで嚥下すに用ふる。

歌劇 (Opera)
唱歌と表情的動作とを主とし「オーケストラ」の伴奏によつて演ずる西洋劇の一種。歌劇。

オー・ライ (All-right)
正しくはオール・ライト。可なり。よろしい。

オリヂナリチー (Originality)
獨創。新機軸。獨創力。
人の模倣をするのでなくて、全く自分の考へから創り出すこと。

ガーゼ (Gaze)(獨)
薄くて織目の荒い布。昔シリアのガーザといふ地で初めて織り出した故の名。

ガーター勳章 (Order-of-the-Garter)
英國の武士の最高勳章。明治三十九年、英國皇帝は、コンノート殿下を我國に遣はされ、明治天皇陛下に此の勳章を贈呈せられた。

カード （Card）

小さき札の意。厚紙の小片。札。端書ともいふ。クリスマス・カードとて畫をすり出した小さき厚紙もある。片々に分割し得る帳簿をカード式の帳簿とよぶ。名刺。

カイゼル （Kaiser）（獨）

ラテンのケーザルより出た語。古代ゲルマンの皇帝に與へた尊稱。近世に至り、ウイルヘルム第一世及びその後繼者此の名を稱するに至つた。

カシミヤ （Cashimir）

カシミヤ山羊の毛より紡いだ絲で織つた織物の名。女子の袴などに用ふ。

カタローグ （Catalogue）

目錄。書籍の目次・書目などを書いた小册子。

客觀的 （Objective）

外部的に考へること。「客觀的事實」といへば「自分にさう思はれるだけでなく、誰にもさう思はれる事實」の意。

カット （Cut）

板圖。小さな挿畫。—活字板等の文章の切れ目などに入れる板圖をいふ。

カテゴリー （Category）

（一）種屬又はその部類の意。範疇。

カンバス (Canvas)

畫布——油繪を畫くに用ふる布地。布面の粉地のものと、油地のものとある。我が國にては、多く英國製のものを用ふ。

革命 (Revolution)

社會制上の急激なる變動をいふ。フランス革命。宗教改革など。

カフェー (Café) (佛)

コーヒー。又は珈琲店。今は居酒屋の義に轉用する。「カフェーライオン」「カフェーの女」など用ふ。

カメラ (Camera)

暗箱——寫眞用具。

簡易生活 (Simpl life)

複雜なる多端なる氣苦勞多き都市生活をすてゝ田園の單純なる生活に安んずるをいふ。

カラット (Carat)

金の品位の單位。純金を二十四カラットとし、四分の一不純物を交へたるを十八カラット、二分の一の不純物の交れるを十二カラットといふ。通俗に十八金、十二金などいふ。

カロリー (Calory)

熱量の單位。——一瓦の水を攝氏の零度から一度まで暖むるに要する熱量。

氣焰

元氣の盛んなこと。氣を吐くの意。

「怪氣焰」。「氣焰當るべからず」などいふ。

キッド (Kid)

小山羊の皮を原料として鞣した革の名。手袋・靴を作るに用ふる。

機械的 (Mechanically)

はなればなれで生命的統一のなきこと。

有機的の反對。

菊版

紙の大きさをいふ語。一ばん多くこしらへられる書物の大いさ(七寸に五寸位)の紙が十六とれる大いさの紙をいふ。但し、一般には、十六切の一つをも菊版略して菊といふ。最初、此の紙が舶來した時日本人の氣に入るやうにと思つてか、包紙に菊の畫のレツテルが貼つてあつたからの稱だといふ。

喜劇 (Comedy)

悲劇に對していふ。笑ひを中心とした劇。滑稽劇。

犧牲 (Sacrifice)

いけにへ。他の爲に我を捨てること。

義務 (Duty)

自分の責任としてなさねばならぬこと。

機能 (Function)

事物のはたらきをいふ。構造に對してその活動の方面をいふ。「作用」とほゞ同義。

詭辯家（Sophists）

誤つた推理を正當らしく言ひあらはす人を言ふ。

恐慌

不安ならしむる。恐れさわがせる。

「財界の大恐慌」など用ふ。

共鳴（Resonance）

もと、物理學上の語。今日は轉じて、精神の相通ずることと、相互の間に、理解と同感とのある意にも用ふ。「彼の意見には僕等も共鳴を感ずる」など用ふ。

科學（Science）

組織だつた學問。自然科學、精神科學などの別がある。

官學

官立學校をいふ。藩閥政府が、自己に都合よき官僚政治を行はんが爲に、各種の施設を官僚的に統一して教育を行ふを言ふ。私學と相對していふ。

空想（Fancy）

合理的でない想像。實現せられぬことを實現されるが如く想像すること。

具體的（Concrete）

形をもつて居ること。「具體的說明」といへば、實際の事實をあげて話をする意になる。抽象的の反對。

グラヒック（Graphic）

「圖解」とか「筆寫」とかいふ原意より轉じて、畫報の意に用ふる。

クリーム（Cream）

新しい牛乳を廣い淺い器に入れておいておく。すると、その表面に皮膜ができる。それがクリームである。轉じて脂肪を含む糊狀の固形體物を總てクリームといふ。

クロース（Cloth）

(一)布。(二)書籍の表裝に用ふる舶來の薄布。表紙布。

クリスタル・ゲージンク（Crystal gazing）

水晶凝視――物をおきわすれた時など、茶碗に水を入れて、それを見つめてをると、その茶碗の水の中に、おき忘れて居る場所が浮んで見える。

ゲーム（Game）

(一)遊び。勝負事。競技。鬪技。(二)勝負の點數。獵の獲物。

經驗（Experience）

實際にやること。

むつかしくいへば、我々が、我々の感覺機關をつかつて、外物の刺戟を受けとること。

幻覺（Hallucination）

心のはたらきによつて、無いものをあるやうに見ること。

熱病者や、狂者にはよくある現象。

現象 (Phenomena)

あらはれ。「自然現象」。「精神現象」などいふ。

現實 (Reality)

理想に對していふ。實際。實證など同じ意義である。「現實暴露」。「現實と理想」など用ふ。

言論の自由 (Freedom of speech)

思ふところをいひ得る自由。

我が憲法には、言論の自由を許すとの條文はあるが、事實言論の自由は許されてないかも知れぬ。

コーケット (Coquette)

男たらし。じやらつき女。婀娜者。

コーケッシュ——じやらつく。あだつぽい。
コーケットリー——じやらつき。べたつき。

コーセット (Corset)

西洋婦人の胸衣。

絹布、綿布等にて作り、竪に鯨の軟骨を入れて皺の寄らざるやうにしたもの。胸をふくらし、腹を引きしめて小さくするに用ふ。

肯定 (Positivity)

否定に對していふ。さうだ。それでよいと言ひ切ること。

コーラス (Chorus)

合唱。—多くの聲で歌曲を唱ふ。

國民再生

國民的に、舊生活をすて〻新生活に進み入るの意。

國民再生の戰など用ふ。

國民性（Nationality）

その國民に特有なる性質。

ゴシック（Gothic）

肉の太い活字。棒字。

ゴシック式建築（Gothic architecture）

十三世紀より十五世紀にかけて歐洲に流行した建築の様式。

尖つた屋根、大なる窓が、その特徴。

コスメチック（Cosmetique）

煉脂に香料を加へて造つた鬚・髪にくせをつけて和げる化粧品。

個性（Individuality）

人には、顔の異ふやうに、誰にも其の人の特性がある。その特性を個性といふ。委しくは、先天性個性(稟賦)と後天的個性(教育境遇によりて出來たもの)とに別つ。

ゴッド（God）

神。上帝。天帝。

ゴッド・ファーザー(教父)。宗教儀式での名つけ父。

ゴッド・マザー(教母)。同名つけ母。

コンデンス・ミルク（Condensed-milk）

牛乳を煮つめ、砂糖を加へて味をつけたもの。小兒の食用品。正しくはコンデンスドミルク。

コンクリート (Concrete)

(一)セメントと砂とを水で練つて製つた漆喰に砂利又は割栗を混じて造つたもの。(二)具體的。

コントラスト (Contrast)

對照。對比。「よいコントラストだ」など用ふ。

コンミッション (Commission)

口錢。手數料。周旋料をいふ。賄賂の意味に此の語を用ふるは誤解したるなれど、世間多くは之を用ふ。海軍コンミッション事件などのコンミッションは正しく賄賂の意である。

コンモンセンス (Common-sense)

常識——(一)通常人の普通に有つて居る知識。一般的知識。(二)偏せぬ知識。(三)あまり頑固でなくて時世に適する考。

コンベンショナル (Conventional)

慣習の。月並の。ありふれた。因習的。陳腐な便宜的な。

コロタイプ (Collotype)

寫眞版の一種。アートタイプと大體同じであるが、たゞ下塗に水硝子を用ふるが故に、日光にさらさないでもよいといふ點だけがちがふ。

サークル (Circle)
(一)圓。圏線。周圍。環境。
(二)組。黨派。社會。仲間。
「僕等のサークルでは」など用ふ。

サーチライト (Search-light)
探照燈——太き炭素棒を用ひた弧光燈が器底の反射鏡によつて強き平行の光線となるやうな装置のもの。軍艦・商船・砲臺などに据つけてある。

サーバント (Servant)
僕。召使ひ。

最惠國條款 (Most favoured nation clause)
國際關係に於て條約國相互が第三國に對して機會均等の權利を認むる條約。―對等條約。

菜食主義 (Vegetarianism)
野菜即ち植物性の食物を食ふことを主義とする人。此の主義の人のいふ處によれば、菜食は「頭腦をよくし、心を平和にし、長命をする」と。

催眠術 (Mesmerism)
假睡の狀態に導いておいて、其の間に、樣々の暗示を與へ、それによつて、病氣、惡癖等を矯正する術。

錯覺 (Illusion)
主として、物理的理由によつて、物を見まちがへること。眼にあらはれる錯覺にはたくさんにおもしろいのがある。

サブライム (Sublime)
崇高。莊嚴
「サブライムを感ぜしむる」など用ふ。

サムシング (Some-thing)
あるもの。何か。
『……………そこに言ひあらはせぬサムシングがある』など用ふ。

散文的 (Prosaic)
調とか、律とかの整つた韻文に對して、何等の律・調の拘束をうけぬ文を散文といふ。此の事よりして、秩序・形式に拘泥せぬのを散文的といふ。詩的の反對。

サンタ・クローズ (Santa-claus)
兒童を愛護する不可思議なお爺さん。クリスマスの前夜、窓からはいつて種々のものを入れてくれる。歐米の傳說。

サンク・ユー (Thank-you)
ありがたう。恐れ入ります。
「サンキユー」とつゞめていふ。

サラリー (Salary)
給料。俸給。手當。

サロン (Salon) (佛)
(一)客室。美術館。
(二)毎年パリに開かるゝ新作美術品展覽會。初め、美術製作の展覽を貴人のサロン（客間）に開いたのでかく言ふに至つた。

シーツ （Sheets）

敷布。シートの複數なれど、我が國にては、一つの場合にもシーツといふ。

自愛 （Self-love）

自分を愛し、自己の幸福を希ふこと。

ジアスターゼ （Diastase）

一種の酵母。黄白色の粉末藥。胃腸病の特効藥。

充實

内容の十分に充ちてある意。而も多くは自覺的精神に充たされてあるにいふ。空虚に對する語。

ジェスチュア （Gesture）

手眞似。身振。演説などの時の種々の身のこなし。

自我 （Self）

自分のこと。自身。自己。

自學 （Self-taught）

自分ひとりで學ぶこと。獨學したる。獨習の。

私學

私立學校に於て行ふ敎育。私立大學の總稱。官學に對していふ。

自覺 （Self-consciousness）

自己意識ともいふ。自分の行動の意味を自分で意識するを自覺的行動といふ。

時間と空間（Time and space）

時間といふのは、何時、何分の時間ではない。流れて止まぬ時をいふのである。空間といふのは場所の廣がりをいふ。

自作物（Self-made）

自分で仕上げたるもの。自製の。手製の。

自信（Self-confidence）

自分で自分を恃みとすること。

システム（System）

組織。系統。システマチックといへば、系統的な、或は組織立つたといふことになる。

自助（Self-help）

自分で自分の發達を助ける。「天は自ら助くるものを助く。」など用ふ。

實驗（Experiment）

自然のまゝでは觀察の出來ぬことを、人爲的方法によつて仔細に觀察すること。

實在（Reality）

（一）物の眞髓。宇宙の本質。―哲學的。
（二）精神に對する自然。―常識的。

自尊 (Self-esteem)
我と我が心を高く有つこと。「獨立自尊」など用ふ。

詩的 (Poetical)
事物の觀察を實利の方面より見ないで、美の方面から見ることを詩的といふ。又、かやうな觀察方法を以て世の中に對して居る人を詩的な人といふ。趣味的といふこと。散文的に對していふ。

自動車 (Motor-car)
蒸氣その他の動力を以て自動する車。

人格 (Personality)
(一)ひとがら。「あの人は人格が高いから。」
(二)人間と同義に用ふる。「女も人格的存在である。」

色讀
讀書するに當つて、自ら著者の精神となつて、文字以上、言語以外の眞意を玩味する如き讀み方。

色魔
女たらし。女を食ひものにする男。

神聖 (Holy)
(一)純眞無雜。「神聖にして侵すべからず。」
(二)貴い。「勞働の神聖。」

巡回圖書館 (Circulating-library)
ある種の書籍を巡覽せしめて、以て人智の開發に資する運動。我が國でも近頃、此の方法が大分行はれだした。

シンガー (Singer)

藝者。舞妓。

神話 (Mith)

有史以前の事柄で、言ひ傳へられてある物語。

主觀的 (Subjective)

自分を中心として考へること。

「感情は主觀的のものだから」など用ふ。

衝動 (Impulse)

目的觀念の明瞭なる自覺なしに一定の刺戟に應じて自然に起る運動。

性欲衝動。社交衝動。衝動生活など用ふ。

情調 (Mood)

通常、氣分、氣持などゝ同意義に用ひて居る。

心理學上では、快・不快の方面をいふことゝなつて居る。

情調には、生理的原因が多分にふくまれて居る。

同一の刺戟でも、情調の如何によつて、それから受取る「感じ」は樣々になる。

祝福 (Blessing)

天の惠。よろこび。さいはひ。——「神よ友の上に祝福あらしめ給へ」など用ふ。

食堂車 (Dining-car)

汽車の乘客の便宜をはかりて、列車中に食事の用意の出來る車をつなぐ。之を食堂車といふ。新橋下關間の急行列車等には此の設備がある。

スイート・ハート (Sweet-heart)

戀人。意中の人。情人。

スイート・ホーム (Sweet-home)

樂しい家庭。溫き家庭。理想の家庭。

睡遊病

夢中にある種の行動をとつたに拘らず、さめての後は、全くそれを知らぬことがある。子供の「ド迷ひ」などはそれの初歩だが、甚しいのになると人殺をしてさへ知らぬことがある。

スキー (Skee)

那威人の用ふる雪靴。靴に著けて雪の上を走るに用ふるもの。雪橇。近時我が國にても富士登山等に用ひ始めた。

スケーチング (Skating)

氷滑り。——靴にスケート(Skate)とて、框樣の具をつけて、氷の上を走りて遊ぶ遊戲。

スクラップ・ブック (Scrap-book)

切拔帖。——新聞の重要記事などを切拔いて貼つておく帳面。

スタイル (Style)

すがた。なり。風。風體。流儀。樣式。

スタート (Start)

始める。出發する。着手する。

出發。出發點。

スタンプ (Stamp)

極印。烙印。印刻。印紙。

「裏書をする」と用意に轉用することもある。

ストライキ (Strike)

同盟罷業。同盟休業。

(野球語——打つに適した時ストライクといふ)

ストラッグル (Struggle)

あがき。もがき。あせること。

奮闘。爭闘。暗闘。

スペクトル (Spectre. Spectrum.)

(一)光線を三稜鏡で單純なるものに分解して得た色帶。分光景。(二)光體又は有色體を見たる後、眼底に殘る餘像。

性格 (Character)

品性と同義である。人の行動が習慣によつて、一定の方向をもつやうになつたのをいふ。

正當防衛 (Self-defence)

他人の我に危害を加へんとする時、それに對して反抗を試むる爲に、此方に於ても相應のそなへをすること。刑法上では、正當防衛の爲には、双物を用ひて敵を傷くることがあつても、それはゆるされるのである。

性慾 (Sexual-desire)

男女間の欲。情欲。淫欲。

消極的（Negative）

例へば、身體の健康を保たんが爲に藥を呑む如きは消極的である。

生活難

生存の爲の「衣食の料」を得ることの困難。

生氣（Vitality）

元氣。活動力。

絶對（Absolute）

一つしかなき意。即ち、それにくらべて考へる何ものもなき意。

「唯一絶對」「絶對不變」など用ふ。

積極的（Positive）

例へば、身體の健康を保たんが爲に冷水摩擦を行ふ如きは積極的。消極的の反對。

ジェントルマン（Gentleman）

紳士。

上品な人。品位を保つ人。立派な人。

セセッション（Secession）

直線式。（セセッション式の略）輕快、瀟灑、素朴を尙ぶ建築 家具其他に於ける意匠上の新樣式。

セルフィッシュネス（Selfishness）

わがまゝ。

得手勝手。利己的なこと。

セルロイド (Cellnroid)

ニトロ・セルローズに樟腦をまぜて壓搾して得たる半透明のもの。「擬角」の文字をあてる。

セレクション (Selection)

拔萃。淘汰。よりぬくこと。抄本の「抄」にあたる。

センチュリー (Century)

一世紀——即ち百年のこと。

此の名を附した辭書がある。

想化

藝術家が、創作を爲すに當つて、自然そのまゝを模倣しないで、自家の理想に從つて美化し醇化するをいふ。

創作者 (Author 又は Inventionist)

はじめて作つた人。

創造 (Creation)

創めて造るの意。「新らしい生活を創造する」と言へば「人まねでなく、教へられたでなく、習慣に從つてでなく、自分の任意、自分の自力の自覺で、その生活を營んで行く」の意。

ソロー (Solo)

獨奏曲。

獨りでうたふ曲。獨吟。

ダーク・サイド (Dark-side)

暗黒面。裏面。
演劇の時、舞臺をくらくするにもいふ。

ターム (Term)
ことば。名稱。

體得
十分に會得すること。眞に自己の血になり肉になりて、いつでもそれが具體的に體現し得らるゝまでに理解するをいふ。

退化 (Degeneration)
あとしざり。衰退。
進化論上にて、生物の不用機關の存在を其の機關の「退化」であると言つたところから出た語。今は一般に轉用する。

對象 (Object)
向へまはしてこちらから見るもの。故に藝術の對象にいへば、人事とか自然とかを指すことゝなる。

ダイナマイト (Dynamite)
一種の爆發藥。
ニトログリセリンを硅藻に吸收せしめたもの。

タイム・イズ・マネー (Time is. money)
「時の金なり」。米人の常用的箴言。

タイピスト (Typist)
通信文・原稿を認むるに用ふる洋風の印刷器を「タイプライター」といひ、之を使用する人を「タイピスト」

といふ。

タイプ (Type)
様子。型。典型。記號。

タイラント (Tyrant)
暴君。壓制者。

陶冶 (Training)
しつけ。くせをつける。訓練と同義。

タングステン (Tangsten)
「タングステン・ランプ」の略。ヲルフラム繊條を有する白熱電燈。一燭光に要する電力量は炭素線に比して約三分の一。

ダンス (Dance)
をどり。舞蹈。

耽溺する
本能欲に全く囚はれて、他を顧みぬ状態に生活するをいふ。
放蕩怠惰と同義。近來盛に用ひらる。

抽象 (Abstraction)
多くの中より、それらの事情に共通な點のみを抽き出すといふ意。但し、原語のアブストラクションは抽象すると同時に、抽象に不用なる部分を捨象する意をも含む。

ヂオラマ (Diorama)
長い布につゞいた景色・光景を描き、畫面より適當なる。距離の暗室内に觀者をおき、實物を見るが如き感想を起さしむる見世もの繪をいふ。

ヂストマ (Distoma)

脊椎動物の腸・肺臟・肝臟等に寄生する一種の微蟲。之を有する生肉等を食する時は、病にかゝる恐れがある。

チッキ (Check)

合符の意味。—汽車等にて荷物を賴む時の。

チッケット (Ticket)

切符(汽車などの)。通券。入場券。

地方版

(一)新聞(東京)社が、各地方に讀者を得んが爲に、全紙面中の一部を割きて、その地方のみのことをかゝぐる、斯くその地方限りの記事をかゝげたる新聞を地方版といふ。

(二) 特に地方の記事をかゝげずとも、地方へ送る爲に、やゝ早くメ切りて印刷したる新聞を地方版といふ。

ヂンナー (Dinner)

晝飯。御馳走。もてなし。

チャーミング (Charming)

牽きつける。ほれ〴〵させる。愛嬌のある。

チャーム(魔力・愛嬌)する力のある意。

ヂャスターゼ (Diastase)

消化劑。麥芽の醱酵素で作る。

チャイルヂッシュ（Childish）

子供らしい。無邪氣な。あどけない。

チャンス（Chance）

機會。機運。時機。をり。

チャンピオン（Champion）

選手。勝負に與かる人。勇士。

チャーチ（Church）

敎會堂。寺院（西洋でいふ）。禮拜堂。

ヂャップ（Jap）

歐米人、ことに米人が、日本人を呼ぶ綽名。

ヂレンマ（Dilemma）

窮境。どちらにしてもこまる。板ばさみ。

兩刀論法――双方互に矛盾して一を立つれば他の一が立たぬ場合の推理をいふ。（論）

「ヂレンマに陷つた」など用ふ。

痛飮

飽くまで酒を飲むこと。

痛切

甚しく。ひどくの意。「痛切にさう思ふ。」など用ふ。

痛快

頗る氣持のよいこと。

痛罵

ひどくのゝしるをいふ。「痛罵をあびせる」など用ふ。

ツベルクリン (Tuberclin)

結核治療液(けつかくちりやうえき)。ツベルクリン注射は、近來、肺結核治療法として盛に行はれつゝある。

テースト (Taste)

趣味(しゆみ)

味(あぢ)の意より轉じて人の好みをいふ語となつた。

テーブル・スピーチ (Table-speech)

卓上演說(たくじやうえんぜつ)。

低回趣味(ていくわいしゆみ)

餘裕ある氣分を以て、人生を觀察せんとする如き、おちついた、せか〳〵しない趣味。

テクニカル・ターム (Technical-term)

學術語。術語。專門語。

デッサン (Dessan)

畫稿(したがき)。繪具をつかはずに、木炭などにて線のみをかくこと。

徹底(てつてい)

底(そこ)に徹するで、あいまい、ごまかしでなく、深くその眞意を極めること。「どうも、あの話は徹底しない」「生に徹底する」など用ふ。

天才(てんさい) (Genius ジエニアス)

(一)生れながらにして、特にすぐれた才能。

(二)かゝる才能を有する人。

「天才は敎へられるものでない」「天才は作つたもの

でなくて生れたものである」などいふ語からその意が考へられやう。

超越（しうえつ）（Transcend）（トランセンド）

ぬきいでること。「越える」意より、ある事件に關係せぬことを「超越して居る」ともいふ。

敵本主義（てきほんしゆぎ）

目的は他にあるに、わざと此の方面に意あるが如く見せかくるをいふ。「敵は本能寺にあり」の意味より轉じたる語。

デリケート（Delicate）

微妙（びみやう）なる。精緻なる。優雅（ゆうが）なる。雅致ある。敏感なる。

テレグラフ（Telegraph）

電信。電信機。

動機（どうき）（Motive）（モーチブ）

行爲の目的觀念即ち「何々しよう」との決心を促がすの力又は原因の意

「君のあの言葉が、動機になつたんだ」「動機（目的觀念）善ならば結果（行爲の）善であるべきだ」など用ふ。「但し動機はわるくなかつたのだ」など用ふる時には、漠然と、その行爲以前の心もち・心根を指すことゝなる。

動議（どうぎ）

臨機に議案を提出すること。會議の用語。

「緊急動議」など用ふ。

動的 (Dynamic)

活動的、進歩的。一つ處に止つてをらぬこと。

「有機的に變通自在なる。」の意。

「動的生活」「動的文明」「動的教育」など用ふ。

瀆職

職を瀆す。――地位をはづかしめるの意。

突進　突破。

「突進」は突きすゝんで行く。「突破」は突きやぶつて行く。で、何れも近代生活の合言葉である。

突發する

突然に生ずる。これも近代的な「語感」をもつた語。

獨創 (Originality)

新機軸を出すこと、即ち、これまでの人の摸倣でない意。(再出)

ドグマチック (Dogmatic)

獨斷の。獨斷的。　ドグマ―教義・定説。

ドグマチズム――獨斷主義。

ドグマチスト――獨斷家。

ドラマ

演劇。脚本。

ドラマチスト―脚本作者。

ドラマチック―戯曲的。

ナショナル (National)

國民的。内國的。國立の。

ニコチン (Nicotine)

煙草の中に含まるアルカロイド。無色油狀の毒物。

ニュース・ペーパー (News-paper)

新聞(しんぶん)

ニュースは、それのみにて新しい出來事。消息。報道の意。またペーパーは紙の意なれど、これのみを新聞の意に用ふることもある。

入超(にふてう)

輸入超過の略――貿易に於て、外國へ賣出す金高よりも、買込む金高の方が多いこと。

ノート・ブック (Note-book)

手帳。日記帳。備忘錄。

ノーマル (Normal)

正常の。規則正しき。摸範の。

師範學校をノーマル・スクールといふ。

ノーブル (Noble)

貴き。氣高き。高尚なる。宏大なる。貴族の。

ノーベル賞金(しやうきん) (Prize(プリッジ) of Nobel)

文學奬勵の意味を以て、其の時代の最大の文學者に送る賞金。ノーベル氏の寄附金を以てなる財團より之を贈る。最近に於ては白のメーテルリンク氏之を得た。

ノット (Knot)

海里におなじ。海上の距離の單位。我が國の約十七町に當る。

ノンセンス (Nonsence)
無意味(むいみ)。たはこと。

バー (Bar)
酒場(しゅば)。酒賣臺。
五色の酒以來、東京にはバーが一時に數多くなつた。

パーセント (Per cent)
百分率。%の字を用ふる。

バージン (Virgin)
處女(しょぢょ)。乙女(をとめ)。きむすめ。

パーソニフィケーション (Personification)
人格化。擬人法。
人間以外のものに人格をあたへ、人間と同樣に見做すをいふ。

ハーモニー (Harmony)
(一)和音(わおん)。諧調(かいてう)。吹風琴をハーモニカといふ。
(二)調和。和合。

バイオレット (Violet)
すみれ。すみれ色。

迫出(はくしゆつ)する 〔新意語〕
切迫(せつぱ)つまつて已むなく出づる意。

博大の心 〔新意語〕
罰すべきものにも同情をよせ、敵をも愛する如き、宏大なる心をいふ。

バザー (Bazar)

慈善市。―女學校などで近來よく開かれる。勸工場の意もある。

パス。パッス (Pass)

(一)無賃乘車券。

(二)通過。―試驗に及第することを「パッスする」といふ。

ハスバンド (Husband)

夫。良人。

パック (Puck)

諷刺畫。もとは、夜中、そちこちをまはつて惡戯をする滑稽の鬼の意であつたのを、轉じて滑稽的諷刺畫を意味するに至つた。

バック (Back)

後背部の意より轉じて、繪畫の背景、舞臺の背景などをも意味するに至つた。

パッシブ (Passive)

受動。受け身。

パッショネート (Passionate)

おこりつぽい。情の烈しい。短氣の。パッション(激情)の變化。

發展

初めは、(Expansion)(Development)の譯字であつたらうが、今日では、通常の發達、開展の意味ではなくて、成功の意味に轉用せられる場合が多い。

ハッピ子ス (Happiness)

しあはせ。幸福。幸運。

パテント (Patent)

專賣特許。

パナマ帽 Panama-hat

もと、中央アメリカパナマ地方より來た故の名。

パノラマ (Panorama)

中央を見物場として、周圍の側壁に全面大繪畫を揭げ、その空地には繪の下部に接して繪中の形象にまぎるゝ假設物をおき、屋上より來る光線を利用して實景を見るが如く思はしむる興行物。

バプテスマ (Baptesma)

洗禮。—キリスト敎に歸依したことを明にする爲に用ふ宗敎儀式。

パラダイス (Paradise)

樂園。極樂。淨土。

馬力 (Horse-power)

通常、一分時間に、三萬三千ポンドのものを一呎の高さにあぐる力を一馬力といふ。

バロメーター (Barometer)

(一)晴雨計。氣壓計。—バロメートルとも發音する。

(二)計るといふ意より轉じて「此の事の成否は僕の運命のバロメーターだ」など用ふる。

ヒーロー (Hero)

英雄の義。轉じて小說などの「主人公」に充つる。「主人公的な又は英雄的な態度」を、ヒロイックな態度などいふ。

ビーア・ホール (Beer-hall)

麥酒を飲ます家。簡單なる西洋料理店。

ピクニック (Picnic)

遊山。野あそび。持ち寄りの宴會。

悲劇 (Tragedy)

人生の悲慘なる方面を寫した劇。喜劇に對していふ。

ヒポコンデリー (Hypochonderia)

憂鬱病。女子のヒステリーに對して、男子には主として此の語を用ふ。

ビジネス (Business)

事業。事務。職業。營業。

ヒステリー (Histery)

婦人に多き一種の神經病。或は笑ひ、或は泣きて感情激動し易く、全身の倦怠を訴ふるがその一般徵候。

否定 (Denial)

「…ではない。」「…してはならぬ。」といふ風に打消すことをいふ。

品性 (Character)
性格と同じこと。(その條を見よ)

ヒント (Hint)
ぼんやり指し示す。大體の見當をつけさせることを「ヒント」を與へるといふ。

ヒューマニチー (Humanity)
人情。人道。

ピューリタン (Puritan)
清教徒。理想にのみはせて、現實の暗黑面の如きは殆ど解せぬ風の人にも此の語を轉用する。

ヒロイン (Heroine)
詩歌・小説中の女主人公。

プーア (Poor)
哀れむべき。貧しい。見すぼらしい。不憫な。下手な。
「プーアな奴だ」など用ふる。

フース ヒー (Who's he)
人物評論。人物月旦。
「月旦」批評の意である。

ファミリー (Family)
家族。ファミリアといへば「親しき。心易き。」の意となる。

フィルム (Film)
(一)薄き皮。(二)活動寫眞などの薄い膜の原畫。

（三）寫眞をうつす薄い膜。

フェース (Face)
顔。容貌。「フェースがだめだから」などいふ。

不可解 (Imsolution)
わからない。理解されぬ。「人生は不可解である」など用ふ。

不可侵 (Impenetrable)
「天皇は神聖にして不可侵である」など用ふ。立ち入るを許さぬの意。

不可測 (Immeasurable)
「思ひ設けぬ」意。「不可測の災害。」など用ふ。

不可能 (Impossible)
できない。「そんなことは到底、不可能である」など用ふ。

不可避 (Unavoidable)
「避くことの出來ぬ」意。「不可避の運命」など用ふ。

伏魔殿
奸策をめぐらし、醜惡なる行動を敢てするものゝ集合して居るところ。
「あの社會は現代の伏魔殿だから」など用ふ。

ブック・メーカー (Book-maker)
本作り。編輯屋。

ブック・ワーム (Book-worm)
「書物の蟲」の意から轉じて、「讀書狂」の意に用ふ。

但し、本は讀むが活世界に活用するを知らぬ人を嘲けりていふ。

物色する

人物を探し出すこと。

物議を招く

問題に上つて批議せられるをいふ。

舞蹈病 (Chorea)

一たび行動をはじめると、どうしても、その運動を自制することが出來ぬ。一種の精神病。外國のある町では、此の病氣が流行して、何百人となく、町中を踊りあるいたといふ。

プライド (Pride)

高慢。豪奢。

プラウド (Proud)

自負心強さ。高慢なる。傲然たる。ツントとすました女を見て「プラウドな態度だ」などいふ。

プラクチカル (Practical)

實用的。實際的の。

プラチナ (Platinum)

白金。正しくは「プラチナム」。

プラットホーム (Plat-form)

(一)昇降場。——汽車などの。(二)學校の教壇等一段高き處をもいふ。

プラトニック・ラブ（Platonic love）
肉慾をはなれたる愛。純粋の戀愛。清淨の戀。理想的の戀愛。

プランセット（Planshet）（佛）
占ひ板。二個の小脚輪と鉛筆とを具ふるハート形の板。實驗心理に用ふる機械。此の機械を用ひて自働的に文字を書くことを自動書記といふ。

ブランデー（Brandy）
葡萄酒を蒸發して製したる强烈なる酒。

フリー（Free）
自由の。我がまゝなる。

プリズム（Prism）
透明體の三角柱。三稜鏡の字を充つ。光を分解するに用ふ。

プリマー（Primer）
入門。初學書。

ブルータル（Brutal）
血氣盛んな。殘忍なる。獸性の。兇猛なる。下品なる。野卑なる。

フレノロジー（Phrenology）
骨相學。
頭蓋の形によつて、その性質・能力を判斷する法。

觸れる
「現代人の要求に觸れる」の略。

「あの人の話はちつとも觸れてない」など用ふ。

ブローケン・ハート (Broken heart)
破れた心。斷腸(だんちやう)の悲しみ。

プログラム (Program)
順序書。番附(ばんづけ)。番組を記したもの。

プロペラー (Propeller)
推進機(すゐしんき)。飛行機を前進滑走せしむる機械。

プロマイド寫眞 (Promide)
寫眞の一種。暗室內、赤色の光下にて、プロマイドの紙を原板に當てゝ寫したもの。

表現(へうげん) (Representation(リプレゼンテーション))
あらはれ。ー心の中をある符號であらはすこと。「藝術は人格そのものゝ表現でなくてはならぬ」など用ふる。「人格と表現」。「表現生活」などの語、近來盛んに行はる。

評價(へうか)**する**
善惡美醜の價値を論定するをいふ。

ヘビー (Heavy)
烈しさ。力限りの。重さ。「ヘビーをかける」の語、運動語として用ひらる。

ペプシン (Pepsin)
胃液(ゐえき)。胃液腺より分泌する無色透明の消化液。

ベルモット (Vermouth) (佛)

白葡萄酒にニガヨモキと砂糖とを混和したる酒。
リキュール酒の一種。

ポイント・マン（Point's man）
轉轍手。鐵道の轍をかへる器械の開閉を掌る人。
いろ〳〵の事象の象徴として用ひらる。

ボギー車（Bogie truck）
車箱を長く造り、車輪を車臺に固定的に取りつけないで、自由に轉向のきくやうに作つた汽車又は電車。
轉向車。

沒交渉
何の交渉もない。關係のない。理解のない。
「あの人は、吾々の精神生活とは全く沒交渉なんだ」

沒分曉
わからず屋。わけのわからぬ男。

沒理想
無理想。精神的向上を全く考へぬこと。

ホニームーン（Honey moon）
新婚の當月。新婚旅行。（所謂「密月の旅」）

ポンチ（Punch）
滑稽畫。諷刺をふくんだ繪畫。

本能（Instinct）
一定の目的の自覺もなく、又これを遂行するに必要なる教育もうけずして、生存の目的に適合するやうに行動する先天性能をいふ。もつてうまれた性能。

ボヘミアン (Bohemian)
(一)ボヘミア人。(二)操觚者・藝術家等の豪放家。
(三)女丈夫。

ポピュラー (Popular)
一般の。通俗の。平易の。人氣ある。ポピュラーライズで通俗化する。

ホームシック (Home-sick)
懷郷病。家を懷ふ心のなやみ。正しくは「ホームシックネス(Homesickness)」

ボンネット (Bonnet)
婦人用の帽子。かざりつきの帽子。

ボリス (Polics)
巡査。警官。警察。

ポリチカル (Political)
政治的。政略上の。

ボルト (Volt)
電壓の單位。——電力の差。
抵抗一ホムの導線にアムペアの電流が通ずる時の導線の兩端の電位の差。

ボルドー (Bordeanx)(佛)
葡萄酒の名。佛國ボルドーより產出する上品なる葡萄酒。

萬年筆 (Fountain pen)
ペン軸にインキを貯へおく装置にし、金ペンを附したるペン。

マスター (Master)

主人。長。

マダム (Madame)（佛）

夫人。奥樣。英語のミセスと同じである。

マチネー (Matinée)（佛）

演劇・演奏會等の晝間(特に午後に行ふ)の興行を言ふ。

マッサージ (Massage)

西洋按摩術。もみれうじ。

マドンナ (Madonna)

聖母マリアの像。ラファエルの畫きたるマドンナ像は、美術史上最も有名である。

マレーヂ (Marriage)

結婚(けつこん)。

ミス (Miss)

(一)孃(むすめ)。令孃(れいぢやう)。未婚女。

(二)過失の意に用ふ。

ミソガミー (Misogamy)

結婚ぎらひ。ミソガミスーで、結婚ぎらひの女となろ。

「オガミー」を拜みに通じて考へると 一寸おもしろい。

ミソジニー (Misogyny)

女ぎらひ。ミスオジニストで女ぎらひの男となる。「オジ」を「怨る」に通はせて考へると頗るおもしろい。

ミステーク (Mistake)

まちがひ。誤謬。しくじり。誤解。

ミスター (Mister)

君。様。殿。さん。

ミセス (Mistress)

奥様。夫人。オカミサン。Mrs. と略書する。

ミッション・スクール (Mission-school)

宗教學校。傳道學校。

味讀

知として理解するのみならず、情を以て味ふをいふ。書を讀むにも藝術を鑑賞するにも共に用ふ。味解・味到の語また推して知ることができやう。

ミルク・ホール (Milk-hall)

客に乳をのませる家。

メタル (Medal)

賞牌。徽章。正しくは「メダル」。

メチール・アルコール (Methyl alcohol)(獨)

木材を乾餾して得た無色の液。木精。ワニス染料等の製造、又は溶媒に用ひる。

メンバー (Member)

仲間。「テニスの仲間。野球の仲間。」の仲間などをメンバーといふ。眞面目には會員。

メモランダム（Memorandum）

備忘錄。おぼえがき。

メロヂー（Melody）

旋律。節。諧調。

モートル（Motor）

（一）動原。（二）發動機。電動機。「モーター」とも發音する。

モーラリチー（Morality）

道義心。德性。

モーラル・センス（Moral-sense）

良心。道心。道念。

モーション（Motion）

（一）行動。運動。

（二）遊戯の際、運動を起さんとする動作をいふ。「左にモーションをつける」とか。「モーションが遲いからだめだ」などいふ。

無解決

「現實相は複雜であつて矛盾に滿ちて居る。之を批判的に解決し盡さうとすれば已むなく獨斷に陷る。たゞありのまゝ描寫すればよい。」とは自然主義文學者の主張、此の主張を無解決の主張といふ。

モザイク（Mosaic）

硝子・大理石の如き、堅硬にして各種の色彩を有する物質の小片を寄木細工のやうに結合して圖畫・模樣をあらはしたもの。嵌石細工。

モダーニズム（Modernism）
「モダーン」は近代又は現代。故にモダーニズムといへば、現代式。當世風。今樣。新式となる。

モデル（Model）
模型。模型となる人。ひながた。手本。

模倣（Imitation）
まねる。獨創の反對。

模範（Example）
手本。よりどころ。見本。

野心（Ambition）
（一）功名心。出世しようとする希望。（二）謀叛心。

誘惑
良心をにぶらせて、墮落の方向に引き入れようとする事物・事柄・言語。

ユートピア（Utopia）
理想境。社會百般の諸制度の完備した假想の國。

ユーモア（Humour）
滑稽。諧謔。樂天的氣分。洒落。

唯心說（Idealism）
宇宙の本質は精神である。物は精神が必要に應じて作つたのだといふ說。

唯物說（Materialism）

宇宙の本質は物質である。物質の精徴なるものから精神が出たのだといふ説。

ユニテリアン (Unitarian)

唯一神教。三位一體説を排し、唯一の神格を主張するキリスト教の一派。

ヨット (Yacht)

快走船。

輿論(よろん)

一般の人の意見の一致する所をいふ。

ライター (Writer)

記者。操觚者(さうこしや)。

ライフ (Life)

生命。生涯。人生。

生活。生計。

ライブラリイ (Library)

圖書館。文庫。書齋。叢書。

ラバー (Lover)

愛する人。情人(じやうじん)。戀人(こひびと)。

流行(りゆうかう) (Fasshion)

その時々の多くの人々の好みの向ふところ。はやり。

時好。當世風。

リーダー (Leader)

指揮に當る人。總理。

リーダー (Reader)

(一)讀本。(二)讀者

リーヂンク (Reading)

讀書。

理會 (Apprehention)

呑みこむ。わけがわかる。正しくは、言語・文章を通じて、その中にふくまれてある意味をうけ取るをいふ。

理性 (Reason)

物事の道理を判斷する力。「理想の發達した人」など用ふ。

理想 (Ideal)

(一)そのことが、實現せられると大體定まつた想像。合理的想像。(二)希望。目的。願ひ。

リファインド (Refined)

精錬した。上品な。優雅な。

ルーズ (Loose)

狡猾。ずるくすること。無作法。

ルーター電報

英國倫敦のルーター通信者より發する電報。その事實の信をおくに足る點に於て世にあらはる。

類化 (Apperception)

既得の知識を本として、新經驗を解釋して行くこと。

類推 (Analogy)

おしはかる。類を以て推す。一つの事實を、それに似寄りの新事實に應用すること。

ルーデー・サック (Ruthea-sack)

ルーデー(獨)は男根。サック(英)は嚢。日本語にて「さ夜ごろも」など稱するもの。

ルナ・パーク (Lunar park)

樂園。東京淺草には、ルナ・パークと稱する興行場がある。

ルビー (Ruby)

(一)紅寶石。(二)活字の一種。我が七號に相當する。これを傍訓に用ふるより、通常傍訓を「ルビー」と稱ひ、約めて「ルビ」といふ。

レース (Lace)

紐。打紐。笹べり。透けるやうに織つた織物。

レース (Race)

競走。競馬。

レーテスト (Latest)

最近の。最新の。

レコード (Record)

記録。記念物。證據。「記録やぶり」といへば、これまでの記録以上に進步することをいふ。

レザー (Leather)

模造の皮。正しくは、レザーレット。元は、なめし皮の意である。

レター (Letter)
手紙。文字。

レッテル (Letter)
番號・品名・代價などを記載するに用ふる符貼紙。

レデー (Lady)
貴婦人。淑女(しゆくぢよ)。

レヴェル (Level)
水平線(すゐへいせん)。平面。平地水準器。通常「とにかく、あの人はレヴェル以上だ」といへば、通常より上だといふことになる。

レクチュア (Lecture)
講義。講演。

聯想(れんさう) (Association)(アツソーシエーシヨン)
一つを思ひ浮べると續々他の事が思ひだされて行くこと。觀念聯合ともいふ。

レスペクト (Respect)
尊敬。敬意を拂ふ。「レスペクトする」といへば「敬慕する」の意となる。

レボリューション (Revolution)
革命(かくめい)。非常展開(ひじやうてんかい)。

ローカル・カラー (Local color)
地方的色彩。

ローマンス (Romance)
傳奇物語(でんきものがたり)。人物の性格によりも事件に興味をおく。

おもしろをかしくかいたもの。

ワークマン (Workman)
働く人。職工。

ワーシップ (Worship)
崇拜。

ワイフ (Wife)
妻。女房・細君。

ワイルド (Wild)
野生の。野そだちの。

ワイン (Wine)
葡萄酒。酒。

黄金時代 (Golden age)
(一)社會が進歩發達して、百事備はり、何一つ不足なしといふやうな時代。(二)人の生涯中、最も盛なる時期。

黄金率 (Golden Section)
自然物及び藝術の形式美を "a:b=b:(a+b)" なる數量上の割合によるものだとする。黄金截ともかく。獨のツァイズイングの創唱にかゝる。

黄金律 (Golden rule)
「己の欲する所之を人に施せ」(新約聖書中にある語)といふ道徳律。

ワットマン (Wattman)
英國特産の上等の圖畫用紙。

〔其三〕 正面からでは意味のとれぬ 現代式轉用語

吾々が、日常用ふる言葉の中には、頗る複雑な意味をもつて居て、文字通り・言葉通りでは解釋のつかぬ語が可なりある。今、それらの語の中、一地方、一社會に限られて居るものは止して、一般に用ひらるゝものゝ中から、やゝ解し難く、而も解すれば興味ある語のみを選んで解説する。

アイス

英語の Ice で、氷の意だ。之を、高利の音通で、高利貸の俗稱に轉用して居る。ところが、面白いぢやないか、氷と高利貸とはその冷たい點においても一致して居るのだ。

いたづら小僧

他人の迷惑になることを敢てして、得意になつて居るのをいふ。もとは「いたづら小僧」といふ書物が出て、その中の人物が頗る「いたづら」だつた處から轉用するに至つたのだ。

生きる

「生きる」といふ語は近來の流行語だ。しかし、その意義は用ひ所によつて様々である。

「私は私の生活を生きる」の場合は「營む」に當り、「生きる爲のペン」の場合には「食はんが」の意となり、「永遠に生きる」の場合には「精神的生命の存續」を意味する。

一六銀行

質屋のことだ。また、質屋をいせ屋ともいふ。質をおくことをまげるといふ。これは古い言葉だが。

うそだ

「こんな安いものを買はなきやうそだ」とか。「もう一歩切り込んで交渉して見なければうそだ」などいふうそだは、僞の字には相應しない。駄目だの意だ。

おめでたい

「おめでたい人だ」といへば馬鹿だ。お人よしだといふことになる。即ちぽんとうは、「おめでたくない」ことになる。

權兵る

賄賂を取ることを意味する。リヒテル事件以來の流行語。かぢりつくともいふ。

さばける

「もつとさばけにや可かん」「あの人はさばけて居る」などの語が近來盛に用ひられる。此の語は、世の事情に通じて居て、頑固なことを言はぬ意味だ。

試運轉（しうんてん）

汽車・電車等を試(こゝろ)みに運轉せしむることより轉化して、すべて、その使用を初(はじ)むる場合、或は、その使用を中止したるものを再び使用し初むる場合等に用ふ。特に、頗るワイセツなことに轉用する。

自己廣告（じこくわうこく） **賣**(う)**らんかな**。

現社會に於ける處世法として頗る廣く談話(だんわ)に上る。謙讓(けんじやう)隱德(いんとく)等とは全く反對に、自分を成るべく世間に知らせようとする處世法である。ずうずうしく、押しづよく自分を他人の前に示さうとすることである。

『あの男は、近來、盛に自己廣告をやつて居る。』『僕もちと賣(う)らんかなに出ようかな』など用ふる。

地獄（じごく）

淫賣婦(いんばいふ)。媚(こび)を賣ふる女の稱。女たらしの男を「男地獄(をとこぢごく)」といふ。

色魔（しきま）

女たらしの男の稱。男地獄と同義。但し、女色魔(をんなしきま)とは言はぬ。

ジゴマル

ジゴマといふのは、惡性のいたづら小僧。人を殺したり。物を盜んだりして得意がつてゐる近代的盜賊の一種。日本でなら、鼠小僧(ねづみこぞう)、電小僧(いなづまこぞう)などいふのに當るのだ。此のジゴマの活動寫眞が、一時大に流行するに至つて、ジゴマを活用語としてジゴマルとやるに至つた。惡性の惡戲をすることをいふのだ。

陣笠

政黨その他の團體に於ける、まだ其の地位・勢力の重からぬ人達の稱。昔の大名行列に於て、陣笠を着たる身分輕き人々は先に立ち、身分重き人々は後につゞく如く、政治團體等に於ても、先に立ちて理屈をいふ連中は身分輕き連中、此等を頤使する幹部連は、すべて後に默してあるより斯くいふ。政友會等の如き團體となりては、陣笠にも段階がある。小陣笠、中陣笠、大陣笠など。

進水式を行ふ。

本來の意味は、船艦の初めての航行の稱なれども、試運轉と同樣、轉じて各種のシャレ語に用ひらる。結婚するのを、「進水式をあげる」。新調の衣服を着ると「進水式だね」といふ。

情意投合

桂一派の官僚政治家が、政黨操縱の辭柄として用ひしに初まる。情意投合すれば、政府も、政黨も共に力を一にして國政に當るべしとの意。而もこれ、第三次桂内閣が政友會に情を通ぜんとしたる時の辭柄なるを以て、一種不潔なる妥協政治の別名となつたのである。後更に、轉意して、男女間の關係成立等にまでも當嵌めることゝなつた。

スフィンクス (Sphinx)

疑問、謎の別名として用ふる。「此の事實は、吾々にとつては一のスフィンクスである。」など。

スフィンクス本來の意義は、希臘神話にあらはれた女怪。洞は獅子、顔面は女、巖上に坐し、通行者に謎を發して之を解せしめ、これを解き得ざるものを殺す。その謎とは「朝は四足、晝は二足、夜は三足にて歩むものは何ぞ」といふのである。

洗禮を受ける。

洗禮といふのは、ヤソ教に歸依したるものに水をあびせる儀式の稱である。轉じて、様々の意味に用ふる。例へば、女の既に處女ならぬを言はんが爲に、『あの娘はもう洗禮を受けて居る』など。

角袖

通常、刑事巡査をいふ。即ち刑事巡査は、巡査服を纏はず、平服(私服)して、探偵に從ふところからさういふのだ。

感じ

「感じ」といふのは、藝術にあらはるゝ氣分をいふが常なれど、此の語、近來各種の隱語として用ひらる。

牛耳る

牛耳を取るといふを複合動詞の形に轉じて、かくいふのだ。ある團體の大將株となる意。

「あの男、近來、關西の野球界で牛耳つて居る。」など、用ふる。

空氣

生活範圍に於て、特殊の氣分の存するを、その社會の「空氣」といふ。また時としては、境遇と同一の意味にも轉用して、

「あの空氣(境遇)の中に居ては、到底、高潔を保ち得まい。」など用ひる。文藝批評などに於て「空氣がよく出て居る。」と言へば、その社會特殊の氣分がよく描かれてある意。

馘る。馘になる。

首を斬るのではない。職を免ぜられることである。

單に、きる、きられるともいふ。

活辯

活きた辯、活かす辯、生命ある辯など死辯に對する意味では勿論ない。快活な辯、活潑な辯、でもない。

活動寫眞の辯士の略稱である。

鳧をつける

結末をつける。纏をつけるの意。

歌・發句の終に多く「けり」を用ふるより轉じたのである。

小便する

「違約する」ことだ。

御用黨

政府の御用を勤むる政黨。「御用紙」といへば政府の御用を勤むる新聞である。御用記者、御用學者など推して知るべしだ。

隋氣滿

隋氣滿々の略。だらけて來る。疲勞倦怠の狀態。熱誠を缺く場合の稱。

脫線する

電車・汽車の脫線より轉じて、正しき道・正しき順序を離れる總べての行動を脫線するといふ。「藏相は例によつて脫線がちの答辯をする」「あの男のやり口は聊か脫線の氣味がある」など用ふる。

月並

「ありふれた」といふ意。月並文句。月並思想など用ふ。俳句宗匠などの、例月、同じ形式で會を開く、それを「月並會」といつた所から出たのだ。陳腐と同意だ。

停電する

電流、電線の故障等にて電車の時々、停滯するを停電するといふより、轉じて、事件、事務等の停滯するにいふ。

出齒る

出齒龜事件ありて以來の流行語。

ニコポン主義

甘言以て人を軟化する處世法。故、桂公、ニコ〳〵しながら、人に對し、時としては、肩をポンと打つて親しげに應接したるより此の語が出た。

ヌーボー式

ヌーボー式は、もと繪畫上の用語だが、これが人物の特徴をいひあらはす爲に用ひらるゝと、不得要領の人間、「瓢箪なまづ」でおさへ所のない男の意味になる。文字は、御丁寧にも「沒線描法」をあてる。

ハイカル

ハイカラを動詞にしたのだ。

原敬る

いゝ、うそをいふことを意味する。又は、づう〳〵しい。

大正三年春の議會以來の流行語。

庇

庇髪の略。轉じて、女學生、女教師等の總稱となつて居る。

皮肉る

皮肉（あてこすり）を言ふを動詞にしたのだ。「君は頗る皮肉るね」「肉皮つたなア」など用ふる。

ビリケン（Billiken）

米國にて福の神をビリケンといふ。頭尖り、目つり上り、口邊いふべからざる愛嬌あり、我が國の「おかめ」の如き意に用ひらる。寺内伯の顔のこれに酷似してをるとて、伯の綽名として用ひしより、ビリケンといへば、誰も直に同伯を聯想する。

ぶる。
いやに自慢するをいふ。
政治家ぶる。學者ぶる。細君ぶる。

へベレケ
醉ひつぶれること。

幌車
單に幌をかけた車といふよりは意味が深い。
微行。忍び歩行きの意。
大正二年、政變の際、人目をさけて訪問しあふに當り、馬車・自動車の物々しきをさけて、多く高位の人達又は策士連の之を用ひたるより一種特別の意味を有する語となつた。

マイナス
本來は「減く」の意だが、轉じて借金をいふやうになつた。「かう借金があつてはたまらない」など用ふる。

彌次る
面白半分に批評する。冷かす意。

藪へび
よき結果を得ようとして、反つて、それ以上の惡しき事情を伴ふをいふ。

八百長
敵・味方・内密に妥協しおきて、表向は、體裁よく、勝負をするをいふ。

山の神

細君の稱たることは誰も知つて居らう。

茶目る

惡戯する意。ポンチの中の人物に茶目の名を多く用ひたるより出づ。

免疫

理想の追及を捨て、一に、現實的に、さばけた囚はれぬ生活を營みて、而も、何等、精神的の苦痛をも感ぜざるに至りたるをいふ。

「君にさういふ思ひ切つた生活ができるものか、僕等のやうに、免役されたものは格別だが」など用ふる。

もと、ある種の病氣は、一度、これに罹れば、爾後、決してその病氣に罹らざるを「免疫」といふ。此の醫學上の語より、海千年、山千年の苦艱を嘗め盡したる人が、「流れ河流れ渡り」に、世を渡らんとする處世上の態度に轉用したのである。

最新流行語の一である。

六區的

の場所と言へば魔窟の別名となる。東京淺草公園附近一帶の地を「六區」といふ。此の地の銘酒屋には、怪しき婦人盛に出入して、濡を鬻ぐ。故を以てかゝる魔窟の代名詞として「六區」てふ語を専ら用ふるに至つた。（△だるま・みづてんの類は古いから止す。）

笑話 二十世紀の學生

甲『オイ君。「イエス・フロム」(Yes from) といふ新熟語を知って居るかね。』

乙『そんなことを知らんやうで、二十世紀の學生と言はれるかい。「イエス」は日本語の「ハイ」だらう、「フロム」は日本語の「カラ」ぢやないか、即ち「イエス・フロム」で以て「ハイカラ」さ。』

甲『では、「バンカラ」を何といふか知って居るかい。』

乙『きまってるぢないか、「ハイカラ」と同じ筆法で「イビニング・フロム」(Evening from)さ。』

第二篇　實用熟語成句便覽

千頁に餘る熟語辭典の中にも、日常必須の語句はと言へば、實は、百に一つもない位で、他は殆ど死語に近い語・句である。此の篇では、數限りも知られぬ其等古來の熟語・成句の中から、日常の談話・文章中に散見する、言はゞ、現代に立派に生命を有する熟語・成句のみを拾うて、平易・簡明に、其の故事、其の出典を明にしようと思ふ。

〔其一〕

故事を解しないでは、意味不明なるか、又は、興味深からぬ語・句

尤物（いうぶつ）

女子の容貌（ようばう）の勝（すぐ）れたるをいふ。「尤物だ」といへば、「美人だ」「別嬪（べつぴん）だ」といふに同じい。

『晉の叔向、巫臣氏を娶らんとす。其の母曰く、「彼の尤物は以て人を移するに足る、苟も德義あるにあらざれば必ず禍及ばんと」』〔左傳〕

石に漱ぎ流に枕す

まけ惜みの強きこと。

『孫楚なる人、年尙若くして、隱居せんとし、王濟に石に漱ぎ流れに枕すと云へり、實は石に枕し、流に漱ぎ、山水の間に悠々自適せんとの意なりしを誤りたるなり、濟、其の誤を告むるや、孫楚曰く、流に枕すとは、耳を洗ふが爲め、石に漱ぐは、齒をみがくがためなりと辯解せり』〔晉書〕

「流石」の語は此の故事から出たのである。

一擧兩得

一事にして、雙方より利益あること。

『陳軫曰く、莊子虎を刺さんとす、其の舘の豎子止めて曰く、此れ兩虎牛を食はんとして來る、其の牛を食飽かずんば、必ず互に相鬪はん、鬪へば必ず大者は傷き、小者は死せん、其大者の傷けるを刺さば、一擧にし必ず雙虎を得んと』〔史記〕

鷸蚌の爭

二者相爭ふ間に、三者の利する所となるを云ふ。

『趙國、燕を伐つ、燕の蘇代、趙王に謂ふ、臣今日易水を過ぐ、蚌將に出でゝ曝す、鷸其肉を啄む、蚌其喙を箝む、鷸曰く、今日雨降らず、明日雨降らざれば、即ち蚌死せんと、兩者相捨つることを肯ぜず、漁者得て之を擒にす、今趙燕を伐たんとす、燕と趙と久しく相支へ、以て大兵を敝さば、臣恐くは强秦の漁父たらんことを』〔戰國策〕

「漁父の利」とは此のことをいふ。

一葉落ちて天下の秋を知る

勢の盛な時には、その衰微に氣づかぬけれど、何か、一寸、その衰微が目に見えるやうになると、すべてに行渡つて居る衰微に初めて氣がつくの意。

『小を以て大を明にす、一葉の落つるを見て歳の將に暮れんとするを知る。瓶中の氷を見て天下の寒を知る』〔淮南子〕

椽大の筆（正しくはテンダイ）

文章の巧みなることを、椽大の筆を揮ふと稱ふ。

晉の王詢、孝武帝の朝に、左僕射となる、夢に一人ありて、大筆椽の如きものを與ふと見て、覺めて人に語りて曰く、當に大手筆の事あらんと、帝俄かに崩ず、哀冊謚議、皆、王詢之を草したりと云ふ。

猿猴月を取る

自己の力を量らず。慾心に驅られて、命を喪ふをいふ。

『曾て五百の猿猴あり、井の傍に樹有り、井中に月の映れる見て、相共に樹の枝により、手尾相取りて井に入り、月を取る、枝折れて猿猴一齊に死した

り』〔佛經〕

解語(かいご)の花(はな)

美人の稱。唐の玄宗帝が楊貴妃を稱した語に出づ。『唐の大瀧、池に千葉の白蓮開く。明皇妃子と倶に稱す。妃子を指して左右に謂ひて曰く、「何ぞ此の解語の花に如かんや」と』〔天寶遺事〕

鼎(かなへ)の輕重(けいちょう)を問(と)ふ

帝位を窺ふをいふ。また、轉じて、重要なる地位に居る人に取つて代らんとするをいふ。

楚子、陸渾の戎を伐ち、洛に入り、兵を周の境に觀す、定王、王孫滿をして、楚子を勞せしむ、楚子、鼎の大小輕重を問ふ、對(こた)へて曰く、德に在りて鼎に在らず、周の德衰ふと雖も、天命未だ定まらず、鼎の輕重未だ問ふべからざるなりと。

邯鄲(かんたん)の夢(ゆめ)

人生の盛衰、夢の如きを云ふ。

『盧生なる少年あり、貧なり、邯鄲の市上に道子呂翁に會し、其の枕を借りて一睡す、翁黄、粱を炊(た)かんとす、盧生一生の間、榮辱を嘗め、五十年の後歿すと夢みて寤(さ)む、而も黄粱は未だ熟せざりき』〔李泌の枕中記〕

「盧生一炊の夢」の語は此の故事から。

杞憂(きいう)

無用の心配を云ふ。

杞國に人あり、天將に崩れ墜ちんとし、身を寄するに處なきを憂へて、寢食を廢す、人あり、曉して曰く、天は積氣のみ、奈何ぞ、崩墜を憂へんやと、其の人初めて喜色ありきと。

牛耳を執る

盟主、又は衆人中第一の權力者となるを云ふ。

盟を主どる者、牛の耳を割き血を取る、血を盛るに珠盤を以てし、盟を主どる者之を執ると。

奇貨居くべし

初め、後に儲かりさうな品物を買ひ込みおく意なりしを、今は、轉じて、機會にうまく乘ずる、或は、思はず遭遇したる事情をうまく、現況に利用する等の意に用ふ。

『子楚、趙に質子たり、秦屢、趙を攻む、趙甚だ子楚を禮せず、子楚は秦の諸庶孼孫にして諸侯に質たり。車乘進用饒ならず、居處困しみ意を得ず、呂不韋邯鄲に賈ひ子楚を見て憐んで曰く、此れ奇貨居く可しと。乃ち往いて子楚に見ねて說いて曰く、吾能く子の門を大にせん、子楚笑つて曰く、且に自ら君の門を大にして、乃ち吾が門を大にせん。呂不韋曰く、子は知らざるなり、吾が門は子の門を待つて大ならん（子楚を以て財貨に譬へしなり）』〔史記〕

狐虎威を假る

強き者の威勢を假りて威張ることを云ふ。

『荊の宣王群臣に問ふて曰く、吾聞く、北方の昭奚恤を畏るゝは果して誠に何如ん。群臣對ふるなし、江乙對へて曰く、虎百獸を求めて之を食ふ、狐を得たり、狐曰く、子敢て我を食ふなかれ、天帝我をして百獸に長たらしむ、今(いま)子我を食はゞ是れ天帝の命に逆ふなり子我を以て不信となさば、吾れ子の爲めに先づ行かん、子我が後に隨ひ見よ、百獸我を見て敢て走らざらんや。虎、以爲く然りと。遂に之と行く。獸これを見て皆走る。虎獸の己れを畏れて走ることを知らず、以爲らく、狐を畏るゝならん。』〔戰國策〕

「虎の威を假る狐」も同意。

隗(くわい)より始(はじ)めよ 〔魁ではない〕

初めは、自ら推擧するの意なりしを、今は轉じて、「まづ然か主張するものより實行を始めよ」の意に用ふ。

燕の昭王賢者を招く。郭隗先生曰く「臣聞く、古の君子、千金を以て千里の馬を求むるものあり、三年得る能はず、涓人、君に言つて曰く、請ふ之を求めんと、君之を遣す、三月にして千里の馬を得、馬已に死す、その骨を五百金に買つて歸つて以て君に報ず、君大に怒つて曰く、求むる所の者は生馬なり、安(なん)ぞ死馬を購つて五百金を捐(す)てん。涓人(けんじん)、對(こた)へて曰く、死馬すら且つ之を五百金に買ふ、況んや、生馬をや、天下必ず王を以て能く馬を買ふとなし、馬今至らんと。是に於て朞年ならざるに、千里の馬至るもの三つ。今王誠に士を致さんと欲せば、先づ隗より始めよ、隗すら且つ事へ見る、況んや隗より賢る者をや、豈千里を遠しとせんや。是に於て昭王、隗が爲めに宮を築き之を師とす、樂毅魏より往き、鄒衍、齊より往き、劇辛趙より往き、士爭つて燕に湊る。〔戰國策〕

蝸牛角上の爭

爭ふ所小にして、爭ふに足らざるをいふ。

『蝸の左角に國する者あり、觸氏といふ、蝸の右角に國する者あり、蠻氏といふ、時に相與に地を爭ひて戰ふ、尸を伏すること數萬、北るを逐ひ、旬有五日にして後反る』〔莊子〕。白樂天の詩に『蝸牛角上何事を爭ふ、石火光中此の身を寄す、富に隨ひ貧に隨つて且つ懽喜す、口を開いて笑はざるは、是れ癡人』といふがある。

會稽の恥を雪ぐ

人の爲めに非常の恥辱を受けたのを復讎して拭ひ淸めること。

支那の越王勾踐の父、嘗て吳王闔閭に破らる、勾踐依りて闔閭を被る、闔閭の子夫差、又越を敗り、勾踐を會稽山に圍む、勾踐ここに、勢究まりて、身は臣となり、妻妾を献じて和せんと乞ふ、之を會稽の恥といふ、これより勾踐、范蠡、計然を用ゐて參謀

となし、遂に又、吳王、夫差を取れり、之を會稽の恥を雪ぐといふ。〔史記〕

瓜田の履

人に疑はるゝ如き行爲をいふ。特に、男女、密に語る如きをいふ。

『齊の威王の虞姬、王に謂つて曰く、「瓜田を經る時は履を納れず、李園を過ぐるときは、冠を整さず、妾此を避けざりしは、妾の罪の一なり」と。〔烈女傳〕

臥薪嘗膽

仇に報いんが爲め苦心慘憺たる有樣を云ふ。

吳王夫差父の讐を復せんとし、常に薪上に臥し、人をして「夫差、汝、越人の汝の父を殺しゝを忘れしか」と云はしめたり、越王勾踐は會稽山の敗北を憤り、膽を嘗めて「汝、會稽の恥を忘れしか」と云ひき。

傾城

美人をいふ。

『北方に美人あり、盛裝して獨り立つ。一度顧れば、人の城を傾け、再び顧れば、人の國を傾く、寧ぞ城を傾け國を傾くるを知らんや。』〔漢書〕

螢雪の功

苦學の功を云ふ。

晋の車胤家貧なりし故、夏の夜は螢を絹の嚢に入れて勉強し、後に尙書郞の官に昇れり、又孫康も家貧

なりしより、冬夜窓前に雪を積みて燈火に代へ、刻苦勉勵して終に御史大夫の官となりたり、二人の故事を合してかくいふ●

鷄肋（けいろく）

鷄の脇腹の骨に附ける肉、僅かなるも捨つるに惜しく、用ふるも尚ほ大した事なしといふ場合に用ふ。『曹操漢中を平げ、劉備を討たんとして、進む能はず、又功を成す能はず、唯鷄肋と曰ふのみ』〔後漢書〕

告朔（こくさく）の餼羊（きやう）

虚禮と雖も、直ちに廢すべからぬをいふ。餼羊は神に供ふる牲羊、古は天子、冬季に至り、來年十二ケ月の朔を諸侯に頒つ、諸侯受けて、之を祖廟に藏む、月朔には羊を供へ、廟に告げて之を行ふ、魯國にては、文公以來朔を見ずして、羊のみを供へたり、故に子夏は之を去らんと云へり、然るに、孔子は、『賜や爾は、其の羊を愛す、我は其の禮を愛しむ』〔論語〕

琴柱（ことぢ）に膠（にかは）して瑟（ひつ）を皷（こ）す

活用融通のきかぬこと、琴は柱（コマ）の位置に從て様々の音を出す、柱を一所に膠付けすれば、美音を發せぬ。

藺相如曰く『王名を以て括を使ふ、柱琴に膠して瑟を皷するが如し、括徒に父の書傳を讀めども變に合するを知らず』。〔史記〕

塞翁（さいおう）が馬（うま）

人の禍福の計り難きをいふ。

『支那北方の塞に一翁あり、其馬不意に逃げ去りたり、翁之を憂へず、數日の後、他の駿馬を伴ひ歸れり、翁之を喜ばず、其子馬を好みて、之に乘り落ちて傷く、翁之を悲まず、後戰爭起り、壯丁皆兵に徵されしが、其子はこれを免れたり』〔淮南子〕

三舍を避く

勝を人に讓るをいふ。轉じて、とても及ばぬとて負けるにいふ。一舍は三十里である。

晉の文公諸國を彷徨ひて楚に至る、將に此の城を去らんとし、其の禮として兩國各軍を交ゆる時は、吾れ先づ三舍を避けんと、云へり。

三人虎を成す

無き事柄も、再三同一の事を繰返す時は、人之を信ずるをいふ。

「龐葱、太子と邯鄲に質たり、魏王に謂て曰く、今一人市に虎ありと云へば、王之を信ぜん乎、王曰く否、曰く、二人市に虎ありと云へば、王之を信ぜん乎、曰く否、曰く三人市に虎ありと云へば、王之を信ぜんか、王曰く、寡人之を信ぜん、龐曰く、夫れ市に虎なきこと明なり、三人言ひて虎を成す、今邯鄲は大梁を去る、市よりも遠し、臣を議するもの三人に過ぐ、王之を察せよ』〔戰國策〕

鹿を指して馬と爲す

人を侮蔑するに『馬鹿』の語を以てするは此の故事にはじまる。

『秦の趙高、鹿を二世に獻じて馬なりと、二世曰く、丞相誤てるか、鹿を謂て馬となすと、左右に問ふ、或は默し、或は馬と云ひ或は鹿と云ふ、高乃ち鹿と答へし者に刑を加へたり』〔史記〕

四面楚歌の聲

四面みな敵兵を以て圍まれたるをいふ。今は一般には、前後左右より攻擊を受くるをいふ。

『項羽の軍、垓下に壁す。「兵少くして食盡く、漢の軍之を圍むこと數重、夜漢軍四面皆楚歌するを聞き、項羽大に驚きて曰く、漢已に楚を得たるか、何ぞ楚人の多きや』〔史記〕

推敲

詩文の鍛錬を云ふ。

唐の賈島『鳥は宿す池邊の樹、僧は推す月下の門』の句を得、後推すを敲くにせんかと考へ、韓愈に尋ねて、敲くに改めたりと云ふ。

青眼白眼

青眼は喜び迎ふる意。白眼は怒りて斥くる意、故に、白眼と書して「にらむ」と讀ます る場合もある。

七賢の一人なる晉の阮籍、喜べる時は青眼、怒れる時は白眼なりきといふに出づ。

掣肘

思ふやうに活動のならぬやう制限を加ふるをいふ。『さう掣肘されては困る』など用ふ。

『安子賤、晉に仕ふ。君の近侍二人を請ひ、倶に官廳に至りて二人に書せしめ、肘を掣き、書の善からざる時は之を怒る』〔家語〕

栴檀は二葉より香ばし

名木は、二葉より香ばしきと同じく、大人物になるものは、幼時より勝れたる點があるの意。

栴檀は、印度に生ずる香木である。三昧經に、『地下にある時、芽・莖・葉共に竹筍の如し。仲秋の頃、地より出で丶栴檀となる、衆みな、栴檀上妙の香を聞くとある。

先鞭を著く

先登すること。

晉の劉琨、其の友祖逖と善し、人に書を與て曰く、吾戈を枕にして旦を待ち、逆虜を梟せんとするも、祖生が吾に先じて鞭を著けんことを恐ると。

宋襄の仁

無益の憐みをいふ。

宋の襄公、楚と戰ふ、公子目夷、敵陣未だ整はざるに撃たんとす、公は「君子は人を厄に困めず」と云ひて攻むるを許さず、却て楚に敗られ、世の笑となれり。

蛇足

無益の物の加はることゝ。

楚人酒を飲むに、數人に分てば少なく、一人には多し、即ち蛇を畫きて早きものに與へんと、一人畫き終りて酒を飲まんとせしが、未だ蛇の足を畫かざるなりと、足を畫ける間に、他の人畫き終りて、酒を採り、蛇は足無きものなりとて、酒を飲み終れりと。〔戰國策〕。

斷腸（だんちやう）

悲嘆の甚しきを云ふ。

『人あり山に入て子猿を捕へ歸りて、庭樹に縛す、母猿來り頻を打ちて子猿を許さんことを願ふ、其人子猿を殺しけるに、母猿悲叫、やまで終に死す、其の腹を破りしに、腸皆斷裂せり』と。〔捜神後記〕。

竹馬（ちくば）**の友**（とも）

幼時の親友を云ふ。七歳の戯は、竹馬の戯と云ひ、五歳の戯は、鳩車の戯れと云ふ。

『君と予とは、實に竹馬の友たり、然るに君や今、萬里の波濤を蹴て、外征に行く、余亦欣慕の情に堪へざるなり』〔書叙指南〕。

杜撰（づざん）

書籍の間違多きこと。

杜默（づもく）といふ人の撰（つく）りたる詩、多く律に合はず、よりて、格に合はぬを杜撰（づざん）といつたが、今では、主として書物の間違多きにいふことゝなつた。

停雲

友を思ふ情の堪へ難きをいふ。

陶潜が、雲の停りて雨天なる日、ひとり酒を酌みて友を思つたといふより出たのである。

朝三暮四の術

詐りて人を愚弄するをいふ。

『宋に猿を養ふものあり、之に與ふべき食とぼしくなり、その食を限らんが爲に、「若に茅を與へん、朝三にして朝四せば足らんと、衆狙怒る、然らば、朝四して暮三せば足らんかと、衆狙みな喜ぶ』〔列子〕

天知る地知る

事の隱すべからぬをいふ。

『楊震東萊の大守たり、道に昌邑を經、震初め荊州の爲に茂才王密を擧ぐ、密時に昌邑の令たり、謁見するに至り金十斤を懷にし以て遺る、震曰く、故人君を知る、君は故人を知らず、何ぞや、密曰く、暮夜知る者なし、震曰く、天知る地知る我れ知る、子知る、何ぞ知るなしといはんと、密愧ぢて去る』〔後漢書〕

登龍門

龍門は黃河の上流にある、鯉魚是を登れば、化して龍となる、由りて人の榮達するにたとふ。

『聲名を以て、自ら高ぶる士、其容接を被る者あれば、名けて登龍門と爲す』〔後漢書〕

咄々怪事

「何といふ慨しい意を得ぬことだらうの意。

『晋の殷浩、故なくして罪を得たるも少しも憾みず、終日、「咄々怪事」の四字を空中に書したり』。と

涙を揮つて馬稷を斬る

賞罰を爲すに私なく、斷乎として正しきに從ふをいふ。轉じて、理性の判斷に從ひて、情の忍ぶべからざるを忍ぶ場合に用ふ。

『蜀の諸葛亮が、部下の馬稷といふ名將の、敗軍したる時、之を處刑するは、口惜しけれども、如何せん軍法に於て許されず、遂に、涙を揮ひて、之を斬りたり。』〔三國志〕

傍若無人

傍に人なきが如しで、人を人とも思はず、亡狀なる振舞をなすをいふ。

『桓温、關に入る、王猛縕袍を被り、之に詣りて面のあたり富世の事を談じ、蝨を捫りて物言ふ、傍若無人たり、温察して、之を異とす』〔世説〕

亡羊の歎

事業を爲すに當つて、此の方法か、あの方法かと種々に心惑ひて遂に成功し難きを嘆ずるにいふ。

『楊子の隣人、羊を亡へり、既に其の黨を率ひ、又楊子の豎を請ひて羊を追ふ、楊子曰く、嗚呼一羊を亡ふ、何ぞ追ふ者の衆きや、隣人曰く、岐路多しと、既にして歸る、楊子聞く、羊を獲たるかと、答て曰く、岐

路の中に叉岐路ありて、吾が行く所を知らず、是反へる所以なり。』〔列子〕

配所の月

罪人の流されたる土地にて見る月で、轉じて流謫の身の上をいふ。

『顯基中納言のいひけん、配所の月罪なくして見んこともさも覺えぬべし』〔徒然草〕配所は、多くは離れ小島、或は人跡遠き邊地なれば、其月は靜かにして影面白かるべし、されど罪ありて流竄の身となれば、心に雲のかゝりて、見る心地せず、乃ち罪なくて見たしとの意。

莫逆の友

互に思ふまゝの勝手を言ひ合ひ振舞ひ合つて、少しもその意に逆はぬ心のおけぬ友だちをいふ。

『子祀、子輿、子犂、子來の四子、相視て笑ひ、心に逆ふことなし、遂に相與に友となれり』〔莊子〕

白玉樓中の人となる

唐の李賀の許に、一夜或る人名簿を携へ來りて、告げて曰く、天上の白玉樓已に成れり、然して天帝、君に命じて之が記を爲さしむ、と語ると夢み、李賀、頓に死せり、よりて人の死ぬるを、白玉樓中の人となるといふ。

破鏡の嘆

夫婦の離別をいふ。

『昔夫婦あり、相別る、鏡を破りて各々其の半を執る、後、其の妻人と通ず、鏡、鵲と化して飛んで、夫の前に至る、後人、鏡を鑄る時、背に鵲形をなすは此時より始まる。』〔神異經〕

白眉

群中に於て、勝れたるをいふ。

『馬良、字は季常、定城の人なり、兄弟五人あり、并に才名あり、郷里之が諺をなして曰く、馬氏の五常にて白眉最良、良は白眉中に白毛あり、故に以て稱す』〔蜀志〕

破天荒

未だ曾て、他人のせざりし事を爲すをいふ。今は、一般に突飛・極端の甚しき意に用ふ。

『荊南の人多く名を擧げず、之を天荒と號す、大中四年劉蛻試驗に及第す、時に崔魏公鎭たり、天荒を破るを以て、錢七十萬を蛻に貲す』〔唐摭言〕即ち前人の未だ言はざりしことを言ふも、亦破天荒といふ。

伴食

しようばんすること。轉じて、其の地位にありながら、何等爲すところなきをいふ。

「文部大臣は代々伴食にきまつて居る」など用ふ。

『懷愼吏務の姚崇に及ばざるを思ひ、事每に崇に讓る時人之を伴食宰相といふ』〔舊唐書〕

皮肉の見

皮も、肉も、身體のうはべのみ、未だ骨髓にあらず、淺薄なる見識を以て、唯だ表面のみを知るも、心髓を穿たざるを云ふ。

『達磨西して天竺に歸らんとし、門人に命じて其得る所を言はしむ、時に門人道副對へて曰く、我が所見の如きは文字を執らず、文字を離れず、而して道用をなすと、師曰く汝は我皮を得たりと、尼總持曰く、我が今解する所は、慶喜の阿閦佛國を見るが如し、一見して、更に再見せずと、師曰く汝は我が肉を得たりと』〔傳燈錄〕

風樹の歎

父母を喪ひて、奉侍するを得ざるを歎息するにいふ。

『夫れ樹靜かならんとすれども風止まず、子養はんとすれども、親待たず、往きて返るべからざるものは、年なり、逝いて追ふ可からざるものは、親なり』〔皐魚傳〕

風聲鶴唳

つまらぬ事に、驚き怖れるをいふ。

『符堅の衆百萬と號す、陣を列ねて淝水に臨む、幼度精兵八千を以て、水を渉る、堅の衆奔潰す、甲を棄てゝ宵遁る、風聲鶴唳を聞くも、皆以て王師と爲す』〔晉書〕―鶴唳は鶴の鳴き聲である。

覆水盆に歸らず

婦人が一度、夫の家を去るときは、再び歸ること能はざるをいふ。

『周の太公望、初め馬氏を娶る、太公望が書のみ讀みて、家計を修めざる故、馬氏見限りて去れり、後、太公齊に封ぜられしに、馬氏再び合せん事を求む、太公一盆の水を取りて、地上に覆へし、馬氏をして、水を盆に收めしめしに、唯だ泥を得たるのみ、太公曰く、覆水の收め難きが如く、離れて更に合ふこと能はず』〔類林〕

巫山の夢

男女秘密の樂をいふ。

『楚の襄王、夢に、一婦人を見る、婦人云ふ、妾は巫山(山の名)の女なり、願くは、枕席を共にせんと、王因りて之を幸す、去るに臨みて云ふに、今より雲となり、雨となりて、朝々暮々出會せんと』。〔宋王高唐の賦〕。

舷を刻みて劍を求む

變通を知らずして、物に拘泥する愚人を嘲けりていふ。

『楚國の人、江を渉りし時、その劍、舟中より水に墜ちたれば、其の船に刻み目をつけ、玆が我が劍の落ちし處なりとて、舟の止まりし時、水に入りて、劍を求めたり』。舟は行くに劍は行かぬ。此の如くして、劍を求むるは其理に惑へるの甚しきものである。

駙馬

天子の女婿の稱。今は、轉じて、一般に、權威に附ける女婿に稱ふ。

『皇女、公主に尙するものは、必ず駙馬都尉に拜す、故に之を駙馬といふ』〔行營雜錄〕駙馬は、乘輿に用ふる副馬である。都尉は之を掌る官である。漢武帝の時に始まる。

負米（ふべい）の嘆（たん）

親死して後ち、奉養することを能はざるを嘆くにいふ。

『子路孔子に見えて曰く、昔、由（子路の名）が、二親に事へし時、常に藜藿（れいかく）を食ひ、親の爲に、米を百里の外に負ひたりしが、親歿せし後、富貴となり、衣食善美を盡せり、藜藿を食ひ、親の爲に米を負はんと欲すとも、得べからざるなり』〔孔子家語〕藜はあかざ、藿は豆の葉で、粗食の義。

武陵桃源（ぶりやうたうげん）

一般に、幽邃なる仙境を稱して、武陵桃源の如しと呼ぶ。理想境の意。

『晉の太元中、武陵の人、魚を捕へて業となし、溪に緣（そ）ひて行く、忽ちにして桃花林に逢ふ、林盡きて、水源に一山あり、小口あり、口より入る、行くこと數十歩、豁然として開朗なり、其處に、男女恬然として樂居せり、自ら言ふ先世秦の亂を避けてこゝに在り、今は何れの世ぞと問ふ、乃ち漢魏の世ありしを知らず、漁人辭し去りて太守に告ぐ、即ち人を遣

して、求めしに、竟に迷ひて路を得ざりき』〔淘潜が桃花源記〕

孟母三遷

子女の教育に注意するをいふ。

『孟子の少なるとき、其の母大いに教養に注意せり、始めは墓所に住みしが、孟子が埋葬の戯れを爲すにより、宜しからず思ひ、遷りて市街に住せり、然るに、商人賣買の眞似を爲すより、又遷りて、學校の傍に行きしが、孟子は、朝夕禮義作法などの戯を爲すより、孟母は大に安心して、此こそ我子を居くべき所なりと思へり。』〔烈女傳〕

〔其二〕 出典・用例を知らないでは、十分意義を解することのできぬ語・句

網呑舟の魚を漏らす

呑舟の魚は、舟を呑む如き大魚にて、世の大奸を指す。小惡は罰せられて、大奸は反つて法網を免がるゝをいふ。

「呑舟の魚を漏らすな」など用ひる。

『網、呑舟の魚を漏らす、吏、治めて烝々として姦に

至らず、黎民艾安なり』〔史記酷吏傳〕。

羹（あつもの）に懲（こ）りて韲（ひたしもの）を吹（ふ）く

一事に懲りて、却つてこれが爲に恐るゝに足らぬものをも恐るゝに至るをいふ。

『羹に懲りたるもの韲を吹くが如し、何ぞ此の志を變ぜざる』〔楚辭〕

『沸羹に懲りたるものは冷韲を吹き、（再び火傷せんことをおそれて）已に傷く鳥は曲木に驚く。』〔唐の傳奕の語〕

危（あやう）きこと累卵（るいらん）の如（ごと）し

卵を累ぬれば、つぶれ醉け易きより、危險の甚しきにたとへ用ふ。

『秦王の國は累卵より危ふし』〔史記范雎傳〕

『其君危きこと猶累卵の如し』〔韓非子〕

乙夜（いつや）之（の）覽（らん）

帝王の讀書せらるゝをいふ。乙夜は二更のことにて當今の十時に當る。一夜を五つに分つ、初更は戌の時（當今午後八時）、二更は亥の時（午後十時）、三更は子の時（夜半十二時）四更は丑の時（午前二時）、五更は寅の時（午前四時）。又此の五更の分ちを甲夜、乙夜、丙夜、丁夜、戊夜とす、乙夜は即ち二更である。

『太宗、甲夜に事を觀、乙夜に書を觀る』〔唐書〕

意馬（いば）心猿（しんえん）

情欲の抑へ離きをいふ。佛敎語。
『意馬惡道に馳せ、放逸禁じ難し』〔梵網經〕
『心猿猴の如く、五欲の樹に遊んで暫くも住せず』〔心地觀經〕

衣鉢を傳ふ

〔イハチとは讀まぬ。〕

弟子に父又は師の精神の傳はれるをいふ。一事の蘊奥、秘法を授け傳ふる意にも用ふ。佛門に歸依したる人、その師より衣鉢を傳へらるゝよりしかいふ。

『公子は我が從ならん、衣鉢一箪を傳ふ』〔蘇軾〕

殷鑑遠からず

殷は其前代、夏の天下の亡びたる所以を考へて、亡びざるやうにすべしと云ふ、總て手本の我手近かにあること。

『殷鑑遠からず、夏后の世にあり』〔詩經〕

一日三秋の思

三秋は三ケ月。人を思ふの極めて切なるをいふ。

『彼處に蕭を釆る。一日見ざれば三秋の如し。』〔詩經〕

衣食足りて禮節を知る

正しくは「衣食足れば禮節を知る。」と讀む。

如何なる人も、衣食足れば自ら禮節を知るに至るの意。

然るを「故に衣食足らざれば禮節を知らでもよし」の意なりと思ふは間違である。世には、衣食足らずとも禮節を知る高潔の人物素より多きも、衣食足らば、左様な高潔の士のみならず、凡俗の下輩また禮節を知るに至るの意である。

『倉廩實つれば禮節を知り、衣食足れば榮辱を知る』〔管子〕

烏有先生　烏有に歸す

烏有は無である。「烏有先生曰く」といへば、實在せざる人が物言ふの義。假托して立言する場合に用ふ。「烏有に歸す」といへば、家屋の燒盡したることゝなる。

『相如、梁に遊び、子虛の賦を著す。相如以へらく、子虛は虛言なり、楚の爲に稱す、烏有先生、焉んぞ此事あらん、齊の爲に難ず、亡是公は是人なきなり夫子の義を明かにせんと欲す、故に此三人を虛藉して辭を爲る』〔漢書相如傳〕

雲泥の差　雲泥萬里

雲は天にあり、泥は地にあり、故に天地の差といふが如し。差別の甚しきをいふ。

易簀

簀は敷物なり。敷物を易ふるにて、人の死するをいふ。

『曾子病重し、簀を易へたる後幾もなく歿せり』〔禮記〕

燕雀安ぞ鴻鵠の志を知らん

燕雀は小鳥、鴻鵠は大鳥なり、即ち小人は、英雄豪傑の心を知らざるを云ふ。

『陳渉太息して曰く、嗟呼燕雀安んぞ鴻鵠の志を知らんや』〔史記〕

屋上屋を架す

益もなきに、前人のなせしことを繰返すをいふ。

『王纜、楊雄の大玄を論じて曰く、妙と雖も、此書は益なし、古人此の如きを、屋上に屋を架すといふ』〔事文類聚〕

他人が、已に述べしことを其通りに、復述ぶるは、丁度一軒の家ありて、其家の中に、又一軒の家を作るが如く、全く無益なるをいふ。

敎ふるは學ぶの半

人に敎ふるには、我も自ら研究する故、半ば學ぶが如しとの意。

『惟だ敎ふるは、學ぶの半なり、始終を念ひ、學に典るときは、厥の德修りて覺ゆること罔し。』〔書經〕

老いて益壯なり

年老いて元氣なほ青年の如きをいふ。

『大丈夫なるものは、窮しては、當に益々堅かるべく、老いては當に益々壯なるべし』〔後漢書馬援傳〕

合從連衡 がふじふれんかうではない。

一の强敵に當らんが爲に、各、舊時の怨を捨てゝ同盟連合するをいふ。支那戰國時代に用ひ出したる語。

『蘇秦の計を用ひて東の方の諸侯、縱に盟約して西の

方強敵秦を防ぐものは合從なり。張儀の說によりて諸侯横に連合して秦に從ふものは連衡なり』〔史記〕

骸骨を乞ふ（がいこつをこふ）

老臣の官を辭するをいふ。但し、國家の重臣、君主に乞うて官を辭する場合に用ふるを常とす。

『願くは骸骨を乞ひて卒伍に歸せん』〔史記項羽記〕

間髪を容れず（かんはつをいれず）

頗る大切なる瞬間をいふ。利害の分るゝ所、一本の髪を容るゝ間すらなしの意。

『その出づると出でざると間、髪を容れず』〔說苑〕

寒心する（かんしんする）

怖れて、膽を冷やすをいふ。

『秦王の暴を以て怒を燕に積む、寒心するに足れり』〔史記荊軻傳〕

汗牛充棟（かんぎうじうとう）

藏書の多きをいふ。汗牛充棟も啻ならずなど用ふ。

『陸文通の書、處けば即ち棟に充ち、出せば即ち牛に汗す。』〔柳子厚の語〕

亢龍の悔（かうりうのくひ）

無德のもの、高位高官に上る時は、高さに昇り過ぎたる龍の如く墮落すべしといふ。

『亢龍の悔あり』〔易〕

騎虎の勢（きこのいきほひ）

事に當りて勢の止め難きをいふ。

『今の時勢、義理の施すべきなし、猛虎に騎る、安ぞ卒かに下るべけん』〔晋書〕

笈を負ふ

遊學をいふ。笈は本箱の別語なり。

『蘇秦笈を負ひ師に從ひて千里を遠しとせず』〔史記〕

金蘭の友　金蘭の契

金の堅きが如く、蘭の芳ばしきが如く、友情の深く變らざるをいふ。

『山公嵆山と一面にして契ること金蘭の如し』〔世説〕

曲學阿世

眞理を曲げて、流俗に媚び阿ねるをいふ●

『公孫子、正學を修めて以て言ふ、學を曲げて世に阿ねることなし。』〔史記儒林傳〕

九牛の一毛

多數の中の一小部分の意。殆ど數ふるに足らざる義にも用ふ。

『假令、僕、法に伏して誅せらるゝも、九牛の一毛を失ふが如し』〔前漢書司馬遷傳〕

驥尾に附す

後進者が先輩に引き上げらるゝこと●

「吾等の如きも、幸に諸君の驥尾に附して、此の事に從ひ」などの如く、謙遜の意に用ふる。

『蠅は、遠く行き得ぬものなれども、千里を走る驥の尾に附けば一日に千里をも行き得』との意より出でたる語。

驥足を展ぶ

英雄豪傑の士の意のまゝにその才能を發揮するをいふ。

『龐士、もと百里の才に非ず、治中、別駕の任に處らしめば當に始めて其の驥足を展ぶべし』〔蜀志〕

窮鼠猫を嚙む

窮迫愈極まれば、却て懸命の勇を鼓するに至り、その結果として終に強敵を倒すあるに至るをいふ。

玉石倶に焚く

悪しきを除かんとして、善きものをも倶に害するをいふ。

『玉石倶に焚く、天吏、德を失する猛火よりも烈し』〔書經〕

木に緣りて魚を求む

到底出來ぬことを爲ようとするに譬へる。

『木に緣りて魚を求むるが如し』〔孟子〕

牛刀の感あり

小事を處するに大人物を以てするをいふ。

『鷄を割くに焉んぞ牛刀を用ゐんや』〔論語〕とあるより轉じて然かいふ。

金科玉條

日常の行爲の準據すべき金言名句。

『懿律嘉量、金科玉條、神卦靈兆、炳煥として照耀す』

〔文選〕。註に、金科玉條は法令の意なりとある。

澆季の世（ぎやうきのよ）

末世の浮薄なる傾向をいふ。近時、世紀末の思想など用ふる世紀末は此の語と同意なり。

『宋の末、難虞にして百王澆季』〔文選〕

空谷の跫音（くうこくのきやうおん）

非常に珍しきことをいふ。

『夫れ空谷を逃ぐる者は人の足音跫然たるを聞きて喜ぶ。況んや、昆弟親戚のその側に謦咳するをや』〔莊子〕

瓦全（ぐわでん）

無爲にして徒に長命なるをいふ。

『大丈夫瓦と爲りて全からんよりは、寧ろ玉となりて碎けん』〔三國志〕

西郷隆盛の詩に、「丈夫玉碎瓦全を恥づ」の句がある。

挂冠（けいくわん）

官を辭するをいふ。

『冠を解き、東都の城門に挂け、家屬を率ゐ、海に浮び、遼東に客たり』〔後漢書〕

逕庭（けいてい）

差異の大なるを言ふ。

『逕は門前の路、庭は堂外の地、その間、大なる隔たりあり』〔莊子〕

月旦（げつたん）

人物批評である。

後漢の許劭といふもの、毎月一日、必ず郷黨の人物を批評したりといふより、轉じたるなり。〔漢書〕

撃壌（げきじやう）

太平の世を云ふ。

『老人あり。哺を含み、腹を鼓ち、壌を撃ちて、歌ひて曰く、日出でゝ作し、日入て息ひ、井を鑿ちて飲み、田を耕して食ふ、帝力何ぞ我に有らんやと』〔十八史略〕

逆鱗（げきりん）〔ギヤクリンではない〕

天子の激怒をいふ。「逆鱗にふれる」といへば、天子の怒をかふことゝなる。

『龍の喉下に逆鱗あり、徑尺なり、人若し之に嬰るゝ者有れば、則ち人を殺す、人主も亦逆鱗あり、説く者、能く人主の逆鱗に嬰るゝなくば則ち幾し』〔韓非子〕

傾城（けいせい）

美人をいふ。今、轉じて遊女の稱として用ふ。

『北方に佳人あり、絶世にして獨り立つ、一度顧れば、人の城を傾け、再び顧れば、人の國を傾く、寧ぞ城を傾け、國を傾くるを知らんや』〔漢書〕

軒輊なし（けんち）〔ケンシではない〕

車の前の高さを軒と云ひ、車の前の低くして、後の高さを輊と云ふ、前後より見様によりて異るも、實は同一である、即ち優劣なきを云ふ。

『戎車既に安し、軒の如く輊の如し』〔詩經〕

肩摩轂撃

往來の混雜甚しきをいふ。

『臨淄の途、車轂撃ち、人肩摩り、衽を連ねて帷と成し、袂を擧げて幕となし、汗を揮ひて雨を成す』〔戰國策〕

穴隙を鑚る

自由結婚をすること。

『父母の命、媒妁の言を待たで、穴隙を鑚りて相窺ひ、牆を踰えて相從へば、父母・國人皆之を賤しむ』〔孟子〕

堅白同異の辯

詭辯を弄して、人を屈服する支那公孫龍一派の辯論術をいふ。

『龍は同異を合せ堅白を離ち、不然を然とし、不可を可とし、百家の知を困らし、衆口の辯を窮め、吾れ自ら以て至道となす』〔莊子〕

兄たり難く弟たり難し

優り劣りがない、即ち同等といふこと。

『漢の陳元方の子、長文と季方の子孝先と父の功を論じて決せず、終に大丘に詣る、大丘曰く、元方は兄たり難く、季方は弟たり難し』〔漢書〕

鶏口となるも牛後となる勿れ

大なるもの丶下につくよりは、小なるもの丶上に立つ方がよいとの意。

『戰國の策士蘇秦、韓王に説きて曰く、臣聞く、諺に寧ろ鷄口となるも牛後となること勿れと、今西面臂を交へて秦に臣事せば、何ぞ牛後と異らんや、それ大王の賢を以て、强韓の兵を挾み、而して牛後の名あり、臣竊かに大王の爲めに之を羞づ』〔史記〕

言語同斷（ごんごどうだん）

ことばに盡しがたき意。

非難するに用ふ「言語同斷と言はねばならぬ」など。

吳越の思（ごえつのおもひ）

相敵視するをいふ。支那戰國の世、吳と越との二國、常に仇視して攻伐を事としたるよりいふ。『吳越も啻ならず』とも用ふ。

肯綮に中る（こうけいにあたる）

急所に觸れるをいふ。

肯は骨につける肉。綮は筋と肉との結ぶところ。料理人の、肉を料理するに、よく骨と肉とのつぼを切るといふより出づ。〔莊子〕

後生畏るべし（こうせいおそるべし）

後生は、吾より後に生る丶もの。

少年者は、年若く氣盛なれば、學藝の進歩も早き故、やがて偉くなるであらうの意。

『後生畏るべし、焉ぞ來者の今に如からざるを 知ら

んや』〔論語〕

吳下の阿蒙に非ず

以前に變りて、秀でたるを云ふ。

『吳の孫權、呂蒙と蔣欽とに學を勸む、蒙大に學ぶ、後年魯肅と論議するに、肅は嗚呼君は昔日吳下の阿蒙に非ずと云ひたり、蒙曰く、士、別れて三日、即ち當に刮目して待つべし』〔吳志〕

「吳下の舊阿蒙」といへば、相變らず碌々として居て何の發達進步もなきを耻づる意となる。

虎穴に入る

險難を冒して進入することを

『虎穴を探らずんば安ぞ虎子を得んや』。〔呂蒙〕

古人の糟粕を嘗むる

學者徒らに先人の說を探るに止り、更に自己の卓見無きを云ふ。

『桓公、書を堂上に讀みしに、輪扁堂下にあり、敢て問ふ、公の讀む所は何の言か、曰く聖人の言也、聖人在る乎、曰く已に死せり、曰く然らば、即ち君の讀む所は古書糟粕のみと。』〔莊子〕

五十步百步

さしたる差違無きを云ふ。

『甲を棄て兵を曳きて走る、或は百步にして後に止まり、或は五十步にして後に止まる、五十步を以て百步を笑はゞ則ち如何、曰く不可なり、百步ならざる

のみ、是れ亦走るなり』。〔孟子〕

壺中の天地

狭き中にも、人生の存するを言ふ。

『漢の長房、汝南市の椽となる。市に翁あり、壺に懸けて市に居る、事終れば壺中に入る、長房、樓上より之を望み、從つて壺中に入る。宮殿樓閣みな具はれり』〔列仙傳〕

歳月人を待たず

年月はずん〳〵過ぎ行いてしまふから油斷してゐてはならぬの意。

『盛年重ねて來らず。一日再び晨なり難し。時に及んで勉勵せよ。歳月は人を待たず。』〔陶淵明の詩〕

祭酒

學政を掌るものをいふ。

先祖を祭るに酒を供へ、之を飲むを例としたるより、學政を掌るもの亦常に親典を行ふに至りて斯くは轉じたのである。

『吳王、號を賜ひ、劉氏の祭酒とす』〔史記〕

操觚者

記者・文士をいふ。

『觚は木の方なるもの、上古は之を用ひて以て書したり、猶今の簡の如きものなり』〔文選〕

先ずれば人を制す

「先んじたものが勝ち」の意。

『會稽の守、殷通、項梁に謂つて曰く、江西皆反す、これ天、秦を亡ぼすの時なり。吾聞く、先んずれば人を制し、後るれば人に制せらると』〔史記〕

尸位素餐

實功なくして高位高祿を得るをいふ。

『凡そ祭事は一人端坐して祭の王となる。これ尸なり。素餐は德なきに、徒に祿を食むなり』〔文選〕

時雨の化

君王の恩澤、下民に遍きをいふ。

即ち、十雨程よく降りて草木を成長繁茂せしむる如く君王の恩澤の有難さに喩へた語である。

『君子の敎ふる所は時雨の化の如し』〔孟子〕

出藍の譽

子弟が學問したる結果、師に勝るに至るをいふ。

『學は已むべからず、青は藍より出でゝ藍よりも青く、氷は水より出でゝ水よりも寒なり』〔荀子〕

私淑

親しく敎をうくるを得ぬまでも、己が欽慕する人を模範として自ら修養しつゝあるをいふ。

『私に淑くして艾むるものなり』〔孟子〕

柔よく剛を制す

剛なるものは、衝突して反動が強い、柔かいものは、反つて、其の剛いものをも捲き込んでしまふ。弱いものが強いものに勝つ時のたとへ。「柳に風折（かぜをれ）なし」と同意である。

『柔は剛に勝ち、弱は強に勝つ』〔老子〕

櫛風沐雨（しっぷうもくう）

「風に髪を梳（くしけ）づらせ、雨に體（からだ）を浴（あ）びさせる」で、具（つぶ）さに辛苦難艱を嘗めつくすをいふ。

『風に櫛（くしけつ）り雨に沐（もく）し、鋒鏑を冒して以て天下を定む』〔唐書〕

鹿（しか）を逐（お）ふものは山（やま）を見（み）ず

ある一定の目的を有するものは、それに心を奪はれて、他事を顧みざるをいふ。

『獸を逐ふものは目に大山を見ず、嗜好外にあれば明蔽はる。〔淮南子〕

四海兄弟（しかいけいてい）

人類はみな兄弟である、お友達であるとの意。

『司馬牛、憂へて曰く「人皆兄弟あり、獨りなし」と。子夏曰く、「商、之を聞けり、死生命あり、富貴天にあり、君子敬ひて失なく、人と恭しく禮あらば、四海の内みな兄弟なり、何ぞ兄弟なきを患へんや』〔論語〕

人口に膾炙す（じんこうにくわいしや）

いくたびか、世間の人に賞美せられ、口の葉に上りて、誰もよく知りぬいて居ること。

『千古、人口に膾炙す』〔虚賞錄〕

駟も舌に及ばず

「言葉一たび舌より外に出づれば、駟車もこれを追ふことが出來ぬ」で、一たび失言すれば、もう取かへしのつかぬをいふ。

『棘子成曰く、「君子は質のみ、何ぞ文を以てせん。」子貢曰く「惜しいかな、それ子の君子を說くこと、駟も舌に及ばず」』〔論語〕―駟は四頭の馬にて、此にて引く車を駟車といふ。

霜を踏んで堅氷至る

物事には、順序あり、原因あるをいふ。

「易」に出でたる語。

綽々として餘裕あり

綽は寬、裕は饒、寬緩迫らぬをいふ。

『進退豈綽々然として餘裕あらざらんや』〔孟子〕

豎子をして名を成さしむ

豎子は「小兒等」の意。世に大人物がなくて、つまらぬ人物が名を擅にするをいふ。

『世に英雄なく、徒に豎子をして名を成さしむ』〔阮籍の語〕

首鼠兩端

二道をかけて居て、決斷のつかぬをいふ。

鼠の性疑ひ深く、前途を見て、容易に決せぬよりいふ。

食言

一旦、言ひ出したることに背くをいふ。

『朕が言を食ます』〔書經〕

井蛙の見

識見のせまく且つ小なるをいふ。
『井蛙を以て海を語るべからず』〔莊子〕
轉じて『井の底の蛙大海を知らず』など用ふ。

正鵠　鵠(コク)ではない

程よき處に適中するを「正鵠を得」といひ、程よき處に中ならぬを『正鵠を失す』といふ。即ち「中正」の義。語を尋ぬるに、正は、布で作つた的、鵠は皮で作つた的である。

『發して正鵠を失はざるものは、唯賢なるものか』〔禮記〕

渉獵

あちらこちらと書籍を探り讀みするをいふ。

『水を渉り獸を獵して專ら精ならざるが如し』

精神一到

意志さへ堅固ならば如何なることも成就するの意。

『陽氣の發する所金石もまた透る。精神一たび到らば何事かならざらん』〔朱子の語〕

切齒扼腕

憤り怒る時の容貌態度をいふ。

『天下、遊說の士、日夜、齒を切り、目を瞋らし、腕を扼して從の便をいひ、以て人主を說かざるはなし』

〔史記〕

束脩

師の門に入るに贄をとる。脩は脯にて、十束にしたるもの。

『束脩を行ひてより以上、われ未だ嘗て誨なくんばあらず』〔論語〕

樽俎折衝

國家の經綸を策案し實行するをいふ。更に、分ちて言へば、樽俎は政治を執行ふこと。樽は、酒を入るる器、俎は、牲を載する器である。折衝は、戰に勝を制するをいふ。即ち敵軍の衝き來る勢を折るの意である。

『樽俎の間など出でずして千里の外に折衝するは晏子なり』〔論語〕

大器晩成

眞の大人物は、早く成るものではない。

『大方は隅なく、大器は晩成す』〔老子〕

桃李成蹊

學德さへあるならば、自ら誇らないでも、世はその人を自然と尊崇するやうになる。

『桃李言はねど、下、自ら蹊を成す』〔史記〕

多々益辯ず

「いくら敵が多くても宜しい、多ければ多いほど結構です」の意で、如何なる難事にも喜んで向ふの意氣と自負とを示す語。

『漢の高祖、韓信に問うて曰く、我が如きは、能く幾何に將たるか、韓信曰く、陛下は能く十萬に將たるに過ぎず、上曰く、汝は如何、韓信曰く、臣は多々益々辯ず』〔史記〕

誰か烏の雌雄を知らん

烏は色皆黑きを以て其の雌雄を辨別し難きが如く、人の善惡邪正も亦知り難きをいふ。

『具に予を聖と云ふ、誰か烏の雌雄を知らん』〔詩經〕

鶴九皐に鳴きて聲天に聞ゆ

詩經の句。——皐は澤である。九の澤のかなたに鳴くの意。

學德ある人は、いかなる僻遠の地にありとも、世人に尊敬せらるゝをいふ。

天に二日なし

天に二日なきが如く、二人の君の同時にあるべき道理なきをいふ。

『天に二日なし、士に二王無く、家に二主なく、尊に二上無し、これ民に君臣の別あるを示すなり』〔禮記〕

天に跼り地に蹐す

恐怖の甚しきもの、天地の廣きも、身を置くにところなきをいふ。

「詩經」の語。

天網恢々疎にして漏さず

天地自然の賞罰は嚴然として暝々の内にも活用せるをいふ。

『老子』の語。

偷安（とうあん）

將來を思はず、一時の安心を求むるをいふ。

『火を抱きて之を積薪の下におき、其の上に寢ねて、火の未だ燃えざるを以て之を安しとなすなり』〔賈誼の新書〕

頭角を見はす（とうかく・あら）

衆中に擢（ぬき）んでたるをいふ。俊逸の士の形容に用ふる語。

『子厚少くして精敏、通達せざるは無し、其の父の時に逮び、少年と雖も已に自ら成人なり、能く進士の第を取る、嶄然として頭角を見はす、衆謂ふ、柳子厚あり』〔柳子厚墓誌銘〕

屠所の羊（としょ・ひつじ）

憐れむべき運命にありて、意氣の極めて揚らざるをいふ。

『將に死に就（つ）かんとするもの、旃陀羅（せんだら）が羊を驅りて屠所に至るが如し、歩々死地に近づく、人命も亦斯の如し』〔摩耶經〕

塗炭の苦（とたん・くるしみ）

百姓が惡政に苦しむ慘狀をいふ。

塗は泥土、炭は火灰、『泥土火灰の中に埋めらるゝが如き苦しみ』の意。

内訌（ないこう）

内輪もめのして、互にせりあふこと。

『蟊賊（ばうぞく）内訌』〔詩經〕

南船北馬（なんせんほくば）

諸方に流浪しあるくをいふ。

支那南方の地には、水流多き故に旅行者多く船を用ふ。北方は平地多きが故に、馬に騎（の）る。即ち、船や馬で諸方をあるく意である。

任俠（にんきやう）

おとこだて。

『相與に信ずるを任といひ、是非を同じくするを俠といふ。』〔漢書〕

鷄（にはとり）を割（さ）くに牛刀（ぎうたう）を用（もち）ゆ

細小なることを爲すに、過大なる手段を用ふるをいふ。轉じて、細事を爲すに大人物を引出す場合に用ふ。

『孔子、武城に行きて、音樂の聲を聞きて曰く、鷄を割くに何ぞ牛力を用ひんや』〔論語〕

燃犀（ねんさい）の筆（ふで）

燃犀は緻密周到なる眼力の意。燃犀の筆は、觀察の行き屆いた文筆をいふ。

犀の角を燃して、牛渚といふ淵の怪物を照したとの故事が晉書に見える。

背水の陣

「背水の陣をしく」といへば、必死の覺悟でやる、勝てばよいが、負ければ立つことが出來ぬといふ冒險的計畫の意。

『これで行かねば仕方がない、今度は、いよく背水の陣だ』など用ふ。

もと、陣法の名である。水を背にして、陣する故、もし、うまく行かねば、その水を切りおとして共におぼれてしまふ覺悟なのである。しかし、斯の覺悟で戰ふとなれば、人々必死になつて戰ふ故、必ず勝つものであると言はれて居る。韓信の如きは、よく此の陣法を用ひたといふことである。

暴虎憑河の勇

無謀の勇にて極めて危險なるをいふ。

暴虎は虎を手どりにすること。憑河は河をかちわたりすること。〔詩經〕

亡命客

命は名にて名籍の意。即ち、その故國の戸籍を脱して逃亡し來れる人をいふ。支那の革命に際し、孫逸仙・黃興等の我が國に來たのは畢竟亡命客として來たのであつた。

暴を以て暴に易ふ

物が代りても別に益なく、依然元の如く惡しきを云ふ。

『伯夷叔齊の二兄弟が、周の武王を罵れる詩に、彼の西山に登り其薇を採る、暴を以て暴に代ふ、其非を知らず』とあり、即ち周の武王は、殷の紂王の、暴政を惡みて亡ぼしたるも、其君たるものを亡ぼすは、又暴なりとの意である。〔史記〕

白駒の隙

白駒の過ぐるの疾きことと光陰の過ぎ去るの疾きに譬へていふ、即ち歳月の過ぎ易きを言ふ。

『劉澤、張良に謂て曰く、人の世に生るゝは、白駒の隙を過ぐるが如きのみ』〔漢書の張良傳〕

伯仲の間

互に優劣なきをいふ。昔、兄弟を、伯仲叔季に分ち、長男は伯、次男は仲、三男は叔、四男以下は季、といふ、故に伯と仲との間に於て、伯にもあらず、仲にもあらず、何れおとらぬ優物との意。

薄氷を履む

非常に危險なるに譬へいふ。又非常に恐るゝことにも用ふ。

『戰々兢々として、深淵に臨むが如く、薄氷を蹈むが如し』〔詩經〕

馬耳東風

馬の耳に風といふことにて、何とも感ぜぬをいふ、即ち他所ごとゝして聞き流しにする意。

破竹の勢

非常なる勢力のことにて、俗にいふトン／＼拍子てある。

『今兵威已に振へり、譬へば、竹を破るが如し、數節の後、皆刄を迎へて解くべし』〔晉書〕

拔山蓋世の勇

力及び意氣の大なるを言ふ。

『力山を拔き、氣世を蓋ふ』といふ項羽の詩から出た語。

八紘

紘は維である。天地を維ぎて、之が綱紀となすの義である。

『東北の紘を荒土といひ、東方の紘を桑野といひ、東南の紘を衆安といひ、南方の紘を反戸といひ、西南の紘を火土といひ、西方の紘を混野といひ、西北の紘を沙所といひ、北方の紘を委羽といふ、凡て八紘なり』〔淮南子〕

跋扈

威を張りて手に合はぬことである。扈は竹籬、魚を捕ふる器、小魚は、此中に留り、大魚は跳り出づ、其大魚の如く暴亂なるに喩ふ〔後漢書〕

飜雲覆雨

人情の反覆常なきをいふ。杜甫の貧交行に『手を飜せば雲となり、手を覆せば雨』とあつて、人情の手をかへす程の短時間に變ることをいふ。

萬綠叢中紅一點（ばんりよくさうちうこういつてん）

此の語は宋の王安石が、石榴を詠じたる詩句である。青々したる中に、赤き花が一點あるとの意なり、極めて少く珍しきをいふ。轉じて、今日にては、婦人が一人、男兒の中に混れる場合にいふ。

日暮れて道遠し（ひくれてみちとほし）

我が事業が半途にして成就せず、而も、年の將に老いんとするをいふ。白樂天の詩に、『日暮れて道遠し、我生已に蹉跎たり』とある。

批准（ひじゆん）

「天子の許し」をいふ。批は、臣下より上つた表奏に天子躬ら答の　勅（みことのり）　を書かせ給ふをいふ。准は準の俗字で、「許す」の意。

鼻祖（びそ）

始祖である。人の始めて胎を受くるに、鼻先づ形を爲すに依りて、鼻を始めの義とする。

『有固の嬋嫣は、或は汾陽に鼻祖す』〔反離騷〕

鼻息を伺ふ（びそくをうかゞふ）

人の機械を取り、その喜怒を伺ふを言ふ。

『孤客窮軍の我が鼻息を仰ぐを、嬰兒、股掌（こしやう）の上にあるに譬（たと）ふ、その乳哺を絶たば、立どころに餓死すべし』〔後漢書〕

もとは「仰ぐ」といつたのを今は專ら「伺ふ」といふ。

尾大掉はず（びだいふるはず）

「尾が頭よりも大きければ、體が自由にならぬ」の意。

『末大なれば必ず折れ、尾大なれば掉はす』〔左傳〕

匹夫の勇

血氣にはやりて、爲す所の小勇をいふ。●『劍を撫して、疾視して曰く、彼惡んぞ我に當らんや、是れ匹夫の勇、一人に敵する者なり』〔孟子〕

髀肉の嘆

武人が戰場に臨まず、爲に馬にも乘らざれば、股の肉生じ、無事を嘆息するをいふ。所謂『腕が鳴る』のである。

百尺竿頭一歩を進む

既に至り盡せる所より、更に工夫を増して上に向ふをいふ。

『招賢大師の偈に曰く、百尺の竿頭動かざるの人、入るを得と雖も未だ眞ならず、百尺竿頭更に歩を進むれば十方世界是れ全身』〔傳燈錄〕

百發百中

矢數一百を發して、盡く的に中るをいふ。

『楚に、養由基といふ者あり、射を能くす、柳葉を去ること百歩にして、之を射、百發して百中す。』〔史記本紀〕

風雲に際會す

長者に見込まれて盛に活動すべき機會に會ふこと。

『僕だつて、一たび風雲に際會すれば』など用ふ。賢

臣が明主に用ひらるゝをいふ。〔易經〕

龍が風雲を得て活動する如く、英雄豪傑が、時機を得て活動するをいふ。〔後漢書〕

風馬牛（ふうばぎう）

甲乙二國隔たること遠くして相互に關係なきをいふ。

「僕等、そんなことには風馬牛だ」など用ふ。

『風する馬牛も相及ばず』〔左傳〕

風は放逸で、さかりのついたこと。從つて、さかりのついた馬牛は、その相手を求むる爲に、頗る猛烈なる活動をするものだが、それでもなほ到底追ひつかぬをいふ。

負荷（ふか）

家業を受けつぎて其の責任に堪ゆるをいふ。

『古人いへるあり、その父薪を折けども、其の子負荷する克はず』〔漢書〕

不羈（ふき）

禮法の爲に束縛せられざるをいふ。或はまた、志大にして小事に頓着せぬをいふ。

『少くして不羈の才を負ふ』〔漢書〕

俯仰天地に愧ぢず（ふぎやうてんちにはぢず）

自ら内に顧みて疚（やま）しき所なければ、天に對し、地に對して、少しも愧づる所なきをいふ。

『仰いで天に愧ぢず、俯して地に愧ぢず』〔孟子〕

不倶戴天の敵

最も悪むべき敵をいふ。

『父の仇は倶に天を戴かず』〔禮記〕

「倶に天を戴かず」で、つまり、彼を殺すか、自らが死ぬか二つに一つの意である。

不肖

ふつゝかもの、不才をいふ　從つて、「我」を遜る時に、「不肖」の語を用ふ。

『賢者は過ぎ、不肖は及ばず』〔孟子〕

此の語、本來は、子の父母に似(肖)ぬ意である。

符節を合す

事柄がよく符合するをいふ。

昔、竹で符節をこしらへ、之を割つて二つになし、各、その一つを取りて、後日の證とし、他日、これを合せて眞僞を判じたものである。

『地の相去ること千有餘里、世の相後れたること千有餘歳、志を得て、中國に行ふは、符節を合するが如し』〔孟子〕

不世出の人才

めつたに世に出でぬほどの人才をいふ。〔史記〕

物色する

骨相を貫きて人を求むるをいふ。

『光武、物色を以て先を訪ふ』〔後漢書〕

物議を招く

とやかうの噂、世の批評を受くるをいふ。

『ある人、露車に乗りて、郊野を歴遊し、物議を屑(いさぎよし)とせず』〔南史〕

物故(ぶっこ)する

死ぬるをいふ。

物は無である。故は事である。人が死ねば萬事休する。即ち事なきに至れる意。

『士卒多く物故す』〔漢書〕

普天率土(ふてんそつど)

天の遍(あまね)く覆(おほ)へるの下(もと)、海の循(めぐ)れる濱、即ち陸地のあらん限りをいふ。

『普天の下、王土にあらぬはなく、率土の濱、王臣ならぬはなし』〔詩經〕

刎頸(ふんけい)の交(まじはり)

相互の爲には、たとへ、首を刎(は)ねらるゝも悔ゆるなき意。

即ち生死を共にする友をいふのである。〔史記〕

粉骨碎身(ふんこつさいしん)

身を粉(こ)に碎(くだ)くまで苦勞するをいふ。

『粉骨碎身するも此の德に報い難し』〔禪林類聚〕

糞土(ふんど)の牆(しゃう)

「なまけもの」をいふ。

孔子の弟子なる宰予(さいよ)、晝寢せる時、孔子曰く、『朽ちたる木は雕(ほ)るべからず、糞土の牆は杇(ゆ)るべからず』。

と。〔論語〕

噴飯（ふんぱん）

吹き出すこと。笑ふ意。覺えず失笑するにいふ。『飯をふきて案に滿つ』の句から出たのである。

陛下（へいか）

臣民が天子をさして云ふ敬語である。陛はきざはしである。天子には近臣あり、武器を持ちて、陛下にありて護衞する故、天子を直接にさすを憚りて、陛下にあるものを呼びてかくいふのである。この稱は、秦の始皇帝の時より始つた。

邊幅を飾る（へんぷくをかざる）

外形をかざること。即ちめかすをいふ。『商人の布帛の邊幅を整ふるが如し』〔後漢書〕

木鐸（ぼくたく）

學者敎を世に施すをいふ、鐸は鈴なり、金鐸木鐸の二種あり、其全體を金屬にて製し、其舌も亦金屬にて作れる者を金鐸といひ、其舌を木にて作れる者を木鐸といふ、凡て敎令を發せんとすることあるに臨み、之を振ひて衆人に注意し、後之を述ぶ。

『天下道なきや久し、天將に夫子を以て木鐸となさんとす』〔論語〕

蒲柳の質（ほりうのしつ）

『南定の顧愷之、文帝と年を同しくして耄す、帝怪みて之を問へば、答へて曰く松柏の姿は、霜を經るも

猶ほ茂り、蒲柳の姿は、秋を望みて先づ落つ』〔世説〕

臍を嚙む

一たび、時機を逸すれば、後に至りて如何に後悔するも及ばざるをいふ。〔左傳〕

枕を高うして臥す

天下太平にして心を安んじ得るをいふ。

『張儀魏王に説いて曰く、魏にして楚韓の患なくば、大王、枕を高うして臥し、國必ず憂なからん』〔史記〕

磨けども磷がず、涅むれども緇まず

至堅のものは、磨きても薄くならず、純白の者は染むとも黒くならず、君子の至直にして、濁亂の俗中にありても、毫も汚れず、志を變ぜざるに喩ふ、

『堅しといはずや、磨けども磷かず、白しといはずや、涅むれども緇まず』〔論語〕

三たび肱を折りて良醫となる

屢々病氣に逢ひて、苦心するに依り、治療の法を知り、良醫となるが如く、屢々困難に遭遇して、事を處するの道に喩ふ。

『齊の商强曰く、三たび肱を折りて、良醫となるを知る』〔左傳〕

自ら彊めて息まず

努力・精進するをいふ。

『君子は、天の日月の運行して息まざるに法り、勤勉して息まず』〔易經〕

無告の民

困窮せる状況を告げんにも、其所なき悲酸の人民をいふ。

『老て妻なきを鰥といひ、老て夫なきを寡といひ、老て子なきを獨といひ、幼にして、父なきを孤といふ、此の四者は、人民の窮りて、告ぐることなき者なり』〔禮記〕

矛盾

己が言ふことの前後撞着して、理に合はぬをいふ。

『楚人矛と盾とを持して、鬻るものあり、云ふに吾盾の堅きこと如何なる者も破り難し、吾が矛の鋭利なることは如何なるものも、破れずといふことなしと、或人いふ、然らば汝の矛を以て、汝の盾を衝かば如何せんと、其人應ふる能はず』〔尸子〕矛は兵器、盾は身を禦ぎ守るもの也。

紫の朱を奪ふを惡む

小人が善人らしくして善人を賊ふを惡みたる詞。紫は間色、朱は正色なるも、其色善く似たるを以て、遂に正色の朱を奪ふに至る。〔論語〕

蒙塵

天子の、さすらひ給ふをいふ。

國の事變の爲に、塵を蒙らせ給ふの意。〔左傳〕

門外雀羅を設く

さびしきをいふ。

雀羅は雀を捕ふる網である。人の來訪稀なる故に、雀、群集して恰も網を以て捕ふべき程であるの意。

『下封の翟公、廷尉となり、賓客も亦門に塡つ、廢せらるゝに及び、門外雀羅を設く可し』〔漢書〕

病膏肓に入る（やまひかうくわうにいる）

重病に陥つて治し難きをいふ。

『病、膏肓に入る、鷗鵲も及ばず』〔史記〕

俑を作る（ようをつくる）

悪例を作るを云ふ。俑とは葬に従ふ木偶人にして、からくり仕掛にて、活動する様に作る、此の如きものを作るは、頓て人を殉死せしむる端緒にして宜しくないとて、孔子は嘆じた。

餘光を放つ（よくわうをはなつ）

恩恵を推し及ぼす意。

『貧人の女、富人の女と會釋す、貧人の女曰く、我以て燭を買ふことなくして、幸に子の燭光餘りあり、子我に餘光を分つべし。子の明を損することなくして、一の斯の便を得たり』〔史記〕

善く游ぐ者は溺る（よくおよぐものはおぼる）

技能に長じたるものは、技を誇りて、却て禍を招くの義。

『夫れ能く游ぐ者は溺る、善く騎る者は墜つ、其好む所を以て、却て自ら禍を爲す、是の故に事を好むものは、未だ嘗て中てられずんばあらず、利を爭ふも

のは、未だ嘗て窮せずんばあらず』〔淮南子〕

雷同（らいどう）

信ずる所もなく、人の尻馬（しりうま）に乗りてやかましくさわぎ立てるを言ふ。

禮記曲禮上篇に、『毋二雷同一』（スル）とある。註に雷同は雷の聲を發するのである、物皆時を同うして應ぜざる者はない。人の言は當に各々己に由るべきだとある。

狼藉（らうせき）

物のみだれ散りたる樣にいふ。

『落花狼藉』など用ふ。

「狼、草（くさ）を藉（し）きて臥す」の意よりみだるゝ意に轉じたのである。－〔通鑑演義〕

老婆心（らうばしん）

氣遣ひ過ぎる心の意。人の爲を思ふ心の切なるをいふ。轉じて、餘計（よけい）な世話をやくをいふ。

『黃檗云ふ、汝廻ること太だ速生、師いふ、秖（ただ）老婆心なるが爲めなり』〔傳燈錄〕

落魄（らくはく）

おちぶれること。

『家貧しうして落魄せり』〔史記〕

濫觴（らんしやう）

事物の起源、はじめ、おこりをいふ。

『岷江はじめ觴（さかづき）をうかぶ、楚に至りて始めて底なし』〔家語〕

亂(らん)を撥(さだ)めて正(せい)に反(かへ)す

亂世を治めて、上下秩序ある世となすの意。『亂世を撥めて、諸を正に反すは、春秋より近きはなし、漢書高祖紀に帝細微より起りて、亂世を撥め、正に反し、天下を平定す』〔公羊傳〕「撥亂反正」の語はこれから出たのである。

柳營(りうえい)

將軍の陣營をいふ。漢の周勃(しうぼつ)の子亞夫(あふ)、細柳（地名）に陣營を構へて居たといふ故事に本づく。〔漢書〕

柳絮(りうじよ)の才(さい)

女子の才藻を賛めていふ。晉の謝安が雪の紛々として降るは、何に似たるかとの問に對し、其姪の道蘊が、柳絮の風に散るに似たりと答へた故事に本づく。

李(り)下(か)の冠(かんむり)

人に嫌疑を受くる如き行をいふ、李樹の下に冠を正せば李を盗むかと疑はる。〔文選〕

六合(りくがふ)

天地四方、之を六合といふ。又六極ともいふ。『六合の外ヘ聖人存シテ論ぜず』〔莊子〕

立錐(りつすゐ)の地(ち)なし

一ぱいにつまつてゐて、細き錐をだに立つる餘地がないの義。『貧者は錐を立つるの地なし』と。〔食貨志〕

綸言汗の如し

綸言は天子の言をいふ。天子の一言は、大切なるものにて、取消すべからざること、猶は汗の一度出れば、再び體中に收まらざるが如しの意。〔漢書〕

領袖

頭立つ人物をいふ。領は襟である。袖と共に最も人目をひくを以てである。

『人事を作して頭となる事衣の領袖の如し』〔類書纂要〕

良知良能

人間の學ばずして知り、學ばずして能く爲す所をいふ。即ち此の心を指すのである。目で見る、足で歩む、口にて食ふ、親を愛す、兄を敬する等の事は即ち人の自然に知り、自然に能し得る所の心の働きである。〔孟子〕

黎明

夜のあけ方をいふ。曉と同義。

語義よりいへば、黎は黒きこと。即ちくらきと明るきと相交はりたるの意。

令聞

令は善である。善き世評をいふ。

『令聞令望』〔詩經〕

遼東の豕

陳腐又は平凡なる事を珍らしさうに誇ること。

後漢書の朱浮傳に、朱浮、彭寵を責むる書に曰く『伯通自ら伐(ほこ)りて以爲らく、功天下に高しと、往時、遼東に豕あり、子を生みて白頭なり、異なりとして之を献ず、行つて河東に至りて群豕の皆白きを見て、恥を懐きて還る、若し子が功を以て朝廷に論ぜば則ち遼東の豕たらん。』とある。

連坐(れんざ)

俗にいふまきぞへである。他人の犯せる罪に連れて、罪に陥るをいふ。〔史記〕

壟斷(ろうだん)

利益を一人占(ひとりじめ)にするをいふ。壟は高き丘である。即ち高き所から市場を見て居てうまく利を計る意。

『賤大夫あり、必ず壟斷を求め、登りて以て左右を望みて市の利を罔(な)みす』〔孟子〕

隴(ろう)を得て蜀(しよく)を望(のぞ)む

慾の際限なきをいふ。

『彭に敕して曰く、西城若し下らば其を將ひて、南蜀虜を撃つべしと、人足ることを知らざるを苦む、既に隴を平げて、復蜀を望む、一たび兵を發するごとに頭髪爲に白し』〔後漢書〕

魯魚(ろぎよ)の誤(あやまり)

文字の誤をいふ。

『諺にいふ、書に誤寫すれば魯は魚となり、虚は虎と

なる〔抱朴子〕

鹵簿(ろぼ)

天子の行列(ぎやうれつ)をいふ。

鹵は盾(たて)。簿は簿儀の意。〔類書纂要〕

賄賂(わいろ)

賄も賂も共に人に貨財を送るをいふ。本義は、不正の贈與の儀はなかつたが、後、まぢなひとか、鼻薬(はなぐすり)とかを意味する不正の贈物に専用せらるゝに至つた。

和光同塵(わくわうどうぢん)

己が智を隠して、世人にまじり居ること、光とは、己が徳の光をいひ、塵とは世俗をいひ、同とは、混同の意。

『其光を和し其塵を同じくす』〔莊子〕

和魂漢才(わこんかんざい)

やまとだましひを失はない範圍で、支那の學問技藝を取り入るゝの意。

王朝四代、漢學熱盛にして、國粹全く廢れんとする傾向を生じたことがあつて、その漢土崇拜の弊も亦甚しかつた。で、菅原道眞の如きは、早く已に此の點に注意し、和魂漢才の說を立つるに至つた。

禍を轉じて福となす(わざはひをてんじてふくとなす)

禍を轉じて、反つて、幸福を得ようとするをいふ。

原義、奇智をめぐらして難事を處置するに言ふが常であつた。が後には、「發奮し努力する」、「七ころび八起（やおき）」の意に用ひらるゝこととなつた。

『智者の事を擧ぐる、禍を轉じて福となし、敗よりて功を成すものなり』〔戰國策〕

『古のよく制するものは、禍を轉じて福となし、敗によりて功をなす』〔史記〕

和衷協同（わちうきやうどう）　互に心を同せて、事を與にすること。衷は心の事、協はかなふの意。

『寅を同しくし恭を協ふ、和衷なる哉』〔書經〕―寅はツヽシミである。

〔其三〕　別語・異名の故事・出典

單に別語として又は異名としての故事・出典を有する熟語

阿堵物（あとぶつ）　『錢（ぜに）』をいふ。〔以下「といふ」を略する〕

昔、王衍といふ人、妻の貪欲を戒めんとて、錢を見て、『此の阿緒物（けがらはしきものゝ意）を持ち去れ』といひたり―〔晋書。〕

阿衡(あかう)　『宰相(さいしやう)』

「阿衡の任」、「阿衡の爭ひ」などゝ用ふ。

尤物(いうぶつ)　『美人(びじん)』

彼の尤物は以て人を移すに足る―〔左傳〕

隱君子(いんくんし)　『菊(きく)の花(はな)』

菊は花の隱逸なるものなり―〔周子愛蓮說〕

烏兎(うと)　『月(つき)・日(ひ)』

日の中に陽烏あり。三足なり。踆烏といふ。月の中に形、兎の如きものあり。玉兎といふ。〔類書纂要〕

月日の過ぎ去ることの早さを「烏兎匆々」など用ふ。

九原(きうげん)　『墳墓(ふんぼ)』

晋人の墳墓の所在地なる地名より轉じたるなり。

黃白(くわうはく)　『金錢(きんせん)』

『虞夏の幣、金を三品と爲す、或は黃、或は白……』〔史記平準書〕

黃泉(くわうせん)　『地下(ちか)』即ち『冥土(めいど)』

天を玄。地を黃といふより來る。

黃泉に至らずんば相見ることなからん―〔左傳〕

轉じて、死することを「黃泉の客」といふ。

回祿(くわいろく)の災(わざはひ)　『火事(くわじ)』

『子產火を玄冥回祿に禳(はら)ふ』〔左傳〕注に「回祿は火の神なり」とある。

五斗米(ごとべい)　『俸給(はうきう)』

古、縣令の俸給の米五斗なりしよりいふ。

我豈に五斗米の爲に腰を折りて郷里の小兒に向はんや〔晉書陶潛傳〕

雙魚（さうぎよ）『**書狀**（しよじやう）』

客遠方より來り、我に雙鯉の魚を遺る。—中に尺素（一尺の絹）の書あり〔文選古詩〕

桑梓（さうしん）『**故郷**（こきやう）』

古、家の墻の下に、桑と梓とをならべ植ゑて養蠶の資とするが常なりしよりいふ。

維桑、維梓、必ず恭敬す。瞻るとして父にあらざるなし。依るとして母にあらざるなし—〔詩經〕

操觚者（さうこしや）『**記者**（きしや）』

觚は四角な木をいふ。古はこれに文字を記したるより斯くいふ。

易簀（えきさく）『**死**（し）**すること**』

曾子歿するや、季孫より得たる簀（寢臺）を廢し、自分の簀と取りかへて之に臥して後死せりといふ。

祝融（しゆくゆう）『**火事**（くわじ）』

『火正を祝融（しゆくゆう）といふ』〔左傳〕

「祝融のわざはひ」などいふ。

秋水（しうすゐ）『**刀劍**（たうけん）』

秋の河の清澄なるより斯くいふ。

三尺の秋水夏猶寒しなど用ふ。

二豎（じじゆ）『**病氣**（びやうき）』

晉侯病あり。夢に、病魔自ら二豎（即ち小供）となりて逃げ去りたりと見て癒えたりといふ。

社稷『國家』

社は土地の神。稷は穀物の神なり。

緇徒『僧侶』

緇は黑きなり。僧侶の黑衣するが常なるより然かいふ。

尺牘『手紙』

牘は木の札なり。手紙は、一尺乃至一尺二寸の牘を用ふるが例なりしより然かいふ。

大行『君王の死』

大行未だ發せず、喪禮未だ終へず—〔史記〕

大樹『將軍』

將軍馮異、性謙にして誇らず、諸軍功を論ずるに、獨り樹下に退きて語らず、之より馮を大樹將軍と稱へり〔後漢書〕

東壁『文學』

東壁は文學を司る星の名なるより轉じて然かいふ。

竹帛『書籍』

古は、竹帛にて書籍を製したるが故なり。故に「名を竹帛を垂る」といへば、史書の上にその名を記して功を千載に傳ふる意となる。

寧馨兒『此の男』

寧馨は支那の俗語、此のやうなの意。

苞苴『賄賂』

苞は藁にて包むこと。苴は下に藉くこと。

版圖（はんと）『領土』（りやうど）

戸籍を版といひ、地圖を圖といふ。

半風子（はんぷうし）『虱』（しらみ）

虱といふ字の、風といふ字の半分を取りたる字なるよりシヤレて然かいふ。

覆載（ふさい）『天地』（てんち）

覆は、天の萬物を覆る（おほ）より、載は地の萬物を載する（の）よりかくいふ（周禮）

氷人（ひようじん）『媒介人』（なかうど）

氷上にありて氷下の人と語るは媒介の事なり—（晉書索紞傳）

扶桑國（ふさうこく）『我が日本國』

古、東海に生ぜりといふ神木の稱。この木、太陽の出づる處に生ず—（淮南子）

龍陽（りうやう）『男色』（だんしよく）

龍陽君、魏王に向つて、我を棄てざらんことを請ひ、魏王天に誓つて美人を近けざりきといふ故事によるー（戰國策）

梨園（りえん）『俳優』（やくしや）

玄宗帝、子弟三百を選びて坐部伎を學ばしめ、之を梨園の弟子と呼びしに出づ。

鯉魚（りぎよ）『書翰』（しよかん）

『客遠方より來り、我に雙鯉の魚を遺る、童を呼んで鯉魚を煮る、中に尺素の書あり』〔文選〕。素は生絹である。

囹圄(れいご)　『牢屋(らうや)』

囹は領なり、圄は禦なり、囚徒を領錄して禁御するなり――〔爾雅釋名〕

『國母』と言ふ語の誤用

皇太后陛下崩御のことを「國母陛下崩御」と書いた新聞があつた。また、曾て、皇后陛下の御徳を「國母陛下の御貞徳」と書いた雜誌を見た。共に誤用である。國母は天皇陛下の御生母を指すので、皇太后陛下が、今上の御生母であらせらるゝ時にはさう言ひ得ぬでもないが、しかも、古來の用例では、皇太后陛下でなき御生母の時にのみ用ひ來つた。從つて、たゞ、國母とのみ稱して「陛下」の尊稱を附することはない。

第三篇　實用文字便覽

〔其一〕　讀み誤り易き熟字

日常用ふる熟字中には、讀み誤り即ち「百姓よみ」が可なりある。其等の中には、慣用上、誤讀を反って正當と見ねばならぬ場合もあるが、また、通用し難い誤讀も多い。こゝには、日常、多くの人々の「讀み誤る熟字」を拾って見た。

斡旋　アッセン　カンセンではない。
本來はワッセンだが、慣用上「アッ」。

慰藉　イシャ　イセキではない。
「セキ」と讀めば「みだる」の意となる。

湮滅　インメツ　エンメツではない。
湮沒・湮散など皆「イン」

易簀　エキサク　エキセキではない。
「嘖々たる」も「サクサクたる」である。

汚穢　ヲアイ　ヲクヮイではない。
正しくは「アイ」だが、慣用上「ヲヮイ」と發音するのは差支ない。

奥儀　オウギ　オクギではない。
蘊奥(ウンオウ)　奥妙(オウミヤウ)。

嗚咽　ヲエツ　オインではない。
「イン」と發音すれば「皷の節」の義。「咽のつまる」義の時には「エッ」である。

戒飭　カイチョク　カイショクではない。
飭に飾を代用する時も、音は矢張「チョク」。

客観　カククワン　キャクヮンではない。
「キャク」は「お客樣」の時の發音。

價値　カチ　カチョクではない。
値遇も同樣にチョクグウではない。

義捐　ギエン　ギソンではない。
「ギケン」と誤讀するものもある。

喟然　キゼン　イゼンではない。
「渭水」の「渭」を「キ」と讀んではならぬ。

旗幟　キジ　キシキではない。
音は違ふが讖識も、熾盛も皆「シ」。

巨擘　キョハク　キョヘキではない。
「劈頭」を「ハクトウ」と讀んではならぬ。

皎々　ケウケウ　コウコウではない。
「皓々(しろい)」の皓と間違へてはならぬ。

逆鱗　ゲキリン　ギヤクリンではない。

逆は本來はケキ又はギヤクであるが、逆鱗（天子のいかり）の時と逆旅（はたごや）の時とは、「ゲキ」と發音する慣用である。

だから、逆行。逆修。逆境。順逆。逆耳の諫など皆「ギヤク」である。

絢爛　ケンラン　ジユンランではない。

絢飾・絢練など皆「ケン」。

膏肓　コウコウ　コウモウではない。

膏も肓も「胸部」である。月に注意せよ。

困憊　コンバイ　コンビではない。

憊懣・憊喘なども、みな「ハイ」。

猜疑　サイギ　セイギではない。

猜忌・猜恨など皆「サイ」。

相殺　サウサイ　サウサツではない。

サツは「ころす」。サイは「そぐ」－減殺。

裝幀　サウタウ　サウテイではない。

チヤウの音はあるがテイの音はない。

數奇　サツキ　スウキではない。

スウは「かず」の時。屢の時は「サク」。
「數奇を盡す」「數奇屋橋（橋名）」の時は意味が違ふ。

撮影　サツエイ　サイエイではない。

撒水　サツスイ　サンスイではない。

撒布（サツプ）　撒紙（サツシ）みな「サン」ではない。

作用　サヨウ　サクヨウではない。
作法。作業。振作。動作。など「はたらき」をあらはす時は、みな「サ」である。作〔サク〕は「つくる」の場合で、作文、製作など。

蒐集　シウシウ　キシウではない。
「キ」音はない。蒐補・蒐選みなシウ。

收斂　シウレン　シウケンではない。
「チン」の音はない。斂束・斂去など皆「レン」。

祇候　シコウ　ギコウではない。
「神祇」「祇園」の祇と混同してはならぬ。

梓宮　シキウ　シンキウではない。
「上梓（出版）」も「シン」ではない。

施行　シコウ　セコウではない。
「實施」「施設」など「布き行ふ」意の場合は、みな「シ」である。「布施」「施行」など「施し與ふ」意の場合には吳音で「施（せ）」となる。

使嗾　シソウ　シゾクではない。
嗾「けしかく」の時はソウ。「ゾク」と讀めば意味がちがふ。

昵懇　ジツコン　ゼイコンではない。
「泥」と間違はしてはならぬ。――親昵。

櫛比　シツピ　セツピではない。
「櫛風沐雨」などの櫛もさうである。

參差　シンシ　「サシサ」でも「シンサ」でもない。

差―「サ」は「たがふ」。「シ」は「まじはる」。

眞摯　シンシ　シンシツではない。

摯は「とる」「いたる」で、シツの音は全くない。

人質　ジンチ　ジンシツではない。

「人質」は「ひとじち」と訓ずる。「質」の字は、「性質」「貭質」など、「うまれつき」「たち」などの場合は「シツ」だが、「代りにあづける」意の場合には「チ」となる。―「言質」。

進捗　シンチョク　シンセウではない。

「黜陟（しりぞける）」の時も「チョク」。「氵」の時はセウ―跋渉。

瀟灑　シャウシャ　シャウレイではない。

「氵」のあることを無視してはならぬ。

従容　シャウヨウ　ジウヨウではない。

「合従連衡」の時も「シャウ」である。

浚渫　シュンセツ　シュンテウではない。

「さらへる」の時はセツ。「とほる」の時はテウ。

悚然　ショウゼン　ソクゼンではない。

悚慄・悚懼など皆「ショウ」。

緒言　ショゲン　チョゲンではない。

「由緒」、「皇緒」みな「ショ」である。

砥礪　シレイ　「テイレイ」でも「トレイ」でもない。

砥磨・砥平みな「シ」。

彗星　スイセイ　ケイセイではない。

下に「心」のないのに注意すべしだ。

垂涎　スヰゼン　スヰエンではない。

「よだれ」の時は「セン」。エンの時は水の流るゝ貌。

出納　スヰタウ　シユツノウではない。

「シュツ―出づる」。「スヰ―出だす」で、自・他の別がある。だゝ、輸出の場合は、慣用で「出（しゅつ）」と讀むことゝなつて居る。

消耗　セウカウ　セウモウではない。

耗散・耗盡など皆「カウ」。「カウ―つひゆ。」「モウ―みだる」。

饒舌　ゼウゼツ　ギヤウゼツではない。

本來は饒音ニョウだが「ゼウ」が慣用となつた。

慴伏　セフフク　シウフクではない。

慴服・慴惴など皆「セフ」。

刺客　セツカク　シカクではない。

「しるす」場合には「シ」―名刺。だが「うたがふ」「さしころす」場合にはセキ。

絶叫　ゼツケウ　ゼツキウではない。

「糾合（ぎうがふ）」の「糾（きう）」と間違へてはならぬ。

截斷　セツダン　サイダンではない。

「さばく・たちきる」意の「裁（さい）」と間違へてはならぬ。

「截（せつ）」は「きる・きツつたもの」の意である。―半截（はんせつ）。

塑像　ソゾウ　サクゾウではない。

「朔（さく）―ついたち。」「遡（さく）―さかのぼる」のサクと間違へてはならぬ。―彫塑科(ちやうそくわ)。

忖度　ソンタク　「スンタク」でもソンドでもない。
「度」は「のり即ち法度(はふど)。」「尺度(しやくど)即ち標準」の時は「ド」だが、「はかる」「忖度(おしはかる)」の時には「タク」である。

島嶼　タウシヨ　タウヨではない。
嶼「こじま」で、ソの音はあるが、ヨの音は全くない。

獰猛　ダウモウ　ネイモウではない。
「獰猛(ねいもう)に攻撃する」とか、「獰猛(ねいもう)な相をして居る」とか言つた方が、何やら語感が強いやうに「慣用上」思はれぬでもないから、慣用のまゝ容(ゆる)してもよいかも知れぬ。が、近頃、新聞・雑誌等でも、みな改めて「ダウモウ」と振假名(ろび)するやうになつた。

耽溺　タンデキ　チンデキではない。
「沈(ちん)」と間違へて沈歿(ちんぼつ)してはならぬ。

疇昔　チウセキ　ジユセキではない。
「鑄鐵(ちうてつ)」「躊躇(ちうちよ)」など扁は違ふが矢張「チウ」である。

稠密　チウミツ　「チヨウミツ」でも「シウミツ」でもない。
稠は「コミイツテヲル」意で、人口稠密(じんこうちうみつ)。衆人稠坐(しうじんちうざ)など用ふる。

忸怩　ヂクジ　チウジではない。
紐(ちう)と間違へてはならぬ。

重複　チヨウフク　ヂウフクではない。
「おもい」の時はヂウだが、「かさなる」又は「大切なもの」の時はチョウである。鄭重(ていちよう)・重陽(ちようやう)・貴重品(きちやうひん)などは皆チョウである。しかし、之は大體の標準であつて、例外がないではない。「重圍(ぢうゐ)」の「重」は「かさなる」意だがチョウとは言はぬ。「敵の重圍(ちようゐ)に陷つた」などゝ話したら、「敵の腸胃の中に食はれた」と聞く人がないとも限らぬ。また、「重要(ぢうえう)」の「重」は、「おもい」意よりも、「貴い」意の方が強いといふので、近頃、「重要(ちようえう)」と讀ませる國語の先生もあるが、此等は慣用に從つて「重要(ぢうえう)」と讀まするが穩當である。

治療　チレウ　ヂレウではない。

政治(せいぢ)・明治(めいぢ)の時はヂだが、治療(ちれう)・統治(たうち)などはチと淸(す)んで讀む。

杜撰　ヅザン　トセンではない。

撰は本來「サン」であつて、「つくる」「あつむる」と訓ずる字である。之を「撰者(せんじや)」などゝ用ふるのは、選(せん)「えらむ」と同義に轉用したのである。

追躡　ツイセフ　ツイセツではない。

躡は異ふが、攝の字も、「かねる―攝政」の時はセツだが、「つく―攝錄」の時にはセフである。

提撕　テイセイ　テイシではない。

「ひつさぐ」の時はセイ。シと讀めば「さく」。

掉尾　テウビ　タウビではない。

此の語を「本年掉尾の傑作だ」など用ひて、「終をふるはす」の意とするのは、本來は一種の誤用であるが、慣用上、新造語の一と見て容(ゆる)してよからう。たゞ、此の語は「尾大掉はず」(第二篇参看)の轉化たることだけを言つておく。

「哀悼(あいたう)」の「悼」と間違へてはならぬ。

貼付　テフフ　テンプではない。

「紙一帖(でふ)」などの帖(てふ)と同じ音である。

敵愾心　テキガイシン　「テキキシン」ではない。

「いきどほる」の義。敵慨心は文字ちがひ。

掾大　テンダイ　エンダイではない。

「掾大の事」をテン大の事と發音して誰にでもわかるかどうかは疑問である。だから、掾大(えんだい)と誤用しても咎むべきはない。

偸安　トウアン　ユアンではない。

喩(ゆ)、愉(ゆ)と間違へてはならぬ。

敗衄　ハイジク　ハイジンではない。

衄は「やぶる」で、ジンの音はない。

排泄　ハイセツ　ハイセイではない。

「エイ」の音はあるが、セイの音はない。エイは「散(ち)る」。セツは「もらす」。

破綻　ハタン　ハジヤウではない。

綻破・綻裂などみな「タン」。

擺脱　ハイダツ　ヒダツではない。

擺(ひらく)－擺弄・擺擊など皆「ハイ」。

防遏　バウアツ　バウカツではない。

遏水・遏雲など皆「アツ」。カツの音はない。

播種　ハシュ　ハンシュではない。

播は本來、「バン」の音があるのではない。然るに、「番」から推して播州など讀むに至つたのである。傳播。播殖。みな「ハ」が正しい。

蹣跚　バンサン　マンサンではない。

よろめくこと。―「醉漢、蹣跚として來る」。

避難　ヒナン　ヘキナンではない。

田舍の人が避病院などゝ讀むのも間違ひ。避暑。避雷針など皆ヒである。

品隲　ヒンチツ　ヒントウではない。

米價騰貴などの騰と間違へてはならぬ。

賁臨　ヒリン　フンリンではない。

噴火・憤怒のフンと間違へてはならぬ。

風聲鶴唳　風聲カクレイ　カクルイではない。

唳「なきごゑ」を淚「なみだ」と間違へてはならぬ。

紊亂　ブンラン　ビンランではない。

これを紊亂と慣用したのも久しいもので、談話語に於て「財政が紊亂して居る」ではやゝ通じ難い位である。しかし、近來、新聞・雜誌で正して來たので、一般にも餘程正しく讀む人が多くなつた。

不撓　フタウ　フギヤウではない。

「驍將」の驍と間違へてはならぬ。

滿腔　マンコウ　マンクウではない。

「口腔」「腔腸動物」みな「コウ」である。

矛盾　ムジュン　ホコトンではない。

議會で、さる代議士が、まじめで、ホコトンと讀んで以來、一種のシヤレ語として「君の議論は前後ホコトンするぞ」などゝ用ふることさへある。

遊説　ユウゼイ　ユウゼツではない。

説を「とく」の意に用ふる時はセツだが、「さとす」の意に用ふる時は「ゼイ」となる。

容喙　ヨウカイ　ヨウタクではない。

啄木鳥の「啄（たく）」と間違へてはならぬ。

懶惰　ランダ　ライダではない。

依頼（いらい）の頼（らい）と同じに見てはならぬ。

稟賦　ヒンプ　リンプではない。

倉廩の「廩（りん）」と同じに見てはならぬ。天稟（てんぴん）。稟性（ひんせい）。稟質（ひんしつ）などみな「ヒン」と發音（よま）ねばならぬ。

〔其二〕　書き誤り易い熟字

日常用ふる文字の中には、書き誤られた文字を發見することが少なくない。前後の關係上、意味の通せぬでもないが、さりとて、默過するにも忍びぬ。こゝには、極めて一般的のものゝみに就て、其の誤りを正しておく。

嗚呼（あゝ）　鳴呼ではない。
嗚は嘆聲で「ロヘン」に烏（からす）。鳴(メイ)は「なく」で「ロヘン」に鳥（とり）。

欸乃（あいない）(ふなうた)　欵乃ではない。
欵は音「クヮン」—落欵。また、定款の「款」と間違へぬやうに。

曖昧（あいまい）　曖眛ではない。
曖昧・三昧も共に「日ヘン」。

淺葱（あさぎ）　淺黃ではない。
萌葱も同樣。

諳誦（あんしやう）　暗誦ではない。
諳寫も諳記もみな「諳」

意志（いし）　意思ではない。
「思惟する」「思想する」の「思」と混じてはならぬ。

一所懸命（いつしよけんめい）　一生懸命ではない。
「武士が與へられた一所領を命がけでまもる」意から來た語である。

委託（ゐたく）　委托ではない。

囑託の場合も矢張托ではない。

一葦帶水（いちゐたいすい）　一葦帶水ではない。

葦はカハで、狹い水のたとへである。それを葦とするのは、「葦（あし）」と「細い流れ」との緣故から思ひついたのだらうが、間違である。

一攫千金（いつかくせんきん）　「一擭千金」と間違ふ。

擭は音ワクで、「つかむ」ではない。

一斑（いつぱん）　一班ではない。

斑は「まだら」。班は「わかち」である。だから、何中隊第何パンは班の字。一斑・斑點は斑の字。

衞戍（えいじゆ）

戍（じゆ）を戌（じゆく）と間違へてはならぬ。

毆打（おうだ）　歐打ではない。

反對に歐米を毆米と間違へぬやうに。

臆病（をくびやう）　憶病と書いてはならぬ。

反對に、記憶・追憶を記臆・追臆と間違へてはならぬ。

「臆」は「氣おくれのする」意。「憶」は「おぼゆる」「おもふ」の意である。

楷書（かいしよ）　階書としてはならぬ。

反對に、階梯（かいてい）を楷梯（かいてい）とするは非。

咳嗽（がいそう）　咳漱「シウ」と書いてはならぬ。

反對に、盥漱（がんしう）を盥嗽としてはならぬ。

偕老同穴（かいらうどうけつ）　海老同穴ではない。

「海老（えび）」と「年をとる」とは、通ずる所のある積だらうが氣が利き過ぎて間が抜けて居る。

學殖(がくしよく)　學植ではない。

殖は「ふえる」植は「うゑる」だ。

括弧(かつこ)　括孤ではない。

反對に、孤兒を弧兒と誤つてはならぬ。

刊行(かんかう)　刋行ではない。

刋は音「セン」である。

菅公(かんこう)　管公ではない。

反對に、管理を菅理、所管を所菅と誤つてはならぬ。

甲胄(かつちう)　甲胃ではない。

「胄」は「よろひ」「胃」は「胃腸(ゐちやう)」の胃(い)である。

氣概(きがい)　氣慨ではない。

反對に、慷慨(こうがい)を慷概としてはならぬ。

冀望(きばう)　翼望ではない。

反對に、翼贊(よくさん)を冀贊としてはならぬ。

規模(きも)　規摸ではない。

模範(もはん)。模樣(もやう)。模糊(もこ)。みな模である。

競爭場裏(きやうそうじやうり)　競走場裏ではない。

反對に、徒步競走を徒步競爭としてはならぬ。

羇旅(きりよ)　羈旅ではない。

羇は「たび」。羈は「きづな」。

反對に、羈束を羇束としてはならぬ。

恐慌(きやうくわう)　恐荒ではない。

反對に、荒怠(くわうたい)を慌怠としてはならぬ。

慌は「おそれる」。荒は「あれる」「すさむ」。

公卿(くげ)　公郷ではない。
反對に、故郷・歸郷に卿の字は不可。

薫陶(くんたう)　訓陶ではない。
反對に、訓育を薫育と書いてはならぬ。

畫策(くわくさく)　劃策ではない。
反對に區劃を區畫としてはならぬ。
劃は「かぎる」。畫は「はかる」「ゑがく」。

貨幣(くわへい)　貨弊ではない。
反對に、弊害(へいがい)を幣害と書いてはならぬ。

管絃(くわんげん)　管弦ではない。
反對に、弦月(げんげつ)を絃月としてはならぬ。

換骨奪胎(くわんこつだつたい)　換骨脱胎は不可。
胎を脱(だつ)するのでなく奪(うば)ふのである。奪つて、こちらの思ふ所をその胎内へ入れるのである。

觀念(くわんねん)　感念ではない。
感覺の時は、觀覺では勿論ない。

經營(けいえい)　計營ではない。
反對に、計畫は經畫ではない。

景況(けいきやう)　景况ではない。
况は「くらべる」。況は「ありさま」。

輕躁(けいそう)　輕噪ではない。
反對に喧噪は喧躁ではない。

傾到(けいたう)　傾倒ではない。

反對に、顚倒は顚到ではない。

輕佻　輕跳ではない。

反對に　跳梁の「跳」は佻ではない。

逕庭　經庭ではない。

逕は「みち」である。庭と「みち」との隔たれるより、差異あるにいふ語である。

經綸　經倫ではない。

綸は「いと」「すみなは」―綸言。

倫は「ならぶ」―人倫・倫理・不倫。

結構　結搆ではない。

構造。構成。みな構である。

元寇　元冦ではない。

寇「あだ」。冠「かんむり」。

儉約　險約ではない。

反對に、保險は保儉ではない。

檢査　撿査ではない。

反對に、撿束は檢束ではない。

序に「ケン」の類同辨をしておく。

儉「つゝまやか」―節儉・儉約。險(嶮)「けはし」―險難・嶮岨。撿「くゝる」―撿束・撿挍。檢「しらべる」―檢査・探檢・檢定。

膏肓　膏盲ではない。

膏も肓も胸部のことである。「病膏肓に入る」は今いふ肋膜炎の類であらう。之を膏盲と記してコウモウと讀むのは、誤記で誤讀である。

鯁骨　硬骨は正しくはない。

但し、今日多くは硬を用ふるから、敢て咎むるにも當らないかも知れぬ。

剛愎　剛腹ではない。

愎は「もとる」である。―貪愎。

言語道斷　同斷ではない。

言語道斷は道ふ言語も斷えたの意だ。

栽培　裁培ではない。

反對に、裁縫を栽縫としてはならぬ。

差繰　差操ではない。

「繰合せ來會」の繰も「糸ヘン」。

操は「とる」「みさを」である―體操。貞操。

斬新　嶄新ではない。

嶄崖のダンは嶄で勿論よい。

潸然　潛然（センゼン）ではない。

潸は「涙の下る貌」。潛は「くゞる」「ひそむ」。

收穫　收獲ではない。

獸をとる時には、捕獲だが、穀物を「とり入れる」時には收穫である。収は收の俗字。

十分　充分ではない。

「充分」にても通ずるには十分通ずるが。

自彊　自疆ではない。

彊は强と同義。疆は「さかへ」である。

姉妹　姉妺ではない。
妺は音「マツ」である。

搢紳　縉紳ではない。

侍史　待史ではない。
反對に、招待を招侍としてはならぬ。

處罰　所罰ではない。
所罰とすれば「罰せらる」となつて、處罰「罰に處する」「罰する」の「受け身」になつてしまふ。「處置する」も「所置する」ではない。

盡粹　盡瘁ではない。
反對に、憔悴を憔粹としてはならぬ。

侵畧　浸畧ではない。

侵「をかす」。浸「ひたす」。だから、「浸潤する」は「浸」。「版權侵害」は「侵」である。

障碍　障害ではない。
妨害も非。妨碍が正しい。
「碍」は「じやまする」。「害」は「そこなふ」。

城址　城趾ではない。
「址」は「しろあと」。「趾」は「跡」と同じく「あしあと」である。

唱道　唱導ではない。
「唱へ道ふ」の意で、「唱へ導く」のではない。

稱揚　賞揚ではない。
「賞めあげる」のではない、「稱へ揚げる」のである。

△賞讚も非。稱讚(しやうさん)が正しい。

需要(じゆえう)　需用△ではない。

必要も、必用ではいけない。

商業(しやうげふ)　商業△ではない。

「商は」音セキで、適(せき)「ユク・カナウ」と通ずる。

書籍(しよせき)　書藉△ではない。

古は、竹の札に字をかいた、それが籍を「竹カムリ」にする所以である。藉「かる」。

請求(せいきう)　請朮△ではない。

朮は音ジュツで、著述・算術の音はこれから出る。求と間違へてはならぬ。

成績(せいせき)　成蹟△ではない。

蹟は跡・迹と同義で「あと」「あとかた」又は「てぎは」である。

舊蹟・行蹟・手蹟・筆蹟など。

績は「いさを」「できばへ」である。功績・成績など。

掣肘(せいちう)　制肘△ではない。

掣は「ひきおさへる－手を以て」の意である。即ち肘(ひぢ)を掣(ひきおさ)へて動かぬやうにする意。

霄壤　宵壤△ではない。

霄は「そら」である。宵は「よひ」。

絶對(ぜつたい)　絶体△ではない。

絶對は對を絶する即ち比較物がないの意で、相對に對していふ。故に、「對」字でなくてはならぬ。

銓衡（せんこう）　詮衡ではない。

銓は「はかりくらべる」。詮は「しらべる」。銓衡は「はかりくらべる」意だから銓でなくてはならぬ。また、衡を衝と間違へてはならぬ。尚、之に類する熟語に「僉議（せんぎ）」といふがある。之を詮議とするのも非。詮は「詮ずる所」・「所詮（しよせん）」などの場合に用ふ。

束脩（そくしう）　束修ではない。

「脩」は「ほしうを」の義で、修とは別字。

倉皇（さうくわう）　蒼皇ではない。

「倉（くら）」では物足らぬとて、艸（さうとう）をつけるのは倉皇（あわて）たる所（しよ）爲（ゐ）と言はねばならぬ。

大抵（たいてい）　大底ではない。

「抵」は「あたる」抵當。底は「そこ」。―到底。

陶冶（たうや）　淘冶ではない。

反對に、淘汰（たうた）を陶汰としてはならぬ。

簞笥（たんす）　簟笥ではない。

簟は音「テン」で「のぶる」と訓ずる。

團體（だんたい）　團隊ではない。

兵隊を兵體と誤りもすまいが。

澹泊（たんぱく）　淡泊ではない。

「淡」に「あっさり」の意味ある故の誤用。

鍛錬（たんれん）　鍛練ではない。

「練」は「糸をねる」で、精神方面にいふ―訓練。

「錬」は「金をねる」で、身體方面にいふ。

「煉」は「やきてこねる」―煉瓦。

墮落(だらく)　隋落ではない。

隋は「なまける」。墮は「おちる」。

大廈(たいか)　大厦ではない。

廈は音「サ」で別字。

大傅(たいふ)　大傳ではない。

反對に、傳令(でんれい)を傅令としてはならぬ。

智慧(ちえ)　智惠ではない。

慧は「さときこと」。惠は「めぐみ」。

知識(ちしき)　智識ではない。

「智」は知つた結果、固定した意―才智。知は「しる」で作用をいふ。認知。知覺。

重複(ちようふく)　重復ではない。

複は「かさなる」　複雜。

復は「ふたゝび」。「かへる」。―復習・復寫・復命。

頂戴(ちようだい)　頂載ではない。

反對に、搭載・記載・掲載の載を戴と誤つてはならぬ。

牴觸(ていしよく)　低觸ではない。

「牴」は「ふれる」。低は「ひくい」。―高低。

抵當(ていたう)　柢當ではない。

反對に。根柢を根抵としてはならぬ。

抵は「あたる」・「いたる」で、抵抗・大抵。

柢は「ね」である。「根柢を固うす」。

敵愾心(てきがいしん)　敵慨心ではない。

反對に、氣概を氣慨としてはならぬ。

撤回（てつくわい）　徹回ではない。

反對に、徹底（てつてい）を撤底としてはならぬ。又は覆轍（ふくてつ）を覆撤としてはならぬ。

撤は「しりぞくる」―進撤（しんてつ）。徹は「とほる」―徹頭徹尾。轍は「わだち」―覆轍（ふくてつ）。

點睛（てんせい）　點晴ではない。

睛は「まなこ」の意である。故に「目ヘン」。

偸安（とうあん）　愉安ではない。

反對に、愉快（ゆくわい）を偸快としてはならぬ。

新潟縣（にひがたけん）　新瀉縣ではない。

瀉は「そゝぐ」で別の字。

俳諧（はいかい）　徘諧ではない。

反對に、徘徊（はいくわい）を俳徊としてはならぬ。

稗史（はいし）　裨史ではない。

反對に、裨益（ひえき）を稗益としてはならぬ。

廢止（はいし）　癈止ではない。

廢は一般に「すたれる」意。―廢物。興廢。

癈は病氣等の爲に身體の役に立たなくなつた意―不具癈疾・癈兵院など。

陪臣（ばいしん）　倍臣ではない。

反對に、「三倍」「倍加する」の倍を陪と誤つてはならぬ。また、栽培の培(つちかふ)とも間違へぬやうに。

奉讀（はうどく）　勅語捧讀ではない。

近來、勅語を捧持して讀むの意を寓して捧讀と書く向もあるが、やゝコジツケの感がある。

捧腹絶倒(ほうふくぜつたう)　抱腹絶倒ではない。

腹を抱へる意ではなくて、腹を上にする意である。

俸祿(ほうろく)　俸錄ではない。俸碌でもない。

祿は「さいはひ」「ふち」。

碌は石のゴロゴロして居るをいふ－碌々。

錄は「しるす」－目錄。

贔屓(ひいき)　贔負ではない。

負は音「フ」である。

畢竟(ひつきやう)　必竟ではない。

反對に、必然を畢然としてはならぬ。

飛驒國(ひだのくに)　飛彈國ではない。

驒は、彈力・彈琴の彈ではない。

分析(ぶんせき)　分折でも、分柝でもない。

打は「セツ」「をる」。

拆は「タク」「さく」。

袱紗(ふくさ)　服紗ではない。

袱は「つゝむ」である。

辯護(べんご)　辨護ではない。瓣でも辮でもない。

辯は口で辯ずる－辯論。辨は一般に「わきまへる」－辨(べん)別。瓣は「はなびら」－花瓣。辮は「髮を結(むす)ぶ」－辮髮(はつ)。

僻見(へきけん)　癖見ではない。辟見でもない。

僻は「ひがみ」「かたよる」。―僻論。

癖は「くせ」―習癖。辟は「ひらく」―開辟する。

煩悩　煩脳ではない。

悩は「なやみ」―懊悩。

脳は「あたま」―頭脳。

慢性　漫性ではない。

漫は「ひろし」―爛漫。「みだり」―漫遊。

慢は「おごる」「なれる」。―慢心。

蜜柑　密柑ではない。―蜜蜂。

反対に、密議・秘密を蜜としてはならぬ。

名刺　名剌ではない。

剌は音「ラツ」。刺客の刺も剌ではない。

明晰　明晳ではない。

晳は音「セツ」。晰を晳とするも非。

輸贏(かちまけ)　輸羸ではない。

反対に、羸弱を贏弱としてはならぬ。

行方　行衞ではない。

「行方」を「ゆきがた」と読むも非。

容喙　容啄ではない。

反対に、啄木鳥を喙木鳥としてはならぬ。

喙は「くちばし」。啄は「ついばむ」。

絡繹　絡驛ではない。

繹は「おりなす」。驛は「うまや」。「やど」。

濫用　亂用ではない。

濫は「みだり」「むやみに」。亂は「みだる」。

爛漫（らんまん）　爛熳ではない。　爛慢でもない。

漫は「ひろし」の意でこゝに用ふるのである。

輪奐（りんくわん）　輪煥ではない。

奐は「めぐり」「つくり」。煥は「かゞやく」。

理窟（りくつ）　理屈ではない。

反對に、退屈・屈伸・屈辱・屈托の屈を窟としてはならぬ。

留守（るす）　留主ではない。

「主」が居ないから「留守（るす）」してをるのだもの。

狼藉（ろうぜき）　狼籍ではない。

「狼が草に寐る」といふが、其の出所だもの、艹（くさかむり）でなくてはなるまい。

〔其三〕　適用に惑ふ文字

意字から發達して來た漢字の中には、同じ發音で、意味もほゞ似寄った文字が幾つもある。今日では、一々是等を正しく區別して用ふるにも及ばぬことだが、中には、慣用上、その適用の一定して居る向も少なくない。漢字を使用して居る以上、全然それ等の約束を無視する譯にも行かぬ。で、こゝには、特に著しいものだけを拾つて、其の適用法を示しておく。

當る。中る。

當る―あてはまる。ぶっつかる「相當」「適當」「敵に當る」。

中る―的にあたる―「百發百中」「矢に中る」。

「方る」は時を示す。―「方今」「此の時に方りて」。

現る。表る。

現る―かくれたものが出る。出現。現前。

表る―表面にあらはれる―「發表」「表彰」。

「見る」は「現る」と同義。「顯る」は「かゞやき現る」。「露る」は「むきだしになる」。「彰る」は「顯る」と同義。

有り。在り。

有り―無の反對。物のあること。所有の意味にもなる。

在り―存在してあること。そこにあること。「こゝに」「そこに」などに接する。

曰く。云ふ。言ふ。謂ふ。道ふ。

曰く－人の言を直ちに引用する時－「子曰く」。

云ふ－文の終に廣く用ふ－「來れりと云ふ」。

言ふ－口でいふ－「君の言ふ所は」。

謂ふ－批評的にいふ。－「子、子路を謂ふ。」

また、此の語、思ふと同義に用ひらる－「謂へらく」。

道ふ－「言ふ」と略同じである。

憂ひ。愁ひ。

憂ひ－心配する－憂國の志士。

愁ひ－自らあはれむ。ものさびしさ。－哀愁。

送る。贈る。

送る－（一）迎ふるの反對－「送迎」「友を送る」。（二）ものを運ぶ義。－「貨物を送る」「送達」。

贈る－人に物を與ふる又は呈する義。－「贈與」（等輩以下に）。「贈呈」（等輩以上に）。

興る。起る。

興る－盛になるで、廢るゝの反對。－「中興の業。」

起る－（一）たち上るで臥の反對。「起伏」。「起居」。（二）はじまる。事をあぐ。－「起原」。「發起」。

怖る。恐る。懼る。

怖るゝ 現前の事におぢる－「恐怖する」。

恐るゝ－未來の結果をも併せおそれる－「事の破裂を恐れて」。

懼る丶—びくつく。—「疑懼を抱く」。
「畏る丶は」「敬ひおそれる」。「惶る丶」は懼と同義。

終る。了る。

終る—始めに對していふ。—「始終」。「終局」。
了る—おしまひになる—「終了する」。—「畢る」。「卒る」も同義。

變る。代る。

變る—常の反對。—「變化」。「變轉」。
代る—代りて役目をはたす意。「代人」。「名代」。
更る(あらためる)。換る(取りかはる)。渝る(僞をいふ。

枯れる。涸れる。

枯れる—生氣のなくなること—「枯木」。
涸れる—水のなくなること—涸渇。

歸る。還る。

歸る—我がをるべき所への意「歸省」。
還る—行くの反對。「往還」。

燥く。乾く。渇く。

燥く—潤ふの反對。はしやぐ。「高燥」。
乾く—濕の反對。ほしたもの丶かわく意。
渇く—のどがかわく「渇望」。

此。是。之。斯。維。諸。惟。

此—彼に對していふ。「此の一事」。「此の物」。
是—上の事情をうけて下を指し示す—「是の故に」

「……是れより」。

之—上にいへる事物をうけて下へつゞける。「天命之を性といふ。」

斯—此よりや、重き意「斯民」。「斯道」。

諸—之に似てや、つよい—「それ諸を享けよ」。

維—惟と同義。共に「思ふにこれ」の意。

悟る。覺る。曉る。諦る。

悟る—ふと、我れ知らず、心の迷ひのとれる義—「大悟徹底」。「悟道」。

覺る—知的に目さめるがやうに覺ること—先覺者。

曉る—暗きより明るきにうつる。

諦る—あきらめさとる。「諦道」。

則。卽。乃。輙。

則—「ば」の意。—「衣食足則榮辱を知る」。

卽—「そのまゝ」の意。—「色卽是空」。數學符號の＝に相當する。時としては、「卽て」と訓ずる。

乃—「そこでの」意。「乃ち聲を發す」。

輙—「たゞちに」の意。—「戰へば輙ち勝つ」。時としては、輙くと訓ずる。

迺—は「乃」と同義。「便」は「卽」と同義。

夫。其。其の。厥の。

夫—發語で、上をうけて下をおこす—「それ人は……」。

其—それと物事を指し示す。—「それは犬である」。

其の—所有格をあらはす。—「その本」。「その筆」。

厥の—は特別なる場合の外は用ひぬ。また、「夫」を所有格に用ふる場合はない。

尋ぬる。訪ぬる。

尋ねる—廣く用ふる。求めてきく。—家を尋ねる(在所を)。「尋問」。

訪ねる—人をおとづれる。—「友を訪ねる」。

「原ねる」は、元にさかのぼりて調べる—「原レ始」。

頼む。恃む。

頼む—人にたよること。—「信頼」「依頼する」。

恃む—自分で深く信ずること— 「己を恃んで人を忘るゝ」。

「怙む」「負む」は「恃」とほゞ同義。「憑む」は「頼む」とほゞ同義。

賜ふ。給ふ。

賜ふ—上の人から下へ物を與ふる—「恩賜」「酒肴を賜ふ」。

給ふ—(一) 定めてあてがふ—「補給」「手當を給する」。(二)敬語「らる」と同義—「成らせ給ふ」。

「賚」は「賜り物」で名詞。

仕ふる。事ふる。

仕ふる—役目として仕ふる—「奉仕」。「出仕」。

事ふる—義務として事ふる—「親に事ふる」。

「使ふ」は「さしづする」「使用する」で、他動。

附く。著く。付く。就く。

附く—そへる。したがはせる。—「附屬」。「附托」。
著く—ひっつく。とりかゝる。—「附著」。「著手する」。
付く—わたす。—「交付」。
就く—近づく。關する。—「某先生に就く」。「字句に就て」。
「即く」は「位につく」義。

勤むる。務むる。勉むる。

勤むる—(一)精出すこと—「甚だ業に勤む」。(二)しごとをすること—勤務。
務むる—「務」は正しくは、「つとめごと」で名詞。動詞に用ふる時は、日常の事をはたす意。
勉むる—力を出してやる—「勉學」。「勉强」。「力むる」「努むる」ともに、「勉むる」と同義。

取る。採る。執る。操る。把る。

取る—我がものにする。すてるの反對。—「受取る」「魚をとる」。「取捨選擇」。
採る(采る)—とりあげる。ゑらびとる。—「木を採る」。「人を採用する」。
執る—(一)仕事をする—「執務」。(二)はなさぬこと「執着」
操る—正しくとりて守る—「道を操れば」人。「節操」。
把る—手ににぎる。—「把持」。
「撮る」—うつしとる。「攬る」—とりまとむる。

泣く。哭く。鳴く。啼く。

泣く－涙を出す意。聲は立てぬ－「涕泣」。

哭く－涙を流し聲を立てゝ深くかなしみなく－「慟哭」。

鳴く－なるで、聲のする義－悲には「悲鳴」。和には「共鳴」。など用ふる。

啼く－さへづる意「啼鳥をきく」。

小兒のなくのは「呱々」。急にさけぶのは「絶叫」。

大聲をあげるのは「號」。

慨く。嘆く。

慨く　憤りなげくのである－「慷慨」。

嘆く(歎く)－「悲しむ」にも「ほむる」にも用ふる。－「嘆息する」。「嘆稱する」。「驚歎する」。


猶。尙。

猶－猶といふ獸が木を上り下りして一日を暮すより出た語で、まだやはりである。もとのまゝの意。－「今猶足跡をたゝず」。

尙－其上につけ加ての意。「尙中上度儀も候へども」。

「仍」は「猶」とほゞ同義。

憎む。惡む。

憎む－理由あつて憎く思ふ。愛の反對。－「愛憎」

惡む－きらふ。いやに思ふ－好の反對。－「好惡」。

始。初。首。

始－終に對する－事物のおこり。－「始終」。

初－後に對する－時の上に用ふ。－「初發」。

首－尾に對する－かしらの義。「首領」。

「作りはじむる」は「創(そう)」。「開き初むる」は「肇(てう)」。


密(ひそか)に。竊(ひそか)に。私(ひそか)に。陰(ひそか)に。


密に・外にもらさぬ意「秘密」。

窃に(竊に)－人目をぬすんでの意・「窃に喜ぶ」。

私に－ないしよでの意。「私に之を企つ」。

陰に－「かげ」での意「遠隔の地より陰に…」。


履(ふ)む。踐(ふ)む。踏(ふ)む。


履む－かたの如く行ふこと－「約束履行」。「履修」。

踐む・精神的に行ふこと－「實踐躬行」。

踏む－足にて地をふむこと－「足踏」。「舞踏」。


震(ふる)ふ。振(ふる)ふ。奮(ふる)ふ。揮(ふる)ふ。


震ふ－ゆり動くこと－「地震」。

振ふ－(一)手をふるふ。(二)「振ひ起る」。手を振る、袖を振る等有形物をゆりうごかす時には、必ずこの字。

奮ふ－勇(いさ)むこと－「奮闘」。

揮ふ－筆でものをかく時、采配をとる時に専用する「揮毫」。「指揮」。

ぶるぶるふるふ、ガタガタふるふの時には、「顫(ふる)ふ」。おそれわなゝく時には「戦(ふる)ふ」を用ふる。


又(また)。亦(また)。復(また)。還(また)。


又－「別にまた」。「その上また」の義－「又失敗」。

亦－「またこれもひとしく」の義－「功あるも亦誅。無きも亦誅」。故に「もまた」といふ。
復―「ふたゝびかさねて」の義。「今日復行く」。
還―「めぐり來る」意―「還一年」。

見る。視る。觀る。覽る。

見る―目にふれるものを見る―「見物」。
視る―心をとめて見る―「注視」。「視察」。
觀る―(一)外から見る―「壯觀」。(二)關係をしらべながらみる―「觀察」。
覽る―一通り目を通す―「一覽を乞ふ」。
「仰ぎ見る」は「瞻」。「俯して見る」は「瞰」。「みかへる」は「看」。「始終をみる」は「閲」。「ちらとみる」は「瞥」。「みとほす」は「覩」。

最も。尤も。

最も―衆中第一の義。―「最もすぐれたり」。
尤も―「けれども」の義―「尤も是はいふべきことでないかも知れぬが」。

物。者。

物―形體ある物品を指す―「貴き物」。
者―人。又は無形のものを指す。―「顏回といふ者」。「孝行といふ者は」。

敗る。破る。壞る。

敗る―「勝つ」の反對―「失敗」。「敗戰」。
破る―(一)普通いふ「やぶれる」―「大破損」。(二)「勝つ」と同義―「進んで大敵を破る」。(續)

壞る－くづる丶こと－「崩壞」。

善い。美い。好い。良い。可い。

善い－惡いの反對。－「善き友」。

美い－醜いの反對。－「顏が美い」。

好い－都合の好い意。－「好い都合」。「好人物」。たゞし、漢文で「好人物」といふのは「大人物」を意味する。

良い－すぐれて居る意－「賢良」。「選良」。

可い－否の反對。－「それで可い」。

我。吾。余。予。

我－彼に對していふ－「彼我」。「我が國」。

吾－對するものなしに、自分を指す－「吾が兒」。「吾人」。

余(予)－共に「吾」とほゞ同義。

たゞし、予は所有格に用ひない。

〔其四〕　字畫を誤り易い文字

日常使用して居る文字の中には、要らない「點」をうったり、續くる「畫」を離したり、「棒」を一つ多く引いたり、「點」の打ち所を違へたりしたのが少なくない。

その他、類似の畫を取りちがへるとか、俗字の筆畫を濫用する類も可なりある。

丈　夾ではない。
儀仗の仗・杖も同樣。

今　今ではない。
吟・岑・矜・衿・衾・鈐・鈴・含・念・貪。

犬　大ではない。
伏・吠・狀・突などみな同樣。

仇(あだ)　仇ではない。
尻・究も同樣。但し「丸(まる)」と間違へぬやうに。

分　分ではない。
忿・粉・貧も同樣。

切　切ではない。
砌・窃も同樣。
反對に功(こう)を切としてはならぬ。

券　劵ではない。
卷・倦・眷みな同樣。

勳　勲ではない。
薫・黒も同樣。

曾　曽ではない。
增・會も同樣。

協(かなふ)　恊でも㭘でもない。

脅・脇も同様。

博（ひろい） 博でも博でもない。

膊も簿も同様。

反對に、傳（でん）（つたふ）を傅（ふ）（モリスル）と誤つてはならぬ。

範 範ではない。

犯も捲も同様。

反對に、配を配。祀を祀としてはならぬ。

厚（あつい） 厚ではない。

しかし、原は正字で、原は俗字である。

叔 叔ではない。

淑・督・戚も同様。

叫（さけぶ） 叫ではない。

叫は訆と同音である。

啄（タク）（つゝく） 啄ではない。

琢も同様。

喪（ソウ） 喪ではない。

畏・展の下も同様。

廛（テン）（みせ） 廛ではない。

纏（まとふ）も同様。

延 延ではない。

延も筵も・蜒も同様。

彝（イ） 彝ではない。

彝も同様に間違ひ。

彦　彥ではない。
顔・諺も同様。

忝(かたじけなし)　㤗ではない。
恭も・慕も・添も同様。

泰(やすし)　泰ではない。
漆・黍・藤も同様。

慶　慶ではない。
反對に、優は優ではない。

懇　懇ではない。
殺を殺とする人が多い、これも非。

仰　仰ではない。
抑・迎も同様。

拔　抜ではない。
拔(ぬく)の旁(つくり)は犬のはしる指事である。

插　揷ではない。
叟を叜にするも不可。

壽　壽ではない。
儔・擣・疇・籌・鑄・躊みな同様。

奇　竒ではない。
倚・寄・埼・崎・椅・碕・畸・綺・騎みな同様。

奮　奮ではない。
奮も正しくない。

姬(キ)(ひめ)　姫ではない。
姫は姫(しん)で別字である。但し、姫の俗字として一般には用ひられてをる。

學　學△ではない。覺を覺△と誤り易い。反對に與を與△、擧を擧△と誤つてはならぬ。

寳　寳△ではない。貫を貫△と誤り易い。

寫　寫△ではない。潟を瀉(そゝぐ)と誤つてはならぬ。—新潟縣。

幣　幣△ではない。敝も弊も同様。

幼　幼△ではない。呦・拗みな同様。

庶(シヤ)　庶△ではない。摭・遮・蹠・鷓等みな同様。

廉(かど)　廉△ではない。簾(すだれ)と同様。

堯　堯△ではない。僥も曉も曉も同様。

報　報△ではない。服も同様。反對に、赧を赧△としてはならぬ。

毎　毎△ではない。敏・悔・海・梅・侮・誨みな同様。

敵　敵△ではない。嫡(ちやく)も摘も滴も謫(たく)も適(せき)も同様。

旅

旅ではない。

膂力(うでちから)の膂も同樣。

族

族ではない。

嗾(しりおしする)も簇(むらがる)も鏃(やじり)も同樣。

旨

旨ではない。

指も脂も詣も甞も嘗も同樣。

片

片ではない。

版も牌も壯も同樣。

益

益ではない。

溢も搤も謚も縊も同樣。

盡

盡ではない。(盡は俗字)

監

儖・爁・𥈠みな同樣。

監ではない。

濫・擥・檻・藍・艦・襤・覽・鑑みな同樣。

罰

罰ではない。

罰は元、刀を執つて詈るより來たので、本字は「詈る」に刂(リットウ)である。

聽

聽ではない。

德も德に誤り易い。

致

致ではない。

正しくは、夂を旁にする。—致。

荒

荒ではない。

慌も同樣。

衆

衆△ではない。三人に從ふべきである。

術

術△ではない。朮を述△に誤り易い。

衡

衜△ではない。行と角と大である。行と魚とではない。

袴

袴△ではない。跨も誇も同樣。但し、遂も隊も燧も奈△ではない。

西

西△ではない。晒・洒・栖・茜・迺みな西である。しかし、此から推して、要を要△。覃を覃△と誤つてはならぬ。賣も賣△ではない。

覓(もとむる)

覔△ではない。見えぬから「もとむる」と洒落(しやれ)てはならぬ。

解

觧△ではない。鮮は俗字。刀牛角である。廨 懈 蟹も同樣。

諂(カン)(へつらふ)

謟△ではない。

滔(タウ)

滔△ではない。鈌陷の陷も、火焰の焰も臽△ではない。蹈鞴(ふみゐ)の蹈も舀△ではない。

隻

隻△ではない。護も獲も共に「又」で「夂」ではない。

違

違△ではない。偉・圍・葦・緯・諱みな韋である。

遞　遞でも遞でもない。
逓は俗字。

頓　頓ではない。
鈍の旁（つくり）も同様。

養　養ではない。
養は俗字。羪も。

酉（イウ）　酉ではない。
酒・酋・奠・猷・猶・楢・鰌みな酋による。

閏（ジュン）（うる）　閠ではない。
潤も同様。

闊　濶ではない。
濶は俗字。

質　質ではない。
質は畧字である。

絲（シ）　絲ではない。
系（けい）と思ひ違へてはならぬ。

〔其五〕　誤り易い類似文字

字劃の類似して居る爲め間違ふ文字が頗る多い。こゝには、その根本的なものゝみをあげて、他を類推さすることゝした。

且と旦

且は「且又」―助・伹・岨・蛆・阻・沮・狙・査・殂・爼・租・齟

旦は「旦夕」―但・坦・袒・靼。

叚と段

叚―假・瑕・葭・遐・蝦・霞。

段―段階・段落。

元と亢

元―完・玩・冠・冦・頑。

亢―坑・抗・伉・航。

兩と雨

兩・両は兩の俗字。

兩―倆・滿。

雨　雪雲・霜・霞・霰。

兢と競

兢（おそるゝ）―戰々兢々。

競（きそふ）―競ふ・競技。―竸ではない。

公と㕣

公―松・蚣・翁・訟・頌。

㕣―沿・鉛。―柗（まつ）は誤。

朿と束

朿―棘・策・棗・刺。

束―剌・喇・勅。速・疎・竦・漱。

東と柬

柬―楝。

東－諫・練・錬。

巳(シ)と㔾(ハン)

巳　包・圯・汜・祀・配。

㔾　氾・犯・範・厄・危・巻・巷・怨・宛。

尃(ハク)と專(セン)

尃－傅(フ)・膊・搏(ハク)

專－傳・團・蓴・轉。

啄(タク)と喙(カイ)

啄(タク)(つゝく)－啄木鳥。琢磨。

喙(くちばし)－容喙。緣・椽・篆額。

回(クワイ)と囬(メン)

囬は回の本字。

廽・廻は回の俗字。

回－嗇・檣・墻・牆・薔・穡。

囬－面・麵・緬・靨(ゑくぼ)

壤(ジヤウ)と壞(クワイ)

壤－攘・讓・釀・蠰。

壞－懷。

几(キ)と凡(ハン)

几　机・肌・飢・凳。

凡－帆・汎・梵。

升(シヤウ)と舛(セン)

升(のぼる)－昇・枡・陞。

舛(そむく)－舛逆・舛雜。

協と恊

協は協議の協。△協は誤。

宵と霄

宵(よひ)－今宵(こひ)。

霄(そら)－霄壤の差。

密と蜜

密－秘密・密會。

蜜－蜜柑・蜜蜂。

幸(コウ)と㚔(タツ)

幸－倖・睪・擇(タク)・澤・繹(エキ)・驛・譯・釋。

㚔－達・撻・躂。

析(セキ)と折(セツ)と柝(タク)

析(わかつ)－分析の析－晰。

折(をる)－屈折。

柝(うつ)－擊柝。

歲

△歳ではない。歳は俗字。

穢も同樣。

母(ボ)と毌(クワン)と毋(ブ)

母(はゝ)－每・侮・悔・海・晦・梅・敏。

毌(つらぬく)－貫・實

毋(そこなふ)－毒

于(ウ)と干(カン)

于－迂・汙。

干－肝・汗・竿。

汽と流

汽—汽車・汽船。

滊(しほあひ)ー水の名。

治(ヂ)と次(ジ)

治(をさむる)—統治。

次(つぐ)次第。

牧(ボク)と枚(マイ)

牧(枚に誤ってはならぬ。)—牧畜・牧場。

枚—枚擧・紙百枚。

穫と獲

穫—收穫の穫。—穀物などの。

獲ー捕獲の獲。ー獸類などの。

篇と編

篇は名詞である—第壹篇。

編は動詞である—編輯する。

單(タン)と覃(テン)

單ー憚・禪。

覃ー潭(フチ)・簟(たかむら)

絃と弦

絃—弓の絃(いと)・琴の絃(いと)。

弦—弓のつる。—下弦・上弦など。

綠(ロク)と緣(エン)と椽(テン)

綠(みどり)—綠色(ロクショク)。　緣ー緣談(エンダン)。緣先(エンさき)。

椽ー大隅の椽(昔の地方官名)。緣先(エンさき)を椽先と書くは誤。

壌（ジヤウ）**と壊**（クワイ）

壌も攘（はらふ）も曩も譲も醸もみな襄に従ふ。

懐（ふところ）は褱に従ふ

訴（ソ）**と詐**（サ）

訴（うつたふ）ー訴訟・控訴。

詐（いつはる）ー詐偽・謟詐。

郷（キヤウ）**と卿**（ケイ）

郷ー嚮・饗・響。

卿ー公卿。

己（キ・コ）**と已**（イ）**と巳**（シ）

巳（み）に上（かみ）に、己（おのれ）・己（つちのと）・己は下に、已（い）は半（なかば）にて、已（すで）に已む已（のみ）。

戉（エツ）**と戌**（ジユツ）**と戍**（シユ）**と戊**（ボ）

戉（まさかり）ー斧鉞。

戌（いぬ）ー亥戌。

戍（まもる）ー衛戍・戍卒。

戊（つちのへ）ー十干の一。

〔其六〕　専ら通用せる俗字

日常用ふる文字中には、正字よりも、俗字の方が多い。中には、正字を書くと反って間違って居ると思ふ人がある位、俗字が多く用ひられて居る。こゝには、極めて、一般的なものだけをあげる。

通用字	正字	
内	內	吶・納・衲・訥。
丙	丙	炳・柄・病。
令	令	伶・囹・鈴。
姉	姊	柹も同様。
歳	歲	穢。
侵	侵	浸も同様。
僅（キン）	僅	謹・勤も同様。
全	仝	栓・筌・詮・銓。

通用字	正字	
半	半	胖・絆
却	卻	脚。
吉	吉	拮・桔・結・詰。
貟	員	圓・損・隕・賞・韻。
喙	喙	緣・椽。
喜	喜	嬉・禧。喜も同様に。
尭	堯	僥・撓・繞等。
塲	場	湯・揚・陽・楊には適用せぬ。

塜　塚——冢は本字。

虗　虚——劇・虎。

勇　勇——正しくは田ではない。

契　契——挈・喫・潔・楔。

奧　奥——粤・墺・襖。

害　害——割・豁・轄。

宿　宿——宿は宿の本字。

寇　寇——冠（クワン）とは別。

尋　尋——潯。

尼　尼——怩・泥・抳。

屬　屬——囑・矚。

岩　巖——別字ではない。

差　差——嗟・嵯・瑳・蹉。

席　席——度も同。

平　平——坪。

吊　弔——弓(正)丐(俗)

強　強——繦。

念　念——稔。

耻　恥——心にはづべきなれども。

憩　憩——反つて正字を誤と見るだらう。

歴　歴——暦・攊。

次　次——咨・姿・恣・諮・資・茨。

殺　殺——刹・弑。

况　況——俗字の方が正しく思はれて居る。

涼　凉——同上。

沼　沼——沼を沼とするも同樣。

澁　澀——此の正字はもう死字ではあるが。

潜　潛——贊を賛とするも同樣。

瑞　瑞——端・豈（正）豈（俗）

產　産——薩

研　硏——刑・形・笄。

篏　箝——箝は反つて不通。

系　系——係・縣。

群　羣——羣を變則だと思ふ人が多い。

聯　聯——關。

脇　脅——脇の方が通用する。

良　良——良は、もと（畐人）の省體。

蒙　蒙——濛・朦。

盖　葢——葢は蓋の本字。

虜　虜——もと、毋力に從うた、今は男。

褒　褒——正字が反つて通用せぬ。

言　言——言に從ふものみな同樣。

辛　辛——梓。

隣　鄰——隣の方がよく通ずる。

間　閒——間の方が廣く用ひられる。

青　靑——倩・淸・情・精・靖等。

音　音——暗・諳・闇・黯。

舘　館——兩用。

麻　麻──麻に従ふ字は皆同樣。

黒　黑──墨も同樣。

亀　龜──竈。

〔其七〕別字の如く思はれてゐる同字

仙と僊　同字

作と做　做は作の俗字。

勅と敕　敕は勅の本字。

板と版　今、出版・活版には版を、木板・板元には板を用ふる。

彊と强　彊は强の本字。

痴と癡　癡は痴の本字。

竪と豎　豎は竪の本字。

糺（たゞす）と糾　糾は誤。

孃(ジャウ)と娘(ジョウ)　娘子軍(ロウシグン)は非。娘子軍(ジョウシグン)がよい。

踏と蹈　共に（ふむ）である。用法にも區別がない。

匹と疋　全く同意・同音。

砂と沙　砂はもと沙の俗字。

燈と灯　灯は燈の俗字。

疏と疎　疎は疏の俗字。但し、今は用法が一定するに至つた。疏通。疎遠。

韻と韵　韵は韻の俗字。

協と叶　叶は協の古字。

娼と倡　娼は倡の本字。

嶽と岳　岳は嶽の古字。

德と悳　悳は德の古字。

棋と碁　碁は棋の俗字。

歎と嘆　同音・同義—相通ずる。

秘と祕　相通ずる。

竊と窃　窃は竊の俗字。

笑と咲　咲は笑の俗字。

肉と宍　宍は肉の古字。

脈と脉　脉は脈の俗字。

蘇と甦　甦は蘇の俗字。

詠と咏　同義。

谿と溪　溪は谿の俗字。

驅と駈　同義。

雞と鷄　鷄は雞の古字。

鈔と抄　抄は鈔の俗字。

〔其八〕筆記用略字又は代用字

國語を口語。 歴史を厂史。
本郷區を本郷区。 三圓を三円。
五錢を五戋。 廣告を広告。
拂渡を払渡。 佛前を仏前。
點數を点数。 一號を一号。
蟲を虫。 蠶を蚕。
控を扣。 亂雜を乱雑。
醫師を医師。 圖書を図画。
學校を斈校（学校） 發達を発達。
禮を礼。 寶を宝。

距離を巨离。 邊を辺。
部をア。 質を貭。
體を体。 萬を万。
獨を独。 與を与。
擇を択。澤。繹。驛 擔を担。膽。噡。
鐵を鉄。 鹽を塩。
關を関。聯。 黨を党。
潮を汐。 對を対。
濱を浜。 處を処。
氣を気。 樂を乐。

當を当　辭を辞　舊を旧　雖を虽　聲を声　勵を励

飛を飞　屬を属　蘆を芦　晝を昼　龍を竜　算を筭

傘を仐　應を応　燈を灯　獻を献　違を遠

會を会　繼を継　爾を尔（彌を弥）　個を仴　雙を双

〔其九〕意味によつて發音を異にする文字

「意味がちがふと、發音もかはる」といふことが、漢字本來の性質だが、日本に這入つて、四聲がくづれてからは、その區別は、さまで、嚴密に守られなんだ。が、今日でも、その關係が、慣用的に殘つて居るものに就いては、意味に應じて發音をかへねばならぬ。こゝには、極めて普通な文字に就て、その區別を明にしておく。

〔力〕

力(リョク) つとむる意。─力行。勞力。

力(リキ) ちから意。─力士。力學。力量。

〔亡〕

亡(バウ) ほろぶ。うしなふ。─滅亡。死亡。

亡(ブ) なし。無と同義。─亡状(ぶじやう)。

〔出〕

出(シユツ) いづる。─噴出。出奔。出陣。

出(スヰ) いだす。─出納(スヰタウ)。出師(スヰシ)。

(輸出。出兵の時は、出(スヰ)と讀むべきも、今は一般に出(シユツ)と發音する。斯の如きは慣習に従うて可い)

〔汎〕

汎(ハン) あまねし。─汎論。廣汎。

汎(フ) うかぶ。─汎泛(フヘン)

〔作〕

作(サ) はたらき。─作法。作用。作業。動作。

作(サク) つくる。作文(さくぶん)。製作(せいさく)。作物(さくもつ)。

〔易〕

易(エキ) かふる。—貿易。萬代不易。

易(イ) やすき意。—簡易。容易。

〔重〕

重(ヂウ) おもき意。—嚴重。重役。輕重。

重(チヨウ) かさなる意。大切の意—重複。鄭重。貴重品。

〔直〕

直(チヨク) おほい。—直立(チヨクリツ)。曲直(キヨクチヨク)。

直(ヂキ) たゞちに。—直參(ヂキサン)。直談(ヂキダン)。

〔音〕

音(オン) こゑ、ひびき。—音樂。大音聲。

音(イン) たより。—音信。福音。御無音(ゴブイン)。

〔封〕

封(フウ) ふさぐ。—封緘。封印。

封(ホウ) 領地。—封土(ホウド)。分封(ブンポウ)。
（分封(ブンポウ)は蜜蜂が巣を分つことをいふ。）

〔施〕

施(セ) めぐむ意。—施主(セシユ)。施物(セモツ)。施餓鬼(セガキ)。
施行(セギヤウ)。施與(セヨ)。

施(シ) おこなふ意。—施行(シカウ)。施設(シセツ)。

〔度〕

度(ド) のり（法則）。—法度(ハツト)。程度(テイド)。

度(タク) はかる。—支度(シタク)。忖度(ソンタク)。

〔盾〕

盾(ジユン) たて（戰の具）。—矛盾(ムジユン)。

盾(トン) 人の名。―趙盾(チヨウトン)。

〔者〕

者(キ) 年老いたること、六十歳。―耆宿(キシユク)。

者(シ) このむ。―嗜と同義に用ふ。

〔祝〕

祝(シユク) いはふ。祝賀(シユクガ)。奉祝(ハウシユク)。

祝(シウ) いはひごと。―祝儀(シウギ)。祝言(シウゲン)。

〔殺〕

殺(サツ・セツ) ころす。―殺戮(サツリク)。殺生(セツシヤウ)。

殺(サイ) そぐ。―相殺。減殺。愁殺。

〔食〕

食(シヨク・ジキ) くらふ。―食物(シヨク)。晝食(ジキ)。餌食(ジキ)。粗食(シヨク)。

食(シ) 食ふもの。―一簞の食(シ)(但し特別)

〔差〕

差(サ) たがふ。―誤差。差額。

差(シ) まじはる。―參差(シンシ)。

〔射〕

射(シヤ) 弓射(い)る藝の稱。―射御。

射(セキ) いる。―射殺(セキサツ)、(射殺(シヤ)と言はず)

〔約〕

約(ヤク) つゞまやか。―儉約。約言。

約(ヤウ) まこと。誓約(ヤウ)。(契約。約定等、皆ヤウだが、今は總て ヤウと發音しないで、ヤクと發音する。)

〔著〕

著チョ 著チャク　あらはす。―著述チヨツユツ。纂著ケンチヨ。
きる。つく。―到著タウチヤク。著用チヤクヨウ。

〔賁〕

賁ヒ 賁フン　かざる。―賁來ヒライ。賁臨ヒリン（賁臨フンリンにあらず）。
おほいなり。（賁ホン　たけし。）

〔稟〕

稟ヒン 稟リン　うまれつき。―稟賦ヒンプ。稟性ヒンセイ。
くら。―廩と同義。
（稟賦リンプ。稟性リンセイと讀むは誤である。）

〔塞〕

塞ソク 塞サイ　ふさぐ。―閉塞サク。
とりで。―要塞サイ。城塞ジヤウサイ。

〔滑〕

滑カツ 滑コツ　なめらか。―平滑ヘイカツ。
みだる。―滑稽コツケイ。

〔惡〕

惡アク 惡ヲ　わるき意。―罪惡ザイアク。惡人アクニン。
にくむ意。―憎惡ゾウヲ。好惡コウヲ。

〔萬〕

萬マン 萬バン　かず。―一萬。萬卷。
よろず。―萬民バンミン。萬般バンパン。萬有。萬彙。
萬事。萬端。萬古。萬世。

〔撰〕

撰セン　えらぶ。―撰者。（選と同義）

撰(サン)
つくる。あつむる。―杜撰(ヅサン)。撰文(サンブン)。
(撰文(センブン)。何某撰(ナニタレセン)など讀むは慣用上の誤。)

〔飾〕

飾(シヨク)
かざる。―修飾。裝飾。

飾(チヨク)
いましむ。―戒飾。(飭に同じ)

〔說〕

說(セツ)
とく。―說明。說教。

說(ゼイ)
さとす。―遊說(イウゼイ)。

〔參〕

參(サン)
まゐる。つらなる。―參詣(サンケイ)。參列(さんれつ)。

參(シン)
まじはる。―參差(シンシ)。

〔塡〕

塡(テン)
みつる。―塡充(テンジウ)法(作文などに)

塡(シン)
しづむる。―鎭と同義。

〔畫〕

畫(グワ)
繪(ヱ)のこと。―圖畫。畫學。

畫(クワク)
かぎる。はかる―。計畫。畫策。區畫。

〔質〕

質(シツ)
うまれつき。―性質。

質(チ)
かはりにあづくる。―人質(ジンチ)。

〔錯〕

錯(サク)
たがふ。まじはる。―錯誤。錯雜。
(錯誤をサゴとも發音する。)

錯(ソ)
おくの意。措置の措と同義。

衡(カウ) **衡**(クワウ)

〔衡〕 たひらか。—權衡。
よこ。—合從連衡(クワウ)。

魄(ハク) **魄**(タク)

〔魄〕 たましひ。魂魄(コンパク)。
おちぶるゝ。落魄。
（落魄は通常落ハクと讀む人が多い。）

興(カウ) **興**(キヤウ)

〔興〕 おこる。—興廢。再興。
おもしろみ。—興味(キヤウミ)。興趣(キヤウシュ)。感興(カンキヤウ)。

藉(セキ)

〔藉〕 みだる。—狼藉。

藉(シヤ)

やすむる。—慰藉(ヰシヤ)。溫藉(ヲンシヤ)。
（慰藉(イセキ)と讀むは誤。溫藉(ヲンジヤク)と讀むも誤。）

覆(フク) **覆**(フ)

〔覆〕 くつがへす。—覆轍(フクテツ)。
おほふ。—覆載(フサイ)。（覆(フク)載ではない）

樂(ラク) **樂**(ガク)

〔樂〕 たのしむ。—氣樂。和樂。哀樂。
なりもの。—音樂。樂器。樂隊。
（猿樂(サルガウ)と讀むは、樂(ガク)の音便である）

數(スウ) **數**(サク)

〔數〕 かず。—數字。數回。數萬。
しば〳〵—。數奇(サクキ)。

〔識〕

識シキ　しる。―知識。認識。學識。
識シ　しるす。―謹識キンシ。

〔讀〕

讀トク　よむ。―讀書トクショ。
讀トウ　よみきり。―句讀クトウ。

〔其十〕 讀方によって意味の異なる熟字

文章の中では、前後の關係から「一通イツツウ」と「一通ひとゝほり」とを讀み誤むやうなことは萬萬ないやうなものゝ、時には、會て川柳子が『兩大師あめなどゝ澄すまして讀んで行き』などゝ彌次やじってのけたやうに、頗る滑稽な誤讀をやる例もないではない。

一通｛手紙が「一通イツツウ」來ました。
　　｛「一通ひとゝほり」御說明を願ひます。

一切｛「一切イツサイ」かし賣はお斷。
　　｛此の魚を「一切ひときり」下さい。

一體
- 昔は「人體（ジンタイ）生理學」と言つたよ。
- あの男は「人體（ニンテイ）」がよくない。

下手
- 此の「下手人（ゲシュニン）」め。
- 僕は「下手（へた）」で困る。
- 彼には「下手（したて）」に出るがよい。

十分
- 『十分（ジフブン）』注意するよ。
- もう「十分（ジップン）」間待て。
- 九分（ブ）が「十分（ブ）」までよからう。

中間
- 「中間（チユウカン）」の存在物を斷滅せしめよ。
- 「中間（チユウゲンシユウ）」衆でおじやるか。（近侍の召使）
- 僕等の「中間（なかま）」では專らさういふよ。

口答
- 口答（コウタウ）で述べるがよい。
- 親に口答（くちごたへ）をする奴があるか。

工夫
- 鐵道「工夫（コウフ）」が通る。
- もう一「工夫（クフウ）」するがよい。

分別
- もう「分別（フンベツ）」時ぢやないか。
- 此と其とは「分別（ブンベツ）」して考へなくては。

手付
- 此だけ「手付（てつけ）」金を渡しておく。
- あの「手付（てつき）」がまづい。

戸口
- 戸口（ココウ）の割合が少ない。
- 「戸口（とぐち）」をしめておけい。

手當
- 「手當（てあて）」がよくない。
- 「手當（てあたり）」次第に片付けて行かう。

天窗
- 「天窗（テンマド）」からは入つた。
- 「天窗（あたま）」が禿（は）げて居る。

正氣 天祥の「正氣」の歌を讀む。漸く「正氣」づいた。

可成 それは「可成」許してほしい。その品は「可成」立派だらう。

名代 御「名代」の宮樣がお成りだ。此の村では「名代」の男だ。

目下 「目下」それに窮してをる。「目下」のものゝいふべき事でない。

作物 あの人の「作物」はおもしろい。今年の「作物」はどうです。

何人 「何人」(何人)がそんなことをいふのか。「何人」休んで居るかい。

利益 神樣の御「利益」がある。あまり「利益」を取り過ぎる。

成敗 「成敗」は豫め知ることが出來ぬ。どうでも「成敗」せい。

見合 まあ「見合」しておく。「見合」の席で笑つた。

見物 博覽會を「見物」したか。これからが「見物」だよ。

身代 何程の「身代」かね。「身代」に立てられた。

書物 「書物」も一種の裝飾になる。此頃は「書物」で急しい。

能書｛君は「能書（ノウショ）」だからよいなよ。
　　｛薬の「能書（ノウがき）」のやうだ。

鳥目｛「鳥目（とりめ）」になつて困る。
　　｛「鳥目（テウモク）」といふのは錢（ゼニ）のことさ。

御前｛「御前（ゴゼン）」それはいけませぬ。
　　｛神祇の「御前（みまへ）」で柏手（かしはで）を打つ。
　　｛「御前（おまへ）」がわるいのだよ。
　　｛「吾御前（わごぜ）」でござるか。

間數｛「間數（ケンスウ）」をよく計つておくがよい。
　　｛「間數（まかず）」は幾つあるかね。

端物｛此の「端物（タンモノ）」は何程だ。
　　｛此の品は「端物（はもの）」だから安（やす）い。

變化｛どうも「變化（ヘンクワ）」が甚しい。
　　｛何か「變化（ヘンゲ）」が出るとか。

〔其十二〕　どう讀むかに惑ふ熟字

どう讀むかに惑ふ熟字が澤山ある。こゝには、一般のものについて、むづかしいリクツはすべてぬきにして、時世たくれのせぬ範圍で、簡單明瞭に解決をあたへておく。

愛敬{アイキヤウか―正。アイケイか―否。
「敬愛はケイアイ」である。

相和す{アイワすか―正。アイクワすか―舊音。

異口同音{イクドウオンか―正。イコウドウオンか―否。

一言半句{イチゴンハンクか―正。イチゲンハンクか―否。

有徳{ウトクー古文ではこれ。イウトクー時文ではこれ。

有無{ウムか―正。イウムか―否。

蘊奥{ウンオウか―否。ウンノウか―正。ヲンオウか―誤。

延引{エンインか―否。エンニンか―正。（音便）

音聲{オンセイか―正。オンジヤウか―「大音聲の」時のみ正。

家名{カメイか―正。いミヤウか　ふるい。
惡名。和名。の名も同樣。たゞ「和名抄（本の名）」は「ワミヤウ」でなくてはならぬ。

解題{カイダイか―否。ゲダイか―正。

學生 ｛ガクシヤウか—古文ではこれ。
　　 ｛ガクセイか　時文にはこれ。

合併 ｛ガウヘイか　否。
　　 ｛ガツペイか—正。

樺太 ｛カラフトか—正。
　　 ｛カバフトか—否。

稀有 ｛キイウか—否。
　　 ｛ケウか—正。

功德 ｛クドクか　正。
　　 ｛コウトクか　否。

功名 ｛コウメイか—否。
　　 ｛コウミヤウか—正。

御入來 ｛ゴニウライか—これも今は用ふる。
　　　 ｛ゴジユライか—正。

建立 ｛コンリウか　正。
　　 ｛コンリツか—否。

巨細 ｛コサイか—正。
　　 ｛キヨサイか—否。

快樂 ｛ケラクか—詩の句又は古文にはこれ。
　　 ｛クワイラクか—時文にはこれ。

景色 ｛ケイシヨクか—ふるくはこれ。
　　 ｛ケシキか—時文にはこれ。

境內 ｛ケイダイか　正。
　　 ｛キヤウナイか—否。

結緣 ｛ケツエンか—正。
　　 ｛ケチエンか—ふるくはこれ。

決定 ｛ケツテイ—時文にはこれ。
　　 ｛ケツジヤウ—古くはこれ。

唱歌｛シヤウカか－今はこれ。サウガか－古文にはこれ。

算用｛サンヨウ－今はこれも用ふ。サンニヨウ－正。（音便）

差別｛シヤベツか－誤ではない。サベツか－多くはこれ。

従者｛ジユウシヤか－今はこれ。ズサか－古文にはこれ。

正直｛シヤウジキか－正。セイチヨクか－否。

及傷｛ジンシヤウか－今はこれ。ニンシヤウか－古文にはこれ。

受領｛ジユリヤウか－今はこれ。ズラウか ズリヤウか｝共に古い。

上下｛ジヤウゲか「上り下り」の時にはこれが正しい。シヤウカか「上と下」の時にはこれが正しい。

書籍｛シヨセキか－一般的。シヨジヤクか－ひねくり。

鐘楼｛シユロウか－正。シユ（呉音）シヤウロウか－否。

清浄｛シヤウジヤウか－正。セイジヤウか－否。

邪正｛ジヤセイか－今はこれ。ジヤシヤウか－古くはこれ。

障碍｛シヤウゲか－古くはこれ。シヤウガイか 今はこれ。

自然 シゼンか―今はこれ。
ジネンか―古くはこれ。

修覆 シユフクか　正。
シユウフクか―今はこれも用ふる。
修繕も同樣。

親和 シンナか　正。
シンワか　用ひぬでもない。

積極 シヤクキヨクか
セキキヨクか　兩用する。
何れを用ひても、誤ではない。何となれば、吳音(シヤク)漢音「セキ」で、何れも「積む」の意であるからである。

善惡 ゼンアクか　否。
ゼンナクか　正。　文字はアクと書いてよい。

殺生 セツシヤウか―正。
サツシヤウか―否。

宣下 センゲか―正。
センカか―否。

祖先崇拜 ソセンソウハイか―否。
ソセンシユウハイか―正。

大極殿 ダイゴクデンか―正。
ダイギヨクデンか―否。

探幽 タンニウ(人名)か　正。
タンユウか―否。
もし、これを人名とせずして、タンユウと讀めば、ワイセツなことを意味する。

停止 チヤウジか―古くはこれ。
テイシか　今はこれ。

庭訓 { テイキンか—正。 / テイクンか—否。

圖書 { トショか—今は一般にこれ。 / ヅショか—誤ではない。ヅ(呉音)

日本 { ニホンか—誤ではない。 / ニツポンか—多くこれを用ふ。

奴僕 { ヌボクか—正。 / ドボクか—否。

奴婢も同様。但し奴隷は「ドレイ」。

博士 { ハカセか—古風 / ハクシか—今風 } 何れでもよい。

判官 { ハウグワンか—昔の官名はこれ。 / ハングワンか—今の「裁判官」ならばこれ。

法眼 { ハフゲンか—正。 / ハフガンか—否。

發意 { ホツイか—正。 發起人(ホツキニン) / ハツイか—否。

發言 { ハツゴンか—古くはこれ。 / ハツゲンか—今はこれ。

頒布 { ハンプか—正。 / ブンプか—否。

片時 { ヘンシか—正。 / ヘンジか—否。

本意 { ホイか—正。 / ホンイか—否。

反古 { ホグか—正。グ(呉音) / ホゴか—否。

北陸 ホクロクか—正。ホクリクか—否。

枕草紙 マクラサウシか マクラノサウシか
此は、「まくら繪」の義である。
本の名(清少納言著)ならばこれが正しい。

微力 ミリキか—古くはこれ。ビリヨクか—今はこれ。

無上 ムシヤウか—正。ムジヤウか—否。

無道 ムダウか—否。ブダウか—正。

無益 ムヤクか—古くはこれ。ムエキか—今はこれ。

謀反 ムホンか—正。ボウハンか—否。
古くは、謀反を「ムホン」と讀み、謀叛を「ボウハン」と讀んだ。

遺言 ユヰゴンか—正。ヰゴンか—否。

唯一 ユヰイツか—正。ヰイツか—否。

禮拜 ライハイか—氣取れば斯う。レイハイか—普通はこれ。

律義 リチギか—正。よみくせ。リツキか—否。

流布 ル フか—正。リウフか—否。
流言「ルゲン」も同樣。

〔其十二〕 許容すべき誤讀文字

本音・正音のみを正しいものだとする見解に囚はれない目から見ると、次の如きは、本音・正音にはづれては居るが、慣用上の讀み方として、許しておくが正當だと思ふ。（下のか、歴史的に正しい發音）

啞然（アゼン）　アクゼン
安否（アンピ）　アンプウ
斡旋（アッセン）　ワッセン
員數（ヰンズウ）　エンズウ
韻文（ヰンブン）　ウンブン
咽喉（イコウ）　エンコウ

攪拌（カクハン）　カウハン
鍛冶（カヂ）　タンヤ
掲示（ケイジ）　ケツシ
告示（コクジ）　コウジ
娯樂（ゴラク）　グラク
歳出（サイシュツ）　サイスヰ

塹壕（ザンガウ）　セ○ン○ガウ

抄錄（シヤウロク）　サ○ウ○ロク

新撰（シンセン）　シンサ○ン○

借金（シヤクキン）　シ○ヤ○キン

薔薇（シヤウビ）　シ○ヨ○ク○ビ

上梓（ジヤウシン）　ジヤウシ○

祝杯（シユクハイ）　シ○ウ○ハイ

失錯（シツサク）　シツソ○

射擊（シヤゲキ）　セ○キ○ゲキ

西域（セイイキ）　セイヨ○ク○

書冊（シヨサツ）　シヨサ○ク○

質物（シチモツ）　チ○モツ

數次（スウジ）　サ○ク○ジ

蹴鞠（シユウキク）　シ○ユ○ク○キク

醒覺（セイカク）　セイカ○ウ○

石鹼（セキケン）　セキセ○ン○

卒去（ソツキヨ）　シ○ユ○ツ○キヨ

卒業（ソツゲフ）　シ○ユ○ツ○ゲフ

搜索（ソウサク）　シ○ウ○サク

淘汰（タウタ）　タウタ○ツ○

堪能（タンノウ）　カ○ン○ノウ

畜生（チクシヤウ）　キ○ウ○シヤウ

躊躇（チユウチヨ）　チ○ユ○チヨ

注釋（チユウシヤク）　シ○ユ○シヤク

注入（チユウニウ）　○○シユニフ
窒息（チツソク）　○○シツソク
適當（テキタウ）　○○セキタウ
適者生存（テキシヤセイソン）　○○セキシヤセイソン
匿名（トクメイ）　○○○シヤクメイ
咄嗟（トツサ）　トツ○○シヤ
捻挫（ネンザ）　○○デフザ
白堊（ハクア）　○○ハツア
拔擢（バツテキ）　バツ○○タク
罷業（ヒゲフ）　○○ハイゲフ
病院（ビヤウヰン）　ビヤウ○○エン
不可（フカ）　○○フウカ　「不」のつく語は皆。

副長（フクチヤウ）　○○フウチヤウ
覆面（フクメン）　○○フウメン
捕虜（ホリヨ）　○○ホロ
輔弼（ホヒツ）　○フヒツ
約束（ヤクソク）　○○ヤウソク
輸出（ユシユツ）　○○○○シユスヰ
硫黄（ユワウ）　○ルワウ
沃土（ヨクド）　○○ヲクド
落魄（ラクハク）　ラク○○タク
稟性（リンセイ）　○○ヒンセイ
掠奪（リヤクダツ）　○○○リヤクダツ
賄賂（ワイロ）　○○クワイロ

〔其十三〕　どう書くが正しいかに惑ふ熟字

熟字の中には、讀方も意義も類似である爲に、どちらを用ふればよいかに惑ふ文字がある。そして、それ等の中には、間違ひとして正すべきものと、何れを用ひても可いものとの二通りある。左に其の正否、適・不適を調べておかう。

（○印は特によく問題に上る熟字。）

°ア°ン°キ　諳記――正。
　　　　　暗記――否。

イチブシジウ　一伍一什――歴史的に正。
　　　　　　　一部始終――意味に當てた字。

イライ　依頼――一般にはこれ。
　　　　倚頼――誤ではない。

カンカ　間暇――誤ではない。
　　　　閑暇――一般にはこれ。

キゲン　起原
　　　　起源　何れでも可い。

キシャウ　徽章――一般にはこれ。
　　　　　記章――誤ではない。

キャウドウ
- 共同——正。
- 協同——否。

○○○キネン
- 紀念
- 記念

何れでもよい。

本來の意味からいへば「記」の方がよい。が一般には「紀」の方が多く用ひられる。記行と紀行も同樣。

キリツ
- 紀律——妥當。
- 規律——間違ひではない。

ギリャウ
- 伎倆
- 技倆

何れでもよい。

ケンゲウ
- 撿校——正。群書類從の木版本にも「撿挍」とある。
- 檢校——否。

ケンソ
- 險阻
- 嶮岨

何れでもよい。

○○○コウワ
- 講和——正。
- 媾和——誤ではないが、帝國憲法には「講和」とある。

シウシン
- 修身——正。
- 脩身——否。

シックワ
- 出火（シュッ）——刑法には「出火罪」とある。
- 失火——殆ど同意義。

シンセツ
- 親切——妥當。
- 深切——間違ではない意味が別。

シユシ
- 趣旨——妥當。
- 主旨——間違ではない。

ショクミン　植民——やゝこじつけ。
　　　　　　殖民——妥當。

「人を殖（ふや）す」ならばだが、人を移植するのだから「植」がよいといふ人もあるけれど、個々の文字に拘泥した見に過ぎぬ。拓殖も矢張「殖」。

センキョ　選擧——正。
　　　　　撰擧——否。

セイサン　精算——從來ある字だが。
　　　　　清算——現行商法にはこれ。

セツダン　切斷
　　　　　截斷　何れでもよい。

ソウガフ　綜合
　　　　　總合　何れでもよい。

タンパク　淡泊——意味は當るが、
　　　　　澹泊——の方が正しい。

タンケン　探險——否。
　　　　　探檢——正。

險を探（さぐ）るのではない、探り檢（しら）べるのだ。

チグ　知愚——知は「知る」意。
　　　智愚——妥當—智は「知れる者」の意。

チウモン　注文——「あつらへる」意にはこれ。
　　　　　註文——「書物に註してある文」の意にはこれ

トクチョウ　特長——意味は當るが、
　　　　　　特徵——の方が正しい。

ハンザツ　煩雜——妥當。
　　　　　繁雜——間違ひではない。

ハンプク｛反復——「くりかへす」意にはこれ、
　　　　　反覆——「反覆常ならず」の意にはこれが可い。

バイシャク｛媒酌——妥當。
　　　　　　媒妁——殊更めく。

ヒナン｛非難——妥當。
　　　　批難——之も誤ではない。

フンパツ｛憤發——意味は當るが、
　　　　　奮發——の方が妥當。

フトン｛布團
　　　　蒲團｝何れでもよい。

ホウフツ｛髣髴——正。
　　　　　彷彿——當て字。

ボウヤウ｛亡羊の嘆——故事つき。正。
　　　　　望洋の嘆——意味に當てた字。

ボウチャウ｛膨張
　　　　　　膨脹｝何れでもよい。

ホッキ｛發企——意味は通ずるが。
　　　　發起——の方が妥當。

レンラク｛聯絡
　　　　　連絡｝何れでもよい。

〔其十四〕　讀み癖に從つて讀むべき熟字

熟字の中には、漢音と呉音と、呉音と呉音と、漢音と漢音と、或は唐音・宋音等と相熟して讀みなされたのもあれば、音と訓と熟してよみなされた所謂「重箱（ヂウバコ）」よみ、「湯桶（ユトウ）讀み」のもある。又、佛教に關する語の多くは、梵語で漢字を讀むが常である。以下、それ等を一括して、理由の如何に拘らず、その讀み方のみを記しておく。

（一）**呉音と漢音との熟した語**

鹽梅（アンバイ）　愛執（アイシフ）
一存（イチゾン）　一途（イチヅ）　因業（インゴフ）
繪圖（エヅ）　會釋（エシヤク）　回向（エカウ）　會得（エトク）
越度（ヲチド）　怨靈（ヲンリヤウ）　開眼（カイゲン）　歸依（キエ）
口授（クジユ）　供奉（グブ）　功德（クドク）　紅蓮（グレン）
懈怠（ケダイ）　假病（ケビヤウ）　夏至（ゲシ）　警蹕（ケイヒチ）

金色（コンジキ）　虛空（コクウ）　今昔（コンジヤク）
撞木（シユモク）　生得（シヤウトク）　入魂（ジツコン）　所化（シヨゲ）
所作（シヨサ）　直紅（シンク）　執心（シフシン）　駿府（スンプ）
節會（セチエ）　刹那（セツナ）　軟障（ゼンジヤウ）
僧都（ソウヅ）　斷食（ダンジキ）　知己（チキ）
頭巾（ヅキン）　都度（ツド）　通鑑（ツガン）　忍辱（ニンニク）
必定（ヒツジヤウ）　發端（ホツタン）　未曾有（ミゾウ）

矛盾（ムジュン） 文盲（モンモウ） 由緒（ユヰショ）
龍頭（リウヅ） 綠靑（ロクシヤウ）

（二）音と訓との熟字

有體（ありてい） 雨具（あまぐ） 合圖（あひづ）
初陣（うひぢん） 初產（うひざん）
金佛（かなぶつ） 献立（こんだて） 小癪（こしやく）
猿樂（さるがう） 枝折（しをり） 重箱（ぢうばこ）
直段（ねだん） 能書（のうがき） 日賦（ひぶ）
不束（ふつゝか） 物具（ものゝぐ）
湯桶（ゆさう） 結納（ゆひなう）

（三）唐音又は宋音の熟字

行脚（アンギヤ） 行宮（アングウ） 行在（アンザイ） 倚子（イス）

胡散（ウサン） 胡亂（ウロン） 外郎（ウヰキヤウ）
看經（カンキン） 銀杏（ギンナン） 石灰（シツクヰ）
雙六（スゴロク） 提燈（チヤウチン） 天秤（テンビン） 鐵瓶（テツビン）
達磨（ダルマ） 炭團（タドン） 納戸（ナンド） 緞子（ドンス）
普請（フシン） 風鈴（フウリン） 蒲團（フトン）
拂子（ホツス） 孟浪（マンラン） 焙爐（ホイロ）
羊羹（ヤウカン） 綾子（リンズ） 龍膽（リンドウ）
綠礬（ロツハ）

（四）梵語よみの熟字

阿闍利（アジヤリ） 軌範、標準の義。
阿修羅―「天」をいふ。
阿鼻（アビ）―限りなき下層の世界。

阿羅漢—「不生出の大人物」の義。
優婆夷—「信女」の義。
優婆塞—「信士」の義。
優曇華—瑞應の花。
盂蘭盆—「救ひ」の義。
閻魔—遮り止むる義。
韋陀天—能く走った人の名。
和尚—僧の位階。
伽藍—精舎の義。「塔堂伽藍」。
金毘羅—威加王。
三昧—正定の義。
沙彌—佛門に入る男子の稱。

娑婆—此の道德的の世界。
娑羅—堅固なる義。
須彌山—微妙な高山。
修羅—「天」の義。
刹那—一秒の七十五分の一。
卒堵婆—墳墓の標。
檀那—施主の義。
達磨—「法」の義。
頭陀—修行。
奈落—地獄。
莫何—愚者。
鉢—應器。

般若(ハンニヤ)―知慧。
婆羅門(バラモン)―淨行。
玻璃(ハリ)―水晶。
比丘(ビク)・比丘尼(ビクニ)―乞男。乞女。
毘沙門(ビシヤモン)―多聞の義。
佛陀(ブツダ)―佛。
菩薩(ボサツ)―佛の次位。
曼陀羅(マンダラ)―雜色。
文珠(モンジユ)―妙德・高識。
夜叉(ヤシヤ)―暴惡。
羅漢(ラカン)―阿羅漢の略。
瑠璃(ルリ)―透徹の義。

（五）音便・連聲等の熟字

越年(ヲツチン)　越權(ヲツケン)　越度(ヲチド)　陰陽師(オンミヤウシ)
黑白(コクビヤク)　權化(ゴンゲ)　聲色(こはいろ)
催馬樂(サイバラ)　棧敷(サジキ)　參內(サンダイ)
三位(サンミ)　四時(シイジ)　詩歌(シイカ)　至言(シイゲン)
弑逆(シイギヤク)　色代(シキダイ)（じぎすること）　紫宸殿(シシイデン)
紫苑(シヲン)　周禮(シユライ)　寧樂(ナラ)　納得(ナツトク)
女房(ニヨウバウ)　鎭西(チンゼイ)　搏風(ハフウ)　白衣(ビヤクエ)
白檀(ビヤクダン)　吹雪(フブキ)　不如意(フニヨイ)　逼迫(ヒツパク)
萬葉(マンニヨウ)　眞向(マツコウ)　敏馬(ミヌメ)　名號(ミヤウゴウ)
禮記(ライキ)　禮讃(ライサン)　禮拜(ライハイ)
六藝(リクゲイ)　六書(リクシヨ)　令旨(リヤウシ)

律令(リツリヤウ)

(六) 意味をコジつけた熟字

白地(あからさま)　所在(あらゆる)―所有(あらゆる)　青天白日(ありのまゝ)

周章る(あはてる)　敦圉く(いきまく)　十六夜(いざよひ)

日外(いつぞや)　所謂(いはゆる)　道説(いふならく)

五月蠅い(うるさい)　可笑い(をかしい)　無慮(およそ)　以爲(おもへらく)

苟且にも(かりそめにも)　聞說(きくならく)　草臥れる(くたびれる)

這麼(こんな)　木靈(こだま)　月代(さかやき)

流石(さすが)　有繫(さすが)　却說(さて)　閑話休題(さて)

莫遮(さもあらばあれ)　從他(さもあれ)―一任(さもあれ)。任他(さもあれ)。從他(さもあれ)。

加之(しかのみならず)　若干(そこばく)　什麼(そんな)

假令(たとへ)―仮令(たとへ)。仮之(たとへ)。縱之(たとへ)。縱使(たとへ)。

一寸(ちよつと)　甚麼(どんな)　何爲(なんすれぞ)

就中(なかんづく)　等閑(なをざり)　旅籠(はたご)　一向―(ひたすら)

只管(ひたすら)　日和(ひより)　土產(みやげ)　所以(ゆゑん)

湯女(ゆな)　忽諸(ゆるがせ)

(七) 意味に構はず當てた文字

天晴(あつはれ)　淺猿しい(あさま)　淺墓(あさはか)　阿房(あはう)

奧床しい(おくゆか)　可愛想(かあいさう)　岩疊(がんじやう)　頑丈(がんじやう)

仰山(ぎやうさん)　急度(きつと)　屹度(きつと)　愚圖(ぐづ)

劍呑(けんのん)　胡麻化す(ごまくわ)　薩張(さつぱり)　冗談(じようだん)

鹿爪らし(しかつめ)　素敵(すてき)　素破ぬく(すつぱ)

鱈腹(たらふく)　地團太(じだんだ)　圖太い(づぶと)　猪口才(ちよこざい)

鳥渡(ちよと)　出鱈目(でたらめ)　手古摺(てこずる)　頓狂(とんきやう)

頓珍漢(とんちんかん)　頓痴氣(とんちき)　呑氣(のんき)　派手(はで)
果敢ない(はかない)　巫山戲る(ふざける)　箆棒(べらぼう)
變挺(へんてこ)　眞逆(まさか)　眞平(まつぴら)　無鐵砲(むてつぱう)
目出度(めでたい)　面喰ふ(めんくら)　耄碌する(もうろく)
矢鱈(やたら)　野暮(やぼ)　躍起(やつき)

（八）洒落れた當字

探偵(いぬ)　情人(いろ)　十八番(おはこ)
三平二滿(おたふく)　魯魚誤(かきちがへ)
躊躇する(ぐずぐず)　快々する(くよくよ)　熟練者(くらうと)
明明白白(ざつくばらん)　悄然(すごすご)　七顛八倒(じたばた)
徹頭徹尾(どこまでも)　半可通(なまいき)　不如意(ひだりまへ)
沸々いふ(ぶつぶつ)　瓢然(ぶらり)　豐頬(ごろはちや)
月下氷人(むすぶのかみ)　支離滅裂(めちやくちや)
庸醫(やぶゐ)　爛醉漢(よつぱらひ)　無價(ろは)

◎珍妙な答案

「空前絶後」を解釋して、ある一人は『飯(めし)を喰(く)つて然る後』の意だとし、ある一人は『前方は開豁(かいくわつ)にして空地(くうち)多く後方は絶壁(ぜつぺき)である』とした。

而も之が、教員檢定の答案中にあつたのだといふ。

◉五行配當表

方位	東	東南	南	西南	中央	西	西北	北	東北
五行	木		火		土	金		水	
十干	甲乙		丙丁		戊己	庚辛		壬癸	
十二支	卯	辰巳	午	未申		酉	戌亥	子	丑寅
八罫	辰	巽	離	坤		兌	乾	坎	艮
四季	春		夏			秋		冬	
五色	青		赤		黃	白		黑	
四門	青龍		朱雀			白虎		玄武	
五味	酸		苦		甘	辛		鹹	
五音	角		徵		宮	商		羽	
四夷	夷		蠻			戎		狄	

〔其十五〕我が國で作（こしら）へた文字

我國で製作した漢字が百四五十字ほどある。その中、多くは用ひられなくなつたが、現に用ひて居るものは、頗る便利な字である。

適（あつぱれ）　南方に向へばはれやかだから。
颪（おろし）　山から吹きおろす風。
樫（かし）　かたき木
鎹（かすがひ）　金をツボの中に送り込む。
凩（こがらし）　風が木をふく。
怺る（こらへる）　心を永くする。

鰯（いわし）　よわい魚。
俤（おもかげ）　人の弟には兄のおもかげがある。
糀（かうぢ）　米が花のやうになる。
叺（かます）　口があつてものを入れる。
込む（こむ）　送り入れる。
榊（さかき）　神事に用ふる。

鰆（さはら）　春にたくさんある魚。
椙（すぎ）　よく昌へる木。
鴫（しぎ）　田に居る鳥。
搾る（しぼる）　手ですぼめる。
杣（そま）　山の木を取る。
凧（たこ）　風にふかれる巾。

聢と（しかと）　耳でたしかにきゝ定める。
辷る（すべる）　一の字の如く障なく行く。
躾（しつけ）　身を美くしくする。
鯱（しやち）　虎の如く恐ろしき魚。
峠（たうげ）　山を上り下りる。
襷（たすき）　衣をあげる。

鱈（たら） 雪の候の魚。

辻（つじ） 十の字の如く道がある。

栃（とち） 木めが細かく（万）ある。

鞆（とも） 革に火の模様をかいた。

鯰（なまず） ものものしい魚。

畑（はた） 草を焼きて種を蒔く。

閊（つか）へる 門に山あれば妨になる。

栂（とが） 栂は昔多く我國土にあつた。

迚（とて）も 中へは入れぬ。

凪（なぎ） 風が止む。

鳰（にほ） 水に入る鳥。

畠（はたけ） 白く乾きたる田。

働（はたら）く 人が動く。

噺（はなし） 新しいことを口する。

桝（ます） 木ではかる。

籾（もみ） 米の皮に刄がある。

軈（やが）て 身に應じて來る。

鋲（びやう） 兵の字の音。

毟（むし）る 毛を少なくする。

鑓（やり） 金でつき遣る。

〔其十六〕我が國で訓義したる漢字

また、我が國で、作ったのではないが、漢字に我が國特有な意味をつけ、原義を離れて訓じたのが二百字以上ある。こゝには、その今に實用されてをるものだけをかゝげておく。

呆れる○畦○扱ふ○預る○誂へる○鯵○
鮎○鮑○茨○鵜○嘘○嬉し○噂○榎○
沖○掟○折々○卸○嵩○柏○絣○潟○
梶○鰹○燗○鞄○甲○叶ふ○柄○杭○
楠○轡○組○久米○食ふ○企○拵へ
る○社○狛○櫻○鮭○遉○嗾○扠○偖○
捌く○椹○錆○淋し○候ふ○併し○認
める○雫○偲ぶ○鎬○芝○縞○占める
癪○諚○調べる○菅○薄○摺る○鰑○
据ゑる○膳○存じ○揃ふ○蛸○瀧○疊

鯛○給ふ○俵○縮○狆○序○摑む○坏○
仕る○鍔○椿○坪○詰める○倩々○
胴○溶ける○床○屆○通○丼○乍ら○
抔○灘○鯡○蜷○鵺○熨○鮠○計る○
捗る○儚し○筈○咄○這ふ○樋○檜○
柊○庇○犇く○鐚○雛○鵯○鶸○
壜○鱶○鰒○襖○鰤○程○賄ふ○槇○
柾○町○襠○儘○丸○砌○澪○娘○
儲○申す○餅○紋○揉む○貰ふ○杜○
森○藪○嫁○寄る○絽○若い○態々○

詫《わび》。椀《わん》。

また、原義のまゝ用ふることのある字で、而も時に、我が國で轉義して用ふる字がある。

安《やす》い（安價）。尤《もつと》も（打消）。判《はん》（捺印）。
暮《くら》し（生計）。溜《たまり》（控所）。私《わたくし》（自家の稱）。
纒《まとひ》（消防夫の持物）。觸《ふれ》（布告）。露《つゆ》（少し）。

などの類がそれである。

また、西洋語の輸入後、それに當てる爲に出來た新訓義語も可なりある。

仙《セント》。吋《インチ》。呎《フート》。听《ポンド》。哩《マイル》、嗎《ヤード》。弗《ドル》、磅《ポンド》。打《ダース》、
片《ペンス》。珊《サンチ》。法《フラン》、浬《カイリ》、瓩《グラム》。立《リツトル》。米《メートル》。節《ノツト》。
頁《ページ》、

などがそれである。

また、我が國で會意したのだが、偶然原義と一致するのがある。

唸《うな》る。噤《つぐ》む。囃《はや》す。囮《おとり》、姥《うば》。嫐《たぶ》る。憧《あこが》る。嵐《あらし》。憖《なまじひ》。慥《たしか》。搗《つ》く。桁《けた》。櫟《くぬぎ》。
釦《ぼたん》。閂《かんぬき》。歪《ゆが》む。甦《よみがへ》る。碇《いかり》。縕《たが》。
縋《すが》る。聟《むこ》。蒔《ま》く。蔦《つた》。辿《たど》る。諦《あきら》める。
鏈《くさり》。

などがそれである。

〔其十七〕偏・冠・旁・脚の稱へ方＊

(一) 偏◎ (35)

イ(人偏)ニンベン　氵(三水)サンズヰ　女(女偏)チンナヘン　扌(手偏)テヘン　月(月偏)ツキヘン　火(火偏)ヒヘン　石(石偏)イシヘン　米(米偏)コメヘン　衤(衣偏)コロモヘン　酉(暦鳥)コヨミノトリ

彳(行人偏)ギヤウニンベン　口(口偏)クチヘン　山(山偏)ヤマヘン　犭(獸偏)ケモノヘン　月(肉月)ニクヅキ　王(玉偏)タマヘン　示(示偏)シメスヘン　糸(糸偏)イトヘン　言(言偏)ゴンベン　金(金偏)カネヘン

冫(二水)ニスヰ　土(土偏)ドヘン　忄(立心偏)リッシンベン　日(日偏)ヒヘン　木(木偏)キヘン　目(目偏)メヘン　禾(禾偏)ノギヘン　虫(虫偏)ムシヘン　貝(貝偏)カイヘン　阝(小里偏)コザトヘン

革(革偏)カハヘン　骨(骨偏)ホネヘン

食(食偏)ショクヘン　魚(魚偏)ウチヘン

馬(馬偏)ウマヘン

(二) 旁◎・冠◎・脚◎——(21)

刂(立刀)リッタウ　頁(大貝)オホガイ　冖(ワ冠)ワカンムリ　广(麻垂)マダレ　竹(竹冠)タケカンムリ　門(門構)モンガマヘ　辶(之繞)シンニウ　灬(連火)レンクワ

又(ル又)ルマタ　隹(古鳥)フルトリ　宀(ウ冠)ウカンムリ　疒(病垂)ヤマヒダレ　艹(艸冠)サウカウ　口(國構)クニガマヘ　走(走繞)ソウネウ

阝(大邑)オホザト　厂(雁垂)ガンダレ　穴(穴冠)アナカンムリ　雨(雨冠)アメカンムリ　門(鬪構)トウガマヘ　麥(麥繞)バクネウ

＊編集部注　「旁・冠」の誤り。

第三篇　実用文字便覧

〔其十八〕假名の字源

(一) 片假名

ア阿	イ伊	ウ宇	エ江	オ於
カ加	キ幾	ク久	ケ氣	コ己
サ散	シ之	ス須	セ世	ソ曾
タ多	チ千	ツ川	テ天	ト止
ナ奈	ニ仁	ヌ奴	ネ禰	ノ乃
ハ八	ヒ比	フ不	ヘ反	ホ保
マ末	ミ三	ム牟	メ女	モ毛
ヤ也	イ	ユ勇	エ江	ヨ與
ラ良	リ利	ル流	レ禮	ロ呂
ワ和	ヰ韋	ウ	ヱ惠	ヲ乎

(二) 平假名

い以	ろ呂	は波	に仁	ほ保	へ邊	と止
ち知	り利	ぬ奴	る留	を遠	わ和	か加
よ與	た太	れ禮	そ曾	つ闘	ね禰	な奈
ら良	む武	う宇	ゐ爲	の乃	お於	く久
や也	ま末	け計	ふ不	こ己	え衣	て天
あ安	さ左	き幾	ゆ由	め女	み美	し之
ゑ惠	ひ比	も毛	せ世	す寸	ん无	

(附) いろは歌

色(いろ)は匂(にほ)へど散(ち)りぬるを、我(わ)が世(よ)誰(たれ)ぞ常(つね)ならん。

有爲(うゐ)の奥山(おくやま)今日(けふ)越(こ)えて、淺(あさ)き夢(ゆめ)見(み)し醉(ゑ)ひもせず。

〔其十九〕國語假名づかひ

はとわ

泡(あわ)(沫)。皺(しわ)。鶸(ひわ)。弱(よわ)。鰯(いわし)。轡(くつわ)。廓(くるわ)。俵(たわら)。埴輪(にわ)。浦曲(うらわ)。慈姑(くわゐ)。野分(のわき)。作業(しわざ)。諺(ことわざ)。聲色(こわいろ)。道理(ことわり)。爽か(さわやか)。乾く(かわく)。坐る(すわる)(居、据)。騒ぐ(さわぐ)。撓む(たわむ)。斷る(ことわる)。周章る(あわてる)。吝い奴(しわいやつ)。遽し(あわたゞし)。束藁子(たわし)。

語の中、又は下にあつて「わ」と發音するは大抵「は」である。

いとゐとひ

櫂(かい)。外に「さいづち」「おいかけ」などある。

居(ゐ)(鴨居(かもゐ)。敷居(しきゐ)。鳥居(とりゐ)。圍居(まとゐ)。端居(はしゐ)。基(もとゐ)。位(くらゐ))。蠑螈(ゐもり)。井戸(ゐど)。田舍(ゐなか)。藺(ゐ)。亥(ゐ)。猪(ゐのしゝ)。豕(ゐのこ)。慈姑(くわゐ)。藍(あゐ)。紅(くれなゐ)。紫陽花(あぢさゐ)。乞食(かたゐ)。地震(なゐ)。髻髮(うなゐ)。爐(ゐろり)。臀(ゐしき)。參る(まゐる)。率る(ひきゐる)。

此の外、語の上には「い」を用ひ、中、下には「ひ」を用ふる。

注意――老いて　報いて等、也行の動詞は皆「い」である。

次いで、書いて、就いて等「き」の音便また皆「い」である。

ふとう

植(う)う。据(す)う。飢(う)う。

夕(ゆふべ)。扇(あふぎ)。近江(あふみ)。楝(あふち)。貴(たふと)し。仰(あふ)ぐ。危(あやふ)し

候(さふら)ふ。

此の外。語の中では「う」、下では「ふ」を用ふる。

「言ひて」を「言ふて」。「笑ひて」を「笑ふて」などと書き誤ることが多い。特に注意を要する。これは、連體形から「音便」になつたの故、必ず「言うて」、「笑うて」でなくてはならぬ。終止形の「言ふ」、「笑ふ」とは意味が違ふのである。

えとゑとへ

笛(ふえ)。稗(ひえ)。鵺(ぬえ)。鮠(はえ)。轅(ながえ)。甲(きのえ)。蠑螈(さゞえ)。入江(いりえ)。

下枝(しづえ)。(生(は)える。覺(おぼ)える。消(き)える。萌(も)える等也行に活用する動詞は皆「え」である。)

繪(ゑ)(鞆繪(ともゑ)、彩(ゑど)る)。餌(え)。杖(つゑ)。聲(こゑ)。故(ゆゑ)。末(すゑ)(梢(こずゑ))。

陶(すゑ)。礎(いしづゑ)。机(つくゑ)。槐(ゑんじ)。彫(ゑ)る。飢(う)ゑる。

据(す)ゑる。笑(ゑ)む(笑顔(ゑがほ)。靨面(ゑくぼ))。酔(ゑ)ふ。植(う)ゑ

る。

此の外、語の上には「え」、中、下には「へ」を用ふる。

おとをとほ

小(を)。苧(を)。尾(を)（峯）。岡(をか)（陸。丘）。荻(をぎ)。鴛鴦(をし)。筬(をさ)。斧(をの)。檻(をり)。長(をさ)。男(をとこ)。（丈夫(ますらを)。夫婦(めをと)。夫(をつと)。雄々し(を、)）。女(をんな)。（少女(をとめ)、女郎花(をみなへし)）。伯父(をぢ)（叔父）。伯母(をば)（叔母）。甥(をひ)。獺(をそ)。大蛇(をろち)。折々(をりをり)。遠(をち)近(こち)。大抵(をさをさ)。昨日(をと、ひ)。居る(を)。折る(を)。終る(をは)。踊る(をど)。惜む(をし)。犯す(をか)。拝む(をが)。治む(をさ)（納、修、收）。驕る(をご)。叫く(をめ)。可興(をかし)（興深き意）。可笑(をかし)（笑ふべき意）。教ふ(をし)る。怠る(をこた)。戦く(をのゝ)。幼し(をさな)。申す(まを)。薫る(かを)（香）。萎る(しを)。栞(しをり)。嫋か(たをや)。空向く(あをむ)。徐々(やをら)。柔順し(しをら)。青(あを)。魚(うを)。鰹(かつを)。竿(さを)。功績(いさを)。操(みさを)。芭蕉(ばせを)。十(とを)。「申す(まを)」は音便で「申す(まう)」となる。

此の外、上には「お」、中、下には「ほ」を用ふる。

じとぢ

味(あぢ)。氏(うぢ)。伯父(をぢ)。爺(おやぢ)。祖父(ぢぢ)。筋(すぢ)。臂(ひぢ)。
藤(ふぢ)。鰺(あぢ)。鯨(くぢら)。梶(かぢ)（舵）。汝(なんぢ)。三十(みそぢ)（四十(よそぢ)、
五十(いそぢ)等）。草鞋(わらぢ)。小路(こうぢ)。紅葉(もみぢ)。紫陽花(あぢさゐ)。
縮(ちゞ)む。

此の外は「じ」である。

ずこづ

百古鳥(もず)。雀(すゞめ)。鼠(ねずみ)。蚯蚓(みゝず)。鱸(すゞき)。葛(くず)。杏(あんず)。

弭(はず)。筈(はず)。機勢(はずみ)。疵(きず)。數(かず)。漫(すゞろ)。錫(すゞ)。鈴(すゞ)。

涼(すゞ)む。梢(こずゑ)。礎(いしずゑ)。硯(すゞり)。準(なずら)ふ。菘(すずな)。大根(すずしろ)。

歪(ひず)む。停(たゞず)む。此の外は「づ」。

〔其二十〕字音假名づかひ

イと井

位(ヰ)。爲(ヰ)。委(ヰ)。胃(ヰ)。威(ヰ)。尉(ヰ)（慰）。

遺(ヰ)。


唯(ヰ)（帷。維。惟）。韋(ヰ)（偉。緯。違。圍）。院(ヰン)。

尹(ヰン)。允(ヰン)。員(ヰン)（韻。隕。殞）。域(ヰキ)（閾）。

此の外は「イ」。だが、遂(スヰ)。追(ツヰ)。遺(ユヰ)。類(ルヰ)

水(スヰ)等の如く「ス」「ツ」「ユ」「ル」の下にあるは皆「ヰ」である。

ヱ と エ

□惠(ヱ)。□慧(ヱ)。□會(ヱ)(繪)。□畫(ヱ)。□廻(ヱ)。□穢(ヱ)。
□衛(ヱ)(以下□印を附したるは呉音)。
圓(ヱン)。宛(ヱン)。袁(ヱン)(遠。猿。轅。園)。 怨(ヱン)(鴛。苑。宛。媿)。越(ヱツ)(樾。鉞)。

此の外は「え」。

オ と ヲ

嗚(ヲ)。惡(ヲ)。汚(ヲ)。屋(ヲク)。温(ヲン)。穩(ヲン)。□怨(ヲン)(苑)。
□園(ヲン)。□遠(ヲン)。此の外は「オ」。

カ と クワ

戈(クワ)。科(クワ)。花(クワ)。和(クワ)。果(クワ)。過(クワ)。臥(グワ)。火(クワ)。瓜(クワ)

瓦(グワ)。寡(クワ)。畫(クワ)。灰(クワイ)。怪(クワイ)。塊(クワイ)。快(クワイ)。回(クワイ)。懷(クワイ)。

誨(クワイ)(海はカイ)。潰(クワイ)。會(クワイ)。外(グワイ)。□元(グワン)。□願(グワン)。丸(グワン)。

官(クワン)。關(クワン)。寛(クワン)。□卷(クワン)。貫(クワン)。緩(クワン)。觀(クワン)。還(クワン)。換(クワン)。

患(クワン)。歎(クワン)。□月(グワツ)。活(クワツ)。滑(クワツ)。郭(クワク)。獲(クワク)。畫(クワク)。

擴(クワク)。

此の外は「カ」。

ヂとジ

持《ヂ》（峙。痔）―「寺、侍、恃。時はジ」。怩《ヂ》。治《ヂ》。
除《ヂヨ》。女《ヂヨ》。絮《ヂヨ》。抒《ヂヨ》。除《ヂヨ》―「汝、如、恕、除はジヨ」。陳《ヂン》（陣）。沈《ヂン》。塵《ヂン》。軸《ヂク》（舳）。竺《ヂク》。
衄《ヂク》（忸）。直《ヂキ》。佚《ヂツ》。昵《ヂツ》。著《ヂヤク》（着）。擲《ヂヤク》。
辱《ヂヨク》（溽）。朮《ヂユツ》（怵）。濁《ヂヨク》。「述、術はジユツ」。
此の外は「ジ」。

ズとヅ

壽《ズ》。受《ズ》。手《ズ》。誦《ズ》。隨《ズヰ》（隧、髄）。瑞《ズヰ》（惴）。蕋《ズヰ》。
此の外は「ヅ」。

オーの音

押《アフ》（狎、鴨）。壓《アフ》。凹《アフ》。
翁《オウ》。應《オウ》。央《オウ》（怏、殃、鴦）。謳《オウ》（歐、嘔、甌、漚）。
往《ワウ》。王《ワウ》（枉、旺）。皇《ワウ》（凰）。黄《ワウ》（横）。
此の外は「アウ」。

コーの音

肯《コウ》。興《コウ》。厚《コウ》。後《コウ》。孔《コウ》。薨《コウ》。寇《コウ》。亙《コウ》（恒）。

控。構(溝、篝)。后(垢、逅)。侯(候、喉、猴)。
口(吼、叩、扣、苟、鉤) 工(功、攻、虹、貢、鴻、訌)。
□劫。□怯。□業。
甲(匣、鴨、狎)。 合(閤、洽、恰、袷)。 盍(闔、
搕)。荒。轟。皇(徨、惶、蝗、篁)。 宏(紘)。
光(晃、恍)。黄(横、廣、曠、鑛)。
此の外は「カウ」。『講、腔、江、虹、項』
の異例に注意せよ

ソーの音

窻(總、聰)。 曾(增、贈、憎、層、僧)。 奏
(湊、輳)。走、叟(搜)。 嗽。怱(葱、偬)。叢。
藪。簇。宋。宗(崇、綜)。—「嫂、艘はサウ」。
□挿。□匝。□雜。□颯。
此の外は「サウ」。

トーの音

東(凍、棟)。 同(洞、銅、筒)。 童(僮、瞳)、 登
(燈)。—「橙、撞はタウ」。 董。桶。冬。統。
豆(逗、頭)。兜。透。竇。藤。等。騰。
闘。動(慟、働)。投。答(塔、剳、搭)。

沓《トフ》(踏)。納《トフ》(衲)。
此の外は「タウ」

ノーの音

納《ナフ》(衲)。農《ノウ》(濃、膿、儂)。能《ノウ》。
此の外は「ナウ」。

ホーの音

法《ハウ》。乏《バフ》。法《ホウ》。乏《ボウ》。
峯《ホウ》(鋒、蜂、縫、烽、逢)。奉《ホウ》(俸、捧)。朋《ホウ》(鵬、崩)。
鳳《ホウ》。龐《ホウ》。豐《ホウ》。封《ホウ》(幇)。矛《ボウ》(袤)。剖《ボウ》。

哞《ボウ》。某《ボウ》(謀)。貿《ボウ》。
此の外は「バウ」。

モーの音

毛《モウ》(耄)。蒙《モウ》(濛、朦)。
此の外は「マウ」。

ユーの音

熊《ユウ》。勇《ユウ》。裕《ユウ》。雄《ユウ》。融《ユウ》。邑《イフ》(挹・悒)。揖《イフ》。
此の外は「イウ」。

ヨーの音

葉《エフ》。遙《エウ》(搖、謠)。夭《エウ》(夭、妖)。□幼《エウ》(窈、拗)。
要《エウ》(腰)。曜《エウ》(耀)。杳《エウ》。
用《ヨウ》(俑、踊、涌、桶、踴)容《ヨウ》(蓉、溶)。庸《ヨウ》(傭)。
擁《ヨウ》(癰、臃)。孕《ヨウ》。蠅《ヨウ》。此の外は「ヤウ」。

ローの音

籠《ロウ》(瀧、朧、聾、礱、隴)。弄《ロウ》。陋《ロウ》。漏《ロウ》。
婁《ロウ》(樓、髏、縷、僂、鏤)。拉《ラフ》。臈《ラフ》。蠟《ラフ》(臘)。
此の外は「ラウ」。

キョーの音

夾《ケフ》(鋏、狹、頰、挾、峽、俠)。協《ケフ》(脅、脇)。
怯《ケフ》(劫)。叶《ケフ》。業《ゲフ》。
喬《ケウ》(橋、驕、嬌、矯)。叫《ケウ》。堯《ケウ》(曉、驍、翹)。竅《ケウ》。
皎《ケウ》。梟《ケウ》。激《ケウ》。
共《キョウ》(供、拱、恭、蛬)。凶《キョウ》(兇、恟、胸)。興《キョウ》。
矜《キョウ》。競《キョウ》。凝《ギョウ》。恐《キョウ》。
此の外は「キャウ」。

ショーの音

妾《セフ》(接、霎)。捷《セフ》(睫)。渉《セフ》。葉《セフ》。攝《セフ》(躡)。

肖《セウ》（梢、稍、脊、霄、消、硝、銷、逍）。　召《セウ》（昭、照、詔、招、詔、沼）。　蕉《セウ》（樵、憔）。　笑《セウ》。燒《セウ》。椒《セツ》。簫《セウ》（簫、嘯、瀟）。　小《セウ》（少、抄、鈔）。—「省はシヤウ」。

松《ショウ》（訟、頌）。誦《ショウ》。證《ショウ》。升《ショウ》（昇）。　鍾《ショウ》（踵、尰）。

承《ショウ》。稱《ショウ》。從《ショウ》（蹤、聳）。　舂《ショウ》。悚《ショウ》（竦）。　冗《ジョウ》。

乘《ジョウ》（剩）。繩《ジョウ》。

チョーの音

蝶《テフ》（牒、諜、喋）。　疊《デフ》。帖《テフ》。

朝《テウ》（潮、嘲）。　兆《テウ》（挑、誂、晁、窕、眺）。　迢《テウ》（超）。

趙《テウ》。調《テウ》（凋、彫）。鳥《テウ》。弔《テウ》。條《デウ》。釣《テウ》。

重《チヨウ》。冢《チヨウ》（塚）。徵《チヨウ》（懲）。寵《チヨウ》。澄《チヨウ》。

此の外は「チャウ」。

ニョーの音

捻《ネフ》。□鐃《ネウ》（繞）。□溺《ネウ》。□尿《ネウ》。□孃《ニヤウ》。□娘《ニヤウ》。

□女《ニヨウ》。

ヒョーの音

表《ヘウ》（俵）。票《ヘウ》（標、漂、嫖、瓢、飄）。　豹《ヘウ》。廟《ベウ》。

苗《ベウ》（錨）。眇《ベウ》。飈《ヘウ》。氷《ヒヨウ》。馮《ヒヨウ》（憑）。

此の外は「ヒャウ」。

ミョーの音

苗《メウ》(猫)。妙《メウ》。此の外は「ミャウ」。

リョーの音

獵《レフ》(鬣)。僚《レウ》(燎、寮、療、瞭)。寥《レウ》(蓼)。
了《レウ》。料《レウ》。聊《レウ》。龍《リヨウ》。凌《リヨウ》(菱、綾、稜、陵)。
此の外は「リャウ」。

キューの音

及《キフ》(吸、級、汲、笈)。給《キフ》(翕)。泣《キフ》。急《キフ》。
此の外は「キウ」「キュウ」。「キュウ」は「キウ」と書きてよし。

シューの音

習《シフ》(摺)。十《ジフ》(汁、什)。拾《シフ》。執《シフ》。揖《シフ》(楫、葺)。
澁《ジフ》。襲《シフ》。集《シフ》。
此の外は「シウ」「シュウ」。「シュウ」は「シウ」と書きてよし。

チューの音

蟄《チフ》(縶)。此の外は「チウ」「チュウ」。

「チユウ」は「チウ」と書きてよし。

ニューの音

入(ニウ)。柔(ニウ)(糅)。乳(ニウ)。

リューの音

立(リフ)粒、笠。此の外は「リウ」「リュウ」。

「リユウ」は「リウ」と書きてよし。

○餘白子曰く

漢字には熟して一字一字の意味を失ふものがある。

「有數の人」といへば極めて少ない人の意。

「無數の蠅」といへば極めて多い蠅となり。

「莫大な金」といへば、極めて多額の金を表はす。

國語にも「怪しからぬ」「負けずぎらひ」「滿遍(まんべ)なく」などのごとく、そのまゝでは反對にとれるものがある。

近來は、「怪しかる」「負けぎらひ」「滿遍に」など改めて用ふる人もあるがわざとらしく聞えてよくない。

(其廿二)　歴代御謚號の讀み方

我が御歴代御謚號(ごしがう)の讀み方中には、讀み方に惑ふもの、又は、讀み誤り易いものが幾つかある。

垂仁(スイニン)(第十一代)　スイジンではない。
反正(ハンシヤウ)第十八代)　ハンセイではない。
允恭(インキヨウ)(第十九代)　古くはインギヨウ。
顯宗(ケンソウ)、第二十三代)　ケンシウではない。
天智(テンヂ)(第三十八代)　テンチではない。
天武(テンム)(第四十代)　テンブではない。
文武(モンム)(第四十二代)　ブンブではない。
平城(ヘイゼイ)(又はナラ)(第五十一代)　ヘイジヤウではない。
仁明(ニンミヤウ)(第五十四代)　ニンメイではない。
文德(モントク)(第五十五代)　ブントクではない。
光嚴(クワウゴン)(北朝第一代)　クワウゲンではない。
後水尾(ゴミヅノヲ)(第百十代)　ゴミヅヲではない。
後西院(ゴサイヰン)(第百十三代)　ゴセイヰンではない。

附記(1)、御謚號中にて「明」の字のつかせらるゝは、齋明(サイメイ)、元明(グエンミヤウ)、仁明(ニンミヤウ)・光明(クワウミヤウ)、明正(ミヤウシヤウ)、後光明(ゴクワウミヤウ)、孝明(カウメイ)の七帝であるが、齋明「サイメイ」孝明「カウメイ」帝を除いた外は、皆「ミヤウ」である。孝明帝もある本には「カウミヤウ」と讀ませてある。また、元明(グエンミヤウ)帝は、「メイ」が正しいといふ人もある。

附記(2)、「文」の字のつかせらるゝは、弘文、文武、文德の三帝で、弘文帝のみは後の御謚號にかゝることゝて「ブン」と漢音に讀ませることになつて居るが、他は「モン」と呉音で讀む。

附記(3) 朱雀「スザク」、冷泉「レイゼイ」は、矢張り特別な音便によるべきもの故、「雀(ジヤク)」「泉(セン)」と讀まぬやうに注意すべきである。淳和(シユンワ)は、假名は「和(ワ)」を振るが、發音は「ジュンナ」とすべきである。

附記(4)、御謚號中、「元」の字のついてあるのは、孝(カウ)元(グエン)、元明(グエンミヤウ)、元正(グエンシヤウ)、靈元(レイゲエン)の四帝であるが、すべて「ゲン」ではなくて「グエン」である。また、「仁」の字のついてあるのは、垂仁(スヰニン)、仁德(ニントク)、仁賢(ニンケン)、淳仁(ジユンニン)、光仁(クワウニン)、仁明(ニンメイ)、仁孝(ニンカウ)の七帝であるが、すべて、「ニン」であつて「ジン」ではない。

(其廿二) 歴代年號の讀み方

歴代年號の讀み方にも、どう讀んでよいか迷ふのが少なくない。左に惑ひ易いものをあげておく。年號の下の數字は紀元年代である。

慶雲（キヤウウン）(一三六四)―ケイウンではない。
朱鳥（ステウ）(一三四五)―シュテウではない。
正慶・嘉慶も「キヤウ」
神龜（ジンキ）(一三八四)―シンキではない。
天平（テンピヤウ）(一三八九)―テンペイではない。
延暦（エンリヤク）(一四四二)―エンレキではない。
貞観（ヂヤウクワン）(一五一九)―テイクワンではない。

貞永・貞應、貞和・貞治・貞享みな「ジヤウ」である。
元慶（グエンギヤウ）(一五三七)―ゲンケイではない。
延慶(一九六八)も「ギヤウ」
仁和（ニンナ）(一五四五)―ニンワではない。
寛平（クワンペイ）(一五四九)―クワンピヤウではない。
延喜（エンギ）(一五六一)―エンキではない。
天慶（テンギヤウ）(一五九八)―テンケイではない。

天暦(テンリヤク)(一六〇七)―テンレキではない。

永暦・承暦・元暦・建暦・嘉暦・暦應・康暦等みな「リヤク」である。

貞元(ジヤウゲン)(一六三六)―ティゲンではない。

天喜(テンキ)(一七三六)―テンギではない。

承保(ジヨウハウ)(一七三四)―シャウハウではない。

承暦・承徳・嘉承・天承・長承・治承・承元・承安 みな「ジョウ」である。

仁平(ニンピヤウ)(一八一一)―ニンペイではない。

保元(ハウゲン)(一八一六)―ホゲンではない。

建保(ケンパウ)(一八七二)―ケンポではない。

◎讀み難き地名・人名を讀むには

地名や人名などのやうな固有名詞の中には、如何なる學者も讀み得ぬ難訓のものが頗る多い。しかし、これを讀むには方法がある。「地名の場合ならば、その土地の人に、人名の場合ならば、その當人、又はその人の知人に訊いて見る」が何よりの早わかりで、また一番たしかである。「失禮ですが、此の地名は何とよみますか」。「失禮ですが、あなた(又はあの方の)御名前は何とおつしやいますか」。たゞ是だけ。これだけのことを口にすればすぐにわかるのである。

地名と人名とは、いくら人にたづねても、決して恥になるものではない。

(其廿三) 外國の地名・人名に當てた漢字と其の讀み方

巴爾幹(バルガン)　黑山國(モンテチグロ)　維也納(ウインナ)
聖路易(セントルイ)　巴奈馬(パナマ)　坡西士(ポルトセツド)
馬耳塞(マルセイユ)　莫斯科(モスクワ)　哈爾賓(ハルビン)
伯剌西爾(ブラジル)　亞爾然丁(アルゼンチン)　齊々哈爾(チチハル)
勃牙利(ブルガリヤ)　塞耳維(セルビヤ)　羅馬尼(ルーマニヤ)
麻尼剌(マニラ)　比律賓(ヒリツピン)　匈牙利(ハンガリー)
里昂(リオン)　海牙(ヘーグ)　汕頭(スワトウ)　澳門(マカヲ)

漢堡(ハンブルク)　寧波(ニンポー)　索遜(サクソン)　錫蘭(セイロン)
白令(ベーリング)　厦門(アモイ)　費府(ヒラデルヒヤ)　芝罘(チーフー)
牛莊(ニユーチヤン)　呂宋(ルソン)　西藏(チベツト)　桑港(サンフランシスコ)
君士坦丁堡(コンスタンチノーブル)　聖彼得堡(セントピータースブルグ)
諾威(ノールエー)　丁抹(デンマーク)　瑞西(スイツツル)　瓜哇(ジヤワ)
墨其西哥(メキシコ)　濠太利亞(オーストラリヤ)　薩哈嗹(サガレン)
沙翁(シエクスピーヤ)(サオウ)　奈翁(ナポレオン)(ナオウ)　杜翁(トルストイ)(トオウ)

顯理　彼理　彼得　尼羅
路易　約翰　該撒　腓立
閣龍　査斯　維廉　戈登
麻謌末　回々敎　歷山
維爾遜　寧兒孫　富蘭克林

「多くの人々の讀みなれたのは畧しておく。」

◎◎◎◎◎◎◎

△それは可けない

甲『踏破る千山萬岳の煙――』

乙『それは可けない、「踏破す」と讀まなくてはならぬ。なぜって、「破」は助字で殆ど意味は無いのだもの。』

甲『月落ち烏啼いて霜天に滿つ――』

乙『それも可けない、月は「烏啼に落ちて」と讀まなくてはならぬ。なぜって、「烏啼」といふのは支那の地名だもの。』

（其廿四）各國度・量・衡・貨幣と我國との比較

○メートル尺（佛）

粍（ミリメートル）—Millimetre（千分一）三厘三毛
糎（サンチメートル）—Centimetre（百分一）三分三厘
粉（デシメートル）—Decimetre（十分一）三寸三分
米（メートル）—Metre（單位）三尺三寸
籵（デカメートル）—Decametre（十倍）三丈三尺
粨（ヘクトメートル）—Hectmetre（百倍）三十三丈
粁（キロメートル）—Kilometre（千倍）三百三十丈

○グラム秤（めかた）（佛）

瓱（ミリグラム）—Milligramme（千分一）二糸（シ）六七弱
甅（サンチグラム）—Centigramme（百分一）二毛六七弱
瓰（デシグラム）—Decigramme（十分一）二厘六毛七弱
瓦（グラム）—Gram 單位 二分六厘七毛弱
瓧（デカグラム）—Decagramme（十倍）二匁六分六六弱
瓸（ヘクトグラム）—Hectgramme（百倍）二十六匁六六弱
瓩（キログラム）—Kilogramme（千倍）二百六十六匁六弱

リットル桝（ますめ）（佛）

瓱（ミリリットル）—Millilitre（千分一）零才五五餘
糎（サンチ）—Centilitre（百分一）五才五四餘
竕（デシ）—Decilitre（十分一）五勺五才四餘

立（リツトル）—Litre 単位 五合五勺四餘
竍（デカ）—Decalitre （十倍） 五升五合四餘
竡（ヘクト）—Hectlitre （百倍） 五斗五升四合餘
竏（キロ）—Kilolitre （千倍） 五石五斗四升餘

○英 尺

吋（インチ）—Inch （十二分一呎） 八分三厘八毛
呎（フート）—Foot （単位） 一尺五厘八毛
碼（ヤード）—Yard （三呎） 三尺一分七厘
鎖（チエーン）—Chain （二十二碼） 十一間三寸八分
哩（マイル）—Mile （八十鎖） 十四町四十五間

○英 秤

写（オンス）—Ounce （薬用—八匁二九四）（常用—七匁五六）
封（ポンド）—Pound（薬用 九九匁三三）（常用—百二十匁九）
噸（トン）—Ton （常用のみ—二百七十貫九四六）

○英 坪

エーカー Acre 四反二十四歩
エスピー・マイル SP. mile 二十六町二畝二十八歩

○英 貨

片（ペニイ）—Penny 約四錢
志（シルリング）—Shilling 約五十錢
磅（ポンド）—Pound 約十圓

○米 貨

仙（セント）—Cent 約二錢

弗(ドル)—Dallar 約二圓

○佛貨

參(サンチーム)—Centime 約四厘

法(フラン)—Franc (百參) 約四十錢

○獨貨

片(フェンニグ)—Pfennige 約五厘

馬克(マルク)—Mark (百片) 約五十錢

○露貨

哥(コピツク)—Copeck 約一錢

留(ルーブル)—Rouble (百哥) 約一圓

○支那貨

兩(テール)—Tael 約一圓三十錢

◎『生』の字の讀方二十種

生徒(セイト)　平生(ヘイゼイ)　生涯(シヤウガイ)　誕生(タンジヤウ)　生物(いきもの)

生田(いくた)(地名)　生花(いけばな)　生駒(いこま)(氏名)　生絲(きいと)　生立(おひたち)

竹生(ちくふ)(地名)　生肴(なまざかな)　生方(うぶかた)(氏名)　千生(せんなり)　生際(はえぎわ)

新生(にひくら)(氏名)　生付(うまれつき)　生月(うみづき)　彌生(やよひ)　船生(ふにふ)(地名)

増補

永久中立（Perpetual Neutrality）

永久中立といふのは、永久局外中立の畧で、ある小國が列國協同擔保（列國が其小國の地位に關して締結したる條約）の下に、永久に局外中立國と定められたことをいふのである。解り易く言へば、小國自らが中立を宣言したのではなくて、强大列國の都合上强いて局外中立の地位に立たせられたのである。といつて、その國の主權が、それを承認することによつて、初めて効力を生ずるものであることはいふまでもない。現在に於ける永久中立國は、瑞西　和蘭・ベルギー、ルグセンブルグ等であつて、これ等の諸國は外國から侵入を被ることなき特權を有する代りに、外國の間に戰爭のある時は、必然的に中立國たるの義務を負ひ、且つ平日から、外國との戰端を開く必要を生ずるやも計り難きやうな種類の行爲をしてならぬ拘束を被るのである。故に永久中立國は、ある他國と同盟を結ぶが如き行爲が自由に出來ぬ點から見れば、獨立權の一部を缺くが如くも見ゆるけれども、實力さへあれば、何時でも永久中立の條約を破棄して、他國と交戰することも出來るし、また、他國からの侵畧に對しては、防戰することも出來るのである。

海峡中立（Channel Neutrality）

海峡中立といふのは、一國の領海を、その主權の發動によつて、中立せしむることをいふのである。勿論、中立の宣言は各國に於て之を承認せねばならぬのであるが、一たび、各國の承認するところとなつて中立を宣したる以上、此の海峡へは、何れの國の軍艦をも入れることが出來ぬ。たゞ商船及び、國際的禮儀の爲に用ふる小艦のみの出入は許さるゝのである。また、海峡中立は、平時に於てのみ有効であつて、中立を宣した國が戰時狀態にある時に於ては効力を失ふものである。今日、中立を宣言せられた海峡として有名なのは、黑海と地中海との中間にあるマルモラ海の兩端に位する二海峡即ちボスフオラス、ダルダネルス二海峡であつて、略してダルダネルス海峡と言はれて居る。之は、いふまでもなく、トルコの主權によつて中立が宣言されてあるので、ロシアの黑海艦隊は、トルコが宣戰を布告せぬ以上、黑海外に出ることが出來ぬのである。

恐慌（Crisis又はPanic）【重出】

恐慌といふのは、一般に、經濟社會に於ける混亂を指すので、總ての經濟生活上の疾病と解することが出來る。恐慌の原因には、外部的のものと、內部的のものとがある。現時の如く、戰爭の爲に經濟界が混亂される如きは、外部的原因に基いた恐慌である。內亂、革命、暴動、天災、地變等はみな恐慌の外部的原因となり得る。これに反して、生產過剩の爲に、經濟界が攪亂される如きは、內部的原因による恐慌である。消費減退、需要超過、供給減少等の如き經濟社會の事變は、みな、恐慌の內部的原因となり得る。尤も、內外兩面の原因が彼是相聯關して續發する場合も少なくは無い。

內部的原因に基く恐慌に就て、特に注意すべきは、それが、如何なる場合にも生產と消費との釣合を失することから起るの點である。而して、企業家の常に警戒すべきは、生產過剩である。即ち供給が世の需要に過ぐる甚しきに至らば、爲に商品の停滯となり、資本の固定となり、金融の逼迫となり、信用の破壞となり、財界混亂を來して終に恐慌を見るに至る。（生產超過の項參照）

局外中立（きよくぐわいちうりつ） (Neutrality)（ニウトラリチー）

局外中立といふのは、ある一國が、他國間に起れる交戰に關して、無關係の地位に立つことで、國家獨立權の一作用である。他國間に戰爭のある時、これに關係するとせぬとは、全く、一國主權の自由である。さて、局外中立を宣言すれば、その國と交戰國との通商はどうなるか、交際はどうなるかといふに、平和の交際、平和の通商はして差支ないのである。たゞ、戰爭に關係を有する交際や通商やをすることが出來ない。戰爭に關する交通とは何を意味するか、平和の交通とは何を意味するかといふことは、國際法規及び慣例によつて定められてある。所謂、戰時禁制品といふが如き、皆、國際法規によつて定められてあるのである。

局外中立は、これを宣言することによつて効力を生ずる。即ち、中立の地位を取ることを宣明すると同時に、その中立國の權利を以て、交戰國をして守らしむるところを示し、一方、自國住民に向つて守るべきところを知らしめればならぬ。これを通例局外中立の宣言（Diclara ion of n utrality）といふ。

黄禍論（Yellow per.l）

黄禍といふのは、黄人禍の略である。「黄色人種はその蠻力を振つて、我等白色人種を攻撃し來るの時が遠からず來るであらう。」といふのが、所謂黄禍論で、これは、日露戰役の後、ドイツ皇帝ウィルレム二世によつて唱へ出され、一時、歐洲の大問題となつたのであつた。カイゼル、ウィルレム二世は、當時、自ら「黄禍」と題する象徵的戲畫を考案して御用畫家に描かせ、之をロシア皇帝に送つて言つた「黄色人種は實に怖るべきである。今の中に、白人は聯合して、彼等東洋の黄色人種を起つ能はざらしめればならぬ」と。しかし、これは、ロシアの機嫌を取つて、ロシアを我が手に入れようとするカイゼル一流の政策に過ぎなんだので、「又か」と心ある人達は一笑に附し去つたが、眞相を知らぬ歐洲人中には、一の眞實なる卓見であるかの如く言ひ觸らしたものも少なくなかつた。

三國干涉（さんごくかんしょう）（日本での術語）

一八九四、五年の日淸戰爭の結果、日本は國民の血に代へて遼東半島を取つた。ロシアは、豫々、計畫して居た極東經營の方針が全く破壞せられることゝなつた爲に、同盟國フランスと協議して、日淸兩國の講和條件に干涉しようとした。當時ドイツは、何とかして、東洋方面に勢力を扶植したいと思つて居る折柄であつたので、イタリアを通にてイギリスに相談し、ロシア、フランスの裏を掻いて、二國の干涉に反對しようとしたが、イギリスが贊成せなんだので、今度は、ぐるりと廻れ右をして、ロシア、フランスの仲間に割込み、强硬なる態度を以て、我が國に對して、「遼東半島を支那に還付せい」と申し込んだ。これが三國干涉である。日本は、戰後、國力が疲弊して居るところへ、三强國を相手どつて戰ふことも出來ぬので、怨みを呑んで、國民の血にかへた遼東半島を支那へ還付してしまつた。當時、ドイツの使臣は、我が使臣に對して暴慢無禮なる言動を敢てし、二言目には、「カイゼルの命令だ」を振舞したといふ。而も、ドイツは、此の事を恩に被せて、山東省に於て、ドイツ宣教師が支那人に殺されたのを機會に、遂に例の膠州灣を取つた。引續いてロシアは、旅順口をフランスは廣東州を何れも支那から租借した。

三國協商（さんごくきやうしやう） (Triple Entente)（トライプル インテント）

一八九一年、ロシア・フランス二國が同盟を結んだ。程經て、一九〇七年、イギリス・ロシア、イギリス・フランスの二協商が成立するに及んで、世に之を三國協商と呼ぶに至つた。

三國協商は、その表面の理由や、條約の文句が何であつたにせよ、實は、カイゼルの覇制主義に備へんが爲に連衡したものであつて、ドイツが、之を恐れ之に對して、陸海軍の非常擴張を敢行するに至つたことが、今回の大戰爭の動因となつて居る。カイゼルは、三國協商間の聯合力を弛ましめやうとして、あらゆる手段を取つた。カイゼル得意の武裝的威嚇、ニコポン的國際訪問、さては、離間的論議の流布など、様々な苦肉策を講じた。さうして、時に或る程度まで、是等の苦肉策が成功した。けれども、遂に、それは一時的の彌縫たるに過ぎなんだ。カイゼルの野心的帝國主義は、世界の人々の等しく恐れ、等しく忌むところとならざるを得なんだ。三國協商の結合力は眞實に於ては、强められつゝあつたのである。

三國同盟（Triple alliance）

ドイツ・オーストリア・イタリアの三國が他國から侵撃を蒙つた場合に、互に助け合ふ約束を結んだ、これを三國同盟といふ。

ドイツ・フランス戰役に於てドイツはフランスに勝つて、土地を割かせ、償金を納めさせた爲に、深い怨みを、フランスに買つた。ビスマルクは、フランスの復讐に備へんが爲に、先づ以てオーストリアと同盟せんとし、一八七七年のベルリン會議に於て、オーストリアの肩を持てロシアを抑へた。オーストリアは、之を德として大にドイツに接近し來り、一八七九年、オーストリアのアンドラッシーとドイツのビスマルクとがガスタインに會見して「オーストリアが、ロシアから攻められたら、ドイツは、オーストリアを援ける。代りにドイツが、フランスから侵されたら、オーストリアは、中立する。此の時、ロシアがフランスを援けることゝなれば、オーストリアはドイツを援ける」といふ。同盟規約を密に結んだ。

イタリアは、この獨立運動を助けられたことを德として、フランスに親んで居たが、フランスが、ビスマルクに唆かされて、イタリアの勢力範圍の如くなつて居たアフリカのチユニスを占領した爲に、遂にフランスを怨むに至つた。ビスマルクは、此の機を外さず、イタリアを勸めて、己が仲間に引入れた。これがドイツ・オーストリア・イタリアの同盟である。三國同盟は、爾來、ドイツの巧妙なる外交策によつて續けられて來た。けれども、イタリアは、心からその必要を感じて居らぬのである。一九一二年十一月に、第四回目の繼續が約せられた時の如きは國民擧つて之に反對したほどであつた。今回の大戰亂に於て、イタリアが中立したのは、此の同盟がドイツの無理押付の同盟であつたことを、明に證して居る。

正貨準備（Specie reserve）

正貨準備とは、いつでも發行紙幣（兌換券）に引換へ得る本位貨幣（日本でならば金貨）又は本位貨幣を製し得る地金を中央銀行が實際所有して居ることをいふのである、一體紙幣は、何時でも、本位貨幣に引換へる條件で、發行せられた政府の約束手形のやうなものであるから、萬一、その實物がないのに多くの兌換券が發行さるゝやうなことになると、所謂不換紙幣となつて、經濟界を不安の地位に立たしむることゝなる。從つて、正貨準備の十分であるとないとは、直に、その國の信用に關係するのである。

正貨準備は、單にその現在有高ばかりで、其の健全不健全を極めることは出來ぬ。正しくは、その傾向について、健全不健全を定めねばならぬ。即ち、今は少なくても、やがて増す見込があれば健全、現在は多くても、やがて減ずる見込があるならば不健全である。と言つて、一般公衆には、此の傾向を看取することが困難であるから、政府は、或る點まで、現在有高にも注意して、人心の動搖を防がねばならぬ。英國の如きは、正貨準備がこれ以下になつては人心を不安ならしむるといふ標準額を現今では二億圓と定めて、これを恐慌點（財政上の氷點）と名づけて居る。我が國では、一億圓以下になると、稍、財界を不安ならしめ、それ以上ならば、まづ、人意を强からしめ得ることゝなつて居る。で、その恐慌點は、凡そ七八千萬圓のところにあらう。なほ、我が國最近（大正三年度）の正貨準備は、五億七千萬圓の通貨に對して、二億圓から二億五千萬圓の間を上下して居て頗る健全なる狀態にある。

生産過剰（せいさんくわじよう）（Ueberproduktion（オイベルプロダクチオン））【獨】

生産超過といふのは、生産物貨が、需要額よりも多くなることをいふので、これが爲に、經濟社會を混亂せしめ、一部實業家の恐慌を來すのみならず、甚いては、一般經濟社會を、病的ならしむることがある。

右の如く、原始的産業即ち家内工業、小農的農業等の時代にあつては、必要に應じて、生産し行くが故生產過剩の弊に陷るが如き懼れは萬々なかつた。けれども、今日の如く、機械工業、大仕掛の生產業を營む時代にあつては、勢に乘じて、思はず、生產を過多ならしめ、爲に、物貨價格の激變を來すが如きことが屢々ある。されば、企業家は、常に其の需要を計つて生產を營み、需要と供給との適當なる關係を保持するやう考へんければならぬ。

而して、生產過剩が財界を攪亂するに至る順序はといふに、若し事業家が、自己の資本ばかりで營業して居る間は、單に事業家のみの打擊となつて止まるけれども、今日の如く、信用經濟組織の著しく發達した社會にあつては、資本は、主として他に之を仰ぎ、信用を以て原料を買ひ入れ、信用を以て製品を買ふこととなつて居るが故に、一事業家の破產は、一般經濟界に自然影響を及ぼすこととなるのである。

治外法權（ちぐわいはふけん）（Exterritoriality（エクステリトリアリテー））

治外法權とは、他國に滯在する時、その法治權の全部若くは大部分に服從せざるをいふ。立憲條約國の間に於ける元首、使臣、軍艦等は、國際普通公法によつて、此の權利を受くるものである。また、東洋の領事裁判制度の行はれて居る國では、條約によつて、普通の外國臣民にも此の權利を授けて居るところもある。

ツァー又はツァール（Czar, Tzar, Tsar）

古のスラブ族の帝王の稱。出所は、やはり、カイゼルと同じく、シーザー又はケーザーといふ古の武勇王の名から轉化したものである。一四八二年モスクワ太公イバン・ワシロウィチが、韃靼征服後、始めてツアーと稱して以來、ロシア人は、この語に聖德の意ある如く思ひなし、皇帝の尊稱として用ふるに至つた。又女帝はツアリナ(Czrina)、皇太子をツエザレウィチといふ。

白禍論（White Peril）

これは、米國加州に於て排日運動が起つて以來、我が國一部の國際批評家によつて屢々口にせられるところの語である。その意義は、白人は、キリスト教國々民だと言つて威張るけれども、隨分、無法なる侵略を敢てし、一視同仁の見を全く離れて、白人外の人種を苦しめつゝある。支那に於ける、南洋に於ける、中亞に於ける、白人の侵略、アメリカに於ける日本人、支那人排斥運動の如きは、彼等白人の暴慢無法の表現であつて、明にこれ白人禍と稱すべきものであると。

覇制主義（Principe de suprematie－佛）

十九世紀の後半に於て、ドイツは、ビスマルク外交の顯著なる成功によつて、歐洲外交を指導するの地位を得、何れの國も、ドイツの意に反して大事を行ふことが出來ぬこととなつた。ところが、ビスマルクが退いて後、カイゼル・ウィルレム二世（現帝）、自ら起つて外交の衝に當らんとするや、經驗ある臣僚の意見を容るるの雅量なく、世故に迂き帝王の身を以て策案を立てたる結果、一八九一年の露佛同盟を誘致し、ビスマルクによつて成された三國同盟の力漸く弛み、歐洲のこと、必ずしもドイツの意の如くならざるに至つた。そこで、カイゼル・ウィルレム二世は、自ら責めて父祖の業を辱めるものとなし、ドイツ帝國の外交上に於ける地位をビスマルク在世當時に復らしめんことを以て對外政策の主一の目的とするに至つた。世に之を名づけてカイゼルの覇制主義といふ。

近年に於ける獨逸帝國の國力發展は、自然に世界の多くの方面に於て、他の國民と輸贏を爭ふ必要を生じたこと故、若し、カイゼルの覇制主義がドイツ國民必至の要求より起つたものとして、一定不動の計畫によつて進行するならば、列國の之に對する、必ずしも困難ではなく、又そこに同情すべき事由を發見し得たららけれども、カイゼルの覇制主義は、動もすれば、帝王の一野心として、突飛なる行動を敢てし、その方向、朝變暮改、列國の之に對する方針殆ど立たず、何れの國と國との間に衝突あるに於ても何時、如何にしてカイゼルに乘ぜらるるやも知れずとの疑念を挾まざるを得ざるに至り、各國、相聯合して之に備へんければならなくなつた。現に行はれつゝある世界の大戰亂は、正しく、此のカイゼルの覇制主義と、之に對する、聯合諸國の對覇制主義との衝突に外ならぬのである。

全獨逸主義(パンゲルマニズム) (Pan-germanism) 獨逸民族(ゲルマンみんぞく)を以て歐洲を統一せんとする主義を言ふ。

プロシア創立の英主フレデリキ大王は「國家の權勢を増進し、その地位を鞏固にし、若くは汝の利益を危からしむる處ある他國の野心を取挫ぐが爲には、戰爭は最良の手段なり」てふ軍國主義の下に、大に國權を伸張した。ついで、ウイルレム一世が、宰相ビスマルク、將軍モルトケを得て、オーストリアを離れて獨立し、フランスと戰つて之を破り、遂にドイツ聯邦を統一して帝國に君臨して以來、此の國民の間に、否、寧ろ帝王の野心として、ゲルマン民族の盟主として總てのゲルマン民族の國をその配下に置かんとする全獨逸主義の思想大に起り、更に、現帝ウイルレム二世の登極以來、一層、力強く此の主義が宣明せらるゝに至つた。歐洲に於けるゲルマン民族は、オーストリアの全部、ホンガリアの大半を始めデンマルク、スイッツル、オランダ等に亘つて一億五千萬を數ふるの多數であるから、これ等の民族を統一するに於てはドイツは實に世界最强の國たるに至るべきは明であつて、今回の大戰爭は、この全獨逸主義と全露主義との衝突がその中心核子であるはいふまでもない。

全露主義（パンスラビズム）(Pan-slavuism)

ロシアは、國は廣いが、北方に偏在して居る。どうかして南方に不凍港を得たい。地中海に覇を爭ひたい。クリミア戰役は、此の要求を充たさんが爲であつた。けれども、此の役は、その目的を達することが出來ずに不名譽な結果に終つた。爾來、暫くは、内治主義、平和主義を取つて、專ら、國力の充實を計つたが、普佛戰役前後からして、次第に、積極政策を取るに至り、世界に於けるスラブ種族を統一しやうとの運動が國民の一部に起つて、次第に勢力を逞しうし、まづ以て、バルカン半島のスラブ人を自國の勢力範圍内に入れ、次第に、南下の國是を實現しようとするに至つた。一八七七年、トルコと戰つたのもそれが爲、一九〇六・七・八年代に於て、マセドニア問題に力を入れたのもそれが爲、バルカン戰役に於て、陰に陽に、半島のスラブ族を庇護したのも、それが爲であつた。

此の度の大戰亂の最近因たるセルビア庇護また此のパンスラビズムの實現であつたことはいふまでもない。

不換紙幣(ふくわんしへい) (Inconvertible paper money)(インコンバーチブル ペーパー マニイ)

不換紙幣又は不換券といふのは、本位貨幣(金貨又は銀貨)に兌換引換へせられぬ紙幣の稱である。これには、政府から發行するものと、銀行から發行するものとの別がある。又、初めから不換紙幣として發行するものと、兌換紙幣(普通の紙幣)から變じて不換紙幣となつたものとの別がある。けれども實際に於ては、政府の發行にかゝり且つ兌換紙幣から變ずる場合が最も多い。

不換紙幣は、その國、貧にして、國用足らざる時、又は戰爭の爲に國費多端なる時に於て、多くは發行せられるものであつて、政府はこれが爲に、國家財政上の難關を易々と切りぬけ得るの便宜がある。何となれば、國費多端に際して、強て公債を募集せんと欲せば、勢ひ高利に甘んじ、不利の條件を忍ばんければならぬ。けれども、不換紙幣を發行すれば、忽ち數千萬圓の資金を調達し得べく、而も、豫め兌換を約せざるを以て、無期限、無利子なるが上に、政府の財政裕かなる時を待つて、消却し得るからである。けけども、その發行者(政府又は銀行)の信用十分でなく、その發行額が、その國通貨の需要額を超過する如き場合には、不換紙幣は、濫發し易く、伸縮力を缺くの二缺點あるが爲に、國家財政上重大なる弊害を醸すことが往々ある。

名譽の孤立（England's splendid Isolation）

イギリスは、ナポレオン戰役以來、歐羅巴の國際紛爭以外に超然として、主として、商工業の發展に力を用ひ、機を見るに敏なる、何時とはなしに、アメリカ・アフリカ・アジアの諸大陸に廣大なる領土を獲得し、その植民政策に於て、他の追蹤を容れざる成功を遂げ、人口實に世界人類の四分の一を占むるに至つた。從つて、ヨーロッパの他の五强國が、それ〳〵、同盟して、互に他を牽制せんとするに際しても、イギリスのみは、敢て、其の渦中に投ぜんとはせず、自ら稱して「名譽の孤立」と誇つて居た。けれども、一九九〇年代に入つて、各國共に、漸く植民政策の必要を感、おもひ〳〵に、世界の各方面に於て活動を試みんとするに及んで、イギリス獨り從來の如き優越なる權力を植民政策上に維持することが出來なくなつたので、一九〇三年、先づ以て我が日本と同盟し、次で、一九〇七年佛露と協商して、以て、その「名譽の孤立」を捨つるの已むなきに至つた。

第三篇* 續新聞語解説

〔其一〕 最新の術語及び流行語

小引 新聞や雜誌中には、政治、經濟、道德、文藝、社會の各般に亘つて、盛に使つては居るが、さて、實際の意義の明瞭ならぬ新術語が可なりある。日常の談話語中にも、大體其の意味は分つて居るが、さて、それを明瞭に知らうとなると、普通の辭書を繰り開いても解決のつかぬ流行語が可なりある。此の章では、此等の術語及び流行語を平明に解説する。但し、此の書の主義として、分りきつた語や、專門に偏した語は採擇せぬ。（原語中、何とも記してないのは總て英語である）

*編集部注 「第三篇」は「第四篇」の誤り。

エフィシエンシー（Efficiency）譯して「能率有効法」といふ。主として、各種の工場に於て、勞働能率を高めんが爲に、心理學上の「疲勞の法則」その他を應用したる能率の增進法。(1)その個人に適した仕事をさせる。(2)極度に疲勞せぬ前に休ませる。(3)無理な仕事をさせぬ。(4)全然、監督者の定めた方法で働かせる。(5)仕事の性質に應じて賃金制度、歩合制度の何れにも偏せぬ。(6)製品檢査を嚴重にする。(7)勞働時間を少なくする。是等の原則を實行することによつて、從來よりも工率を二倍若くは三倍に高められるといふ。現今、亞米利加、獨逸にて大流行。日本でも漸く注意を惹くに至つた。あらゆる點に於て「無駄を省く」といふエフィシエンシイの此の理論は、大工場經營に應用して有効なるのみならず、如何なる仕事に應用しても有効である。「科學的經營法」(Scientific management)とも「無駄の手數を省く法」ともいふ。

溫情主義（おんじやうしゆぎ） 工場監督、部下統率等に關して、近來漸く主張せらるゝところ。即ち人物監督の任にあるものは、部下又は勞働者の精神と境遇とを十分に理解し、之を愛するの心を中心として働かせるのが、最もその能率を高める所以で、かれて、かの歐米に流行する同盟反抗の如き傾向を沮止する唯一の方法であるといふのである。既に此の方法を實行して十分の成績をあげて居る工場等も我國にはある。

高等批評（かうとうひひやう）（High-critics）（ハイクリチクス）　總ての事柄を批評するに當つて、單に現象の末のみを捉へて是非するを止め、その原理に遡（さかのぼ）つて、根本的に批評するをいふ。例へば、「學制」といふことを批評するにも、現在の學制そのものを大半は動かぬものと見ての部分批評でなく、教育の必要、學制の由來、現社會の要求といふやうな根本問題から出發して批評するをいふ。「高等政策」の「高等」も矢張「根本的」の意味で用ふる。

勤勞主義（きんろうしゆぎ）　被教育者（即ち兒童）を勤勞させることによつて與へた知識を確實にし、進んでは、實行の習慣を養ひ、勤勞によつて、獨立不撓の奮鬪的氣力を高めやうとする教育上の新主義。獨逸には、此の主義を標榜する勤勞學校（アルバイトシューレ）といふのもある。

强迫觀念（きやうはくくわんねん）　ある一事を思ひ込むと、それが頭腦に深く强い印象をきざむ。かくて、その觀念が固定すると、その觀念に我と我が心がおびやかされるやうになる。此の觀念が募つてくると、俗にいふ「生靈」だの「死靈」だの「狐つき」だのといふ現象になる。更に高じて來ると狂人になる。

誇大妄想狂（こだいもうさうきやう）　近代生活の產物。神經刺戟の强き時代に多く出づる精神病者。自らが大變偉くなつたやうに妄信し、さやうのことのみを口にする狂人。

産兒制限論 「子供が多きに過ぐると生活が困難になる。生活が困難になれば、勢ひ、完全に子供の教育が出來ぬ。そこで生むことを制限して、生れた子供は、どこまでも立派に育てよう、それが、親の爲でもあり、生れた子の爲でもあり、又、國家の爲でもあり、人類の爲でもある」と主張する。「少なく産んで多く教育せよ」といふのが此の主張のモットーである。制限の方法は、主として避姙によるのである。佛蘭西などには、二兒制、三兒制などいふ語さへあつて、公然とこれを行つて居る。

時間と空間 (Time and space) 事物の存在の根據となつて居る根本形式。「何時」「何處」といふことを離れて如何なる物も存在せぬ。正しく言へば、時間といふのは、物の變化の一面を見たのである。空間といふのは、物の廣がり大いさの一面をいふのである。

新理想主義 (Neo-Idealism) 從來の理想主義は、動もすれば、理想に馳せ過ぎて、現實を全く顧みぬ弊に陷つた。之が、反動として自然主義が起つた。が、これは、到底人間に精神的滿足を與へ得るものではない。そこで、今度は、現實味を十分に帶びた新しい理想主義が現はれた。獨のオイケンなどの哲學がそれである。

社會劇 (Social drama) 社會に生ずる種々の實

際問題、特に社會道德と個人思想との衝突等を題材とせるもの、近代の歐洲作家、殊にイブセンの作は主としてこれ。一に問題劇といふ。觀客に對して、何か考へさせなくては置かぬと言つた風の劇。

社會問題(Social question) 社會の經濟上若くは道德上に於ける新舊思想の衝突、强者と弱者との利害相反、貧富の隔絶等を救濟緩和せんとするあらゆる問題を總稱する。「正篇「社會政策」を看よ」

事大主義 何等根柢ある主義定見なく、たゞ勢力の强勢なるものに阿附盲從するをいふ。「事大思想」「事大黨」などとも用ふ。

ジンゴイズム(Jingoism) 理非を論ぜず國勢を張らんとする主義。他國を侵略して領土を擴張せんとする主義。やつつける主義。

信仰の自由(Freedom of faith) 宗教を信ずると信ぜぬと又如何なる宗教を信じようと何等の制限・束縛をも受けぬをいふ。我が國では、憲法の條章によつて「信仰の自由」が國民に與へられてある。

ジャコビニズム(Jacobinism) 謂はれもなく政府に反抗するをいふ。急激革命。

常識宗 何でも彼でも、常識(正篇參看)で押して行つて、系統的知識を重んぜざる人々をいふ。即ち何よりも常識が尊いと思つて居る人々の處世觀。

循環論法(Circulus in-probando) 一般に

は同じことを別な言葉で繰返すばかりで、一向要領を得ぬをいふ。正しくは、一の理由によつて斷案を證明し、その斷案によつて又その理由たる前提を證明する論法「孔子はえらい。聖人である故。孔子はなぜ聖人か。えらい故。」の類。

睡遊病（Somnanbulism） 夢中に或る行動をなしながら、覺めての後、少しもそれを意識せぬをいふ。甚しきに至つては、他人の寝所に入つて知らず、又、夜中、殺人を行つて知らざるものすらある。夢中遊行。離魂病など書く。

制海權（Sea power） 自國の海軍力により自國の政策により一定の海上を自國の支配の下（實力上より見ていふ）におき得るをいふ。「英國は、何々洋の制海權を有する」など用ふ。

生命學 今日までの科學は、かの人間を研究の對象とする心理學すら、分析に流れてやゝもすれば生命的實在を忘却する。一體、分析的に心理現象を研究すると、人間は死物の如くなつて了ふ。が、人間は死物ではない。活物中の活物である。分析を許さぬ純一絶對の存在である。而も人間の根本的存在は生命にある。その生命を生命として（身と心。知と情などゝ分析せずして）研究するが生命學の目的である。

セカンド・ハンド・ナレッジ（Second hand

knowLadge) 第二の知識。自己の獨創でない知識。人から受けた知識。自己の生活經驗から歸納し發見した知識を第一の知識といふに對していふ。

責任支出（せきにんししゆつ） 政府が實際政治上の必要に應じ、正式には議會の協贊を經べき性質の金を、議會解散中の如き非常の場合に、便宜、議會の協贊を經ずして支出するを責任支出といふ。即ち「その用途に對しての責任は、**政府當局之を負ひ**、若し、その用途が不都合だと認めらるゝ如きことあらば、何時にても其の責に任ずる覺悟を以て支出する」の意である。

セセッション (Secession) セセッション式の略。直線式など譯す。輕快、蕭灑、素朴を尙ぶ建築・家具その他に於ける意匠上の新樣式。英國エリザベット朝以後十九世紀の末葉に至るまで一時流行を極めた建築其の他の樣式に**エリザベット**式といふがある。此の樣式は曲線を巧に配合して、次第に濃厚、艷麗、複雜に傾いて行つたに對して、人心、次第に之に厭き、その反動として、輕快、蕭灑、素朴を愛するに至つたのが、此の式の行はるゝに至つた所以である(重出)。

刹那主義（せつなしゆぎ） (Momentalism（モーメンタリズム）) その刹那 瞬間每の）の生活を尊重する主義、既に瞬間の生活を尊重する、過去もなく未來もない。その瞬間の感じと行動とを完全に一致せしめるの意。

絶糧策（せつりやうさく）（Starvation（スターベーション） policy（ポリシー）） 敵を包圍して糧道を絶ち、徐に敵を疲らせようとする戰爭上の一主義。要塞攻擊などに於ては之を正攻法と言つて居る。歐洲大戰（一九一四―）に於ける聯合軍、主として英軍の對獨策は漠然たる併しながら大仕掛の絶糧策である。

全的生活（ぜんてきせいくわつ） 精神と肉體とを分離して考へずに、精神生活即ち肉體生活であるとの見地に生活するをいふ。平たく言へば、花を見るのも肉を食ふのも共に「我」の必要を充たすのであつて、どちらが高尚の、どちらが劣惡のといふ差違はないといふのである。「全我の眞要求は靈にも肉にも轍底するにある。」これが全的生活主張の合言葉である。

第三黨（だいさんたう） 在來の何れの政黨でもない中間黨をいふ。大隈内閣改造の當時、ある一派の人々によつて、在來の政黨員中の進歩思想を有するものを網羅して、新政黨を對立せんとし、之を第三黨と自稱したるより、此の語世間の注目を惹くに至つた。

タゴールの哲學（てつがく） タゴールは現代印度の詩人である。此の人の哲學は、印度古代の宗教思想を現代語を以て語るものである。現代殊に歐洲の思想界が極端なる個人思想に囚はれて、自ら自己の世界を小さくし狹くし弱くして自ら懊惱、煩悶して居る有様を見て自己破滅の思想となし、自らを開き、小さき我を捨てゝ自然にかへれ、そこに調和があり自由があり讃美があり統一があり平和がある、そこに眞の神があるとて、歐洲の個人思想を排して、人と自然との合一融化を主張するのである。而して、その思想を、實に彼自身に獨特なる詩語を以て物語つて居るのである。かの有名なる「歌のさゝげもの」の一節に曰く、「讀經を止めよ！珠數つまぐるを止めよ！閉ぢこめられたる寂しき寺の片すみにてお前は何を拜まうとはするぞ。神は農夫の堅き土を耕やす處に、工夫が石を割れる處に、そこに居ると知らずや、神は日に晒され、雨にしほたるゝ者と共にまし〳〵、その着衣は塵埃に蔽はれ給ふと知らずや」と。以て一般を知ることができやう。

タマニー (Tammany)　市政紊亂者の稱。紐育市政に勢力を有する一種私黨本位の團體にタマニー派といふがあつた。此の派、その勢力を恣にするや市政の腐敗その頂點に達したが、千九百十年ゲーナー市長の出づるに及んで市政を廓清し舊來の面目を一新した。爾來、此の一新語が社會辭書に加へらるゝこととなつた。玆に奇なるは我東京市政の紊亂者と言はれた一派の（多摩阿兄（タマアニー））がタマニーに通ずることである。

ダムダム彈（だん） (Dum dum-bullet（ビューレット）)　小銃用彈丸の一種。尖彈ならぬが故に、人體に命中する時は、その傷痍を大ならしむる恐あり、萬國平和會議に於て之が使用禁止を申合せた。然るに歐洲大戰に於て獨軍は此の彈丸を盛に使用したりとて聯合軍側から抗議を申込んだことがある。

中繼內閣（ちうけいないかく） ある內閣が倒れて、第二の完全なる內閣を組織せんとしても、各種の事情ありて思ふに任せざる時、一時、間に合せに組織された內閣。しかし、內閣組織者から言へば左樣な意味で決して內閣を組織することはない。この語は、政界の通人が、ある不確實なる根據に立てる內閣の將來の運命を見越してさういふのである。

知識階級（ちしきかいきふ） (Intellectual Class)（インテレクチュアルクラス） その時代その社會に於て比較的進步したる思想を有する人々の總稱。貴族と平民、富家と貧人等の如き階級別から全然獨立して考へられた階級。「納稅額を標準として選擧權を設定するが如きは、此の知識階級を無視する選擧法である、假に普通選擧（正篇を見よ）を實現し得ぬならば、せめては此の知識階級に選擧權を與へよ」といふ意味でも用ひられ、又、もつと漠然たる意味にも用ひられて「此の運動は政友會の知識階級（百姓議員に對して）を悉く網羅して居る」などともいふ。何れにせよ、此の語の如くフレッシュな感を青年の頭にひゞかする語はあるまい。

低級藝術（ていきふげいじゅつ） 最新の文藝思想から批評すれば、何等眞劍のところなく、何等作者の個性の表現なく、何等、社會的に問題提供の意味もなく、從つて、知識階級の人々には省みられないが、而も、多數の老人多數の婦人などに喜ばるゝ種類の、興味中心の藝術をいふ。繪入新聞小說、單に床飾りを目的として書かれた繪畵、單に實物に一見酷似して居ることをのみ目的として作られた彫刻の如きには概して低級藝術品が多い。

超然內閣（てうぜんないかく） 直接政黨を根據とせざる內閣。政黨內閣に對していふ。官僚內閣などいふ語と共通の意もある。かゝる內閣にあつては、概して「民意を本として政治を行はんとするよりも、ある傳來的勢力、傳習的偏見を中心として政治を行ふに至り易い。」と言はれる。

鐵血政策（てつけつせいさく） 內治にも外交にも頗る强硬なる態度を持して政治を行ふをいふ。獨逸興國の中心人物ビスマルクが一殖民大臣の地位より擧げられて宰相の印綬を帶び、始めて臨んだ議會に於て其の主義政綱を發表し、從來の軟弱なる政策を非議して「今の時、此の國步艱難の時に處するの道、一に鐵と血とを以て事に當るの覺悟あるのみ」と一大獅子吼したる時反對派の人々すら、皆、その元氣に呑まれたといふ。「鐵血政策」の語は、其の時以來の經世的流行語である。

群民煽動（Demagogism）　大多數の人民を煽りたてゝ時の政府に反抗せんとする運動。デモンストレーション（正篇に見よ）とほゞ同義。

テレゴニー（Terregoniy）「先夫の影響が後添の夫の兒に影響する」といふ學説。獨逸兵に亂暴された白佛の婦女等が、その獨逸兵の影響を受けはせぬかとの心配から、此の語が一時の流行語となつた。しかし、今日の確な遺傳學上の學説ではテレゴニーは一の想像的謬見であつて學術的に何等の根據もない説である。

新東洋主義（Neo-orientalism）　平たく言へば日本が盟主となつて、東洋全體の國土人民を開發し東洋を中心としたる一大文明を創造しようといふのである。從來の東洋主義は、西洋に對して、西洋の文物を徒に排斥しようとする意味の消極的の東洋主義即ち攘夷的東洋主義であつた。新東洋主義は東西文明の融合を計るに當つて、その中心點を東洋ことに日本におかうといふ、そこに「新」の意義がある。又此の主義は、そのまゝで新日本主義と言つてもよいのである。

排貨運動　非買同盟即ちボイコット（正篇に見よ）が國交的色彩を帶びて現はれたる一現象。弱小國が強大國の要求を實力を以て正面より拒絶する力なくさりとて、強大國の要求を不當なりと思ふ時、その强大國より賣込まんとする物貨を排斥して、以て僅に鬱憤を晴らさうとする、即ち同盟を結んで、物貨を買はぬことゝする運動である。かくて、排貨を受けた國が經濟的に多少の打擊を受くるはいふまでもないが、排貨したる人民、亦不便を感じ、損害を蒙り、進步發達を沮止するに至るのである。最近支那に於ける「日貨排斥」の如きは、排貨運動の一例である。

汎亞細亞主義（Pan asiauism）　亞細亞民族は人種的にも歷史的にも共通の資性を有する。此の資性の共通點を總合して、一大民族的運動を起し、やがて來らんとする世界人種競爭の準備を整へなくてはならぬ（勿論日本之が盟主となつて。）といふのである。新東洋主義が精神的色彩に富むに對して、之は、軍事外交的色彩をより多く帶ぶる點に於て多少の相違はあるが、東洋殊に日本を中心としたる對歐米策たる點に於ては全く一致する。

萬有神教（Pantheism）　一に汎神教ともいふ。萬物みな神の現はれであるとみる宇宙觀を中心とする教。佛教、バラモン教等の如きはこれ。タゴールの思想また、此のパンセイズムに似通つたところがある。

非喜劇（Tragic-comedy）　悲しみの中に滑稽味を帶ばしめ、滑稽を目的としながら悲しむべき材料を取扱ふ一種皮肉なる諷刺劇。「泣き笑ひ」といふ深みのあるものもあるが、單に人を愚にした如き輕いものもある。

避妊問題（ひにんもんだい） 避妊が個人的又は社會的に見て、如何なる點まで有益であるかないか、又道德的、政策的に見て害惡を流すか流さぬか等の問題をいふ。產兒制限の理論を是認すれば、これを有益であると見ればならぬが、たゞ、その方法の問題がどうであらうか。即ち避妊法を採用した結果、永久に不妊に陷つて、子が得たいと思ふ頃になつても、妊娠せぬやうな恐れがありはせぬか。これは、醫學上から十分研究しての上でなければ確言は出來ぬが、若し、避妊法採用の結果が、不妊症に陷ることが多いとすれば「任意に產兒の數を限る」わけには行かぬ故に、頗る危險である。個人的にも社會的にも寧ろ有害である。ことに、道德上から見ると、害惡を流す方面が頗る多いし、政策的に見ても、人類の增殖が國家の强みである以上（無敎育な人間の多いのは反つて國家の弱みであるといふが、佛蘭西などの國運衰頽は確に避妊流行が一因をなして居る）、必ずしも有害でないとは言へぬ。要するに、此の問題は、多方面から冷靜に考究を要する刻下の社會的一大問題である。

フレチュリズム（Fretulism） 減食主義、小食主義と譯する。吾々は、「好む物を少量によく咀嚼して攝る」ならば、現在の食糧の約三分の一にて優に生命を繋ぎ得るのみならず、健康を増進し、頭腦を明瞭にし、神經病、胃腸病等から近代人を救濟し得るといふ。米國フレッチャーの創唱にかゝる。

不老長壽論 「吾々が「人生五十年」と言つて、多くは百歳の壽を保ち得ぬのを自然的常命のやうに考へて居るのは間違つて居る。あらゆる生物はその成長期の五倍は生きる。人間は二十五歳までを成長期とする故、約百二十五歳までは當然生きらるべきである。然るに、さはなくて、五十、六十で死ぬ若くは老いて役に立たなくなるのは何故か。人間の腸には澤山の二裂菌が居る。腸内腐敗は、此の菌の繁殖に本づく。而して腸内腐敗はあらゆる病氣の源であるのみならず、早老の原因たる動脈硬化を誘致する。故に、此の腸内腐敗を拒げは、人間は今よりもずつと長壽を保ち得る。腸内腐敗を拒ぐ方法としてはかのブルガリア菌（ヨーグルトには之を多く含む）を腸内に繁殖せしむるが一番よい。」といふ佛蘭西の學者メチニコフ氏の主張する所。

ヘッケリズム（Hackelism） 生命新論と言つてもよい。「生命は進化する。子供が、胎内にある時は全く物質的のもので何の自覺もない。が生れて暫くすると、不思議にも自覺が生ずる。之が精神の萠芽である。人間は、その一生の間、物質と精神の兩面に生きて居る。けれども、その精神と稱するものも決して物質を離れて存在するものではない」といふ。獨逸の學者ヘッケルの創唱する所。

徒歩主義（Pedestrianism）「近代文明の一傾向として、人類は、機械力利用の爲に、身體の健康を弱めつゝある。天より與へたる此の手此の足は、使用することによつてのみ發達する。吾々は、出來るだけ多く、天の與へたる此の機關を使用せねばならぬ」といふのが、其の根本的主張である。

物質主義（Materialism）物質が究竟唯一の實在であつて、精神は、物質の作用、結果を顯現するに過ぎぬ。自然の本質は物質であつて、精神現象は此の物質の作用として現はれたものであると考へる説。「唯物主義」ともいふ。

マンナリズム（Mannarism）「同一の技巧を繰り返すに過ぎぬ」にいふ。特癖。舊様式に囚はるゝ主義。主として藝術上に用ふ。守舊主義。

マンモニズム（Mammonism）蓄財を以て生活の唯一の意義と心得て居る人を嘲つていふ。拜金主義。此主義者をマンモニスト（守錢奴）といふ。マンモン「福神・財寶」を動詞にしたる語。

夢幻劇（Mithtic-drama）取扱ふ材料は神秘的性質のもの、之を表現する舞臺上の技巧亦總てその神秘的性質を助長するやうに仕込まれたる劇。人生を夢幻の境界に導き、覺めての後、何物かをその境界から捉へ來らさうとするが目的。メーテルリンクの作劇には此の種のものが多い。

メンデリズム (Mendelism)　シレシアの學者メンデルの唱道せる遺傳説。1、素質の潛伏。2、優性劣性の關係。3、性の區別の生ずる理。4、性的局限遺傳。5、變異の生ずる理由。等について新しい説を唱へ、ガルトン●ワイズマン等の學説の缺點を補つて、遺傳學をして、眞に人生研究の基礎科學たるの地位を確立せしめたる最新の學説である。

問題文藝（もんだいぶんげい）　社會問題とか、婦人問題とか、又は倫理、政治、宗教等に關する其の時代に特有なる問題を中心としたる文藝。問題小説（プロブレムノーベル）(Problem novel)問題劇（プロブレムドラマ）(Problem drama)など分ちていふこともある。最近文學界の一流行語である。

ユーセニックス (Euthenics)　優境學と譯する。ユーゼニックス(人種改善學)に對して、生後の境遇を改善して各人の幸福を增進せしめようとする最近思想の一大傾向の稱である。まとめて言へば生活の指導改善によつて人類の幸福を增進するには、二種の方法がある。一は、結婚關係の改善によつて、人間の種を根本から改善しようとするもの、之を「優種學」(ユーゼニックス) といひ、他は、人の生れての後の境遇を改善して、例へば「營養狀態の改善、最近醫學の指導に本づく社會教育、家庭・學校教育を改善して極度に其の天賦の性能を發揮せしめやうとするもの、之を「優境學」(ユーセニックス)といふ。此の二方法は互に助け合つて社會改善の効果を收め得るものである。(尙「正篇」「ユーゼニックス」を見よ)

臘官運動(れふくわんうんどう) 内閣その他官邊に於ける勢力の中心の變動するに際し、或は、新しき制度の布かるゝに際し、新なる勢力に關係を有する人々が、自己の地位を得んが爲に所謂「暗中飛躍」を試みるをいふ。

〔其二〕當用の飜譯語・外來語・新意語

小引 1、吾々が日常使用して居る談話語中には、英語その他の飜譯語が頗る多い。否、明治語の大部分は飜譯語である。2、吾々が日常使用して居る談話語中、英語その他の外國語を其のまゝ使用して居るのが頗る多い。3、吾々が日常使用して居る談話語中には、飜譯語・外來語では無いが、而も、それ等に刺戟せられて出來た新意語がまた可なりある。こゝには、此等日常の談話中に使用さるゝ飜譯語・外來語及び新意語の重なるものを選んで、解說する。但し、分りきつた語、又は餘りに專門がゝつた語は採擇せぬ。（原語中、何とも記してないのは總て英語である。）

アイ・オー・ユー（I.O.U）　商用語として用ふる I owe you の略。「君に借金がある」の義。證書等に記載する。

アイボリー（Ivory）　（1）象牙。（2）名刺。（3）上等の用紙。今は第三の義として多く知られて居る。

アウト・サイド（Out side）　（1）外側の、外部の。（2）外面、外部。

アウト・ライン（Out line）　外廓。梗概。略圖。ざつと一通り話をすることを「ほんのアウトラインだけ話をする」など用ふ。

アウト・ルック（Out look）　英國及び米國で出る月刊雜誌の名。警世の意味。本義は注視。

アスピレーション（Aspiration）　希望、抱負。大願。

アトラクチブ（Attractive）　引つける。興味ある。目につく。

アドレッセンス（Adrescence）　青年期、春機發動期。男ならば十四五歳から、女ならば十二三歳から成熟期までをいふ。人生中、精神的にも身體的にも最も大切なる時機とせられてある。

アトロピネ（Atropine—獨）　白色・有毒の有

瞼」「基。鎮痒又は瞳孔擴大又は輕き麻醉藥として特効がある。此の藥は、今日まで獨逸から輸入して居たが、今回の戰爭にて輸入絶えたる爲非常なる高價となつた。從つて、内地に産する藥草「はしりどころ」を以て代用品を作らんとする運動がある。

アナクロニズム (Anachuronism) 時代錯誤。時代おくれの人が、己の青年時代の考で現代の青年を律しようとするに對して、彼はアナクロニズムに陷つて居るなどいふ。

アンビション (Ambition) 野心。大望心。

イー・エンド・オー・イー (E.&O.E.) 商業上の語。「誤記脫漏は此限にあらず」の義。勘定書、送狀等の下部に記入される。

インテレスト (Interest) (1)趣味。興味。(2)利益。利子。

イリジューム (Iridium) プラチナ(白金)に類する白金よりも固き貴金屬。近來、萬年ペンの尖端に着くるの故に邦人にもよく知らるゝに至つた。

イリュージョン (Illusion) 幻影。幻想。幻覺。

イルリガートル (Irrigator 獨) 灌注器。洗滌器。普通家庭にも用ひらる。

イエロー・ペーパー (Yellow papar) 黄色新聞。下等新聞。惡口新聞。米國にて惡口新聞は、多く黄色の紙を用ひたるより、一般に惡口新聞な

(たとへ白い紙に刷つても)かく呼ぶに至つた。

ウイット (Wit) 機智。頓智。氣轉のきく。

ウォーター・シュート (Water shoot) 高所より船に乘りて水上にすべり降りる遊技。博覽會などの餘興によく行はる。

エークル (Acre) 英米地積の單位。我が四反八丁步に當る。エーカーとも發音する。

エキセプション (Exception) 例外。格外。除外例。「多少の例外(エキセプシヨン)は已むを得ないよ。」など用ふ。

エキス (Extract) 「エキストラクトの略」食物の主要成分ばかりを比較的少量の容積に結縮したるもの。蒸發の度に應じて乾燥せるものと流動體のものとある。

エクスタシー (Ecstacy) うつとりして我を忘るゝ意。忘我。恍惚。法悅など譯す。「エクスタシーの狀態」など用ふ。

エコノミカル (Economical) 經濟的の。家政の。諸用の。

エスカレーター (Escalater) やゝ傾斜をもつた吊り梯子。昇降の具。近頃、エレベーターと同義に此の語を用ふるは間違ひ。

エッセンス (Essence) その中の最も肝要なる部分の意。本質。粹。精髓など譯す。エッセンシャルパート「要點。」

エデン (Eden—伯) ユダヤ傳說に「人類の祖先たるアダム・イブが住みし樂園にて浮世の苦しみの通はぬ天上の極樂境をエデンといふ」とある。波斯灣の北方、古代バビロニア平原をいふか。

エナメル (Enamel) 挿話。不透明なる玻璃質。各種の色を有し、七寶燒等に用ふ。ヤキモノグスリ(泑藥)。シロメ(白臘)。

エピソート (Episode) 挿繪。一の物語の間に他の小物語を挿挾むをいふ。「こゝに一のおもしろきエピソートがある」など用ふ。

エボナイト (Ebonite) 黑ゴム。黑檀に似たるつやがある。櫛、釦、醫療器等の器具を作り、又電氣絕緣體としても賞用せらる。萬年筆の上等のペン軸亦皆「エボナイト」にて製せられる。工業家は、略して「エボ」と呼ぶ。

エンゲージメント (Engagement) 婚約したるにいふ。略して「エンゲージした」など用ふ。

エンジン (Engine) 機關。發動機。機關車。

エレキ (Electriciteit—蘭) 蘭語エレキテルの略。英語エレクトロ (Electro)「電氣」と同義。

エレクトラ (Electra) 希臘神話中の一人物、その父アガメムノンの弑に遭ふや、弟を助けて本國に歸り、共に復讐した。希臘の古詩中、此を題材とした劇詩が多い。

エロトマニア（Erotomania）　色氣違ひ。戀やまひ。

オーシス（Oasis）　沙漠中にて樹木茂り多少の泉水の湧出づるところ。沙漠を横斷する隊商等の茲に休息するを何よりの賴みとする。有難い助けに遇ふことを「沙漠でオーシスにあつた心地」など用ふ。

オートミール（Oatmeal）　大麥の皮を去つてホイロにて乾燥しこれを挽碎いた食品。

オーナメント（Ornament）　印刷の際、文章の切れめに入れて飾とする線その他の形をいふ。

オーバーシューース（Over-shoes）　雨天等の際に靴の上に穿く護謨製の上靴。

オール・オア・ナッシング（Oll or nothing）「萬事か然らざれば皆無か」で、徹底したる生活の態度にいふ。

オーロラ（Aurora）（1）極光。夜中。極の方に當れる空に壯麗なる虹の如き一種の光輝を認むるをいふ。（2）希臘神話にては、每朝、莊麗なる白馬の車を急がせて下界に太陽の出現を知らす曉の女神をオーロラといふ。

オゾン（Ozone）　特殊の臭氣ある氣體。酸素を多く含む故呼吸器病等によろしい。海岸の空氣中に多く含まる。

オフセット（Offset）**印刷**（いんさつ）　石版の石に代ふる

にゴム板を用ふる色印刷の新印刷法。近頃、漸く行はるゝに至つた。石版より美しい。

オリオン (Orion) 希臘神話中の美しき巨人の名。暴力を以てチノス王の女を得んとし盲目となる。後美の神ヂアナに愛せられたれど、反つて其の矢に當つて死んだ。

オリザニン (Olyzanin) 玄米中に含まるゝ一種の刺戟素。神經系統の營養として、また、代謝作用の盛らしむなる物質として、著しい効果があると言はれて居る。

カーキー (Khaki) **色**(いろ) 印度語「カーケ」(塵埃土の意)より來る。茶褐色。茶褐色の布。

カーテン (Corten) 窓かけ。

カオリン (Caolin) 粘土の最も純粋なるもの。磁土。磁器の製造はこれあるによる。

カカオ (Cacao) 熱帯地方産の喬木。此の種子を粉にしたのをカカオ粉と言ひ、此の粉を固めたものをチヨコレートといふ。

カシミア (Cashimere) 印度カシミル地方に産する山羊の毛にて繻子の如く綾織せる織物。

カンニング (Cunning) 狡猾なる。巧妙なるの原意より、今は專ら學生等が試驗中にする不正行爲に限り用ふ。

カメオ (Cameo) 浮彫を施せる寶石。古く行はれた西洋煙草に此の名を冠したのがあつて、「カメオに親玉ピンヘット」など一時の流行語となつたことがある。

カルチュア (Culture) 敎化。耕作。文化。又は修養とも譯す。

キー・ノート (Key-note) 主調。基調など譯す。「音樂に於てある調子の土臺となる音」をさす本義より轉じて思想の根柢などの義に用ふ。

歸依(きえ)**する** よりすがる。信頼する。

ギタンジャリ (Gitanjali) 「歌のさゝげもの」と譯す。印度の詩聖タゴールの代表詩の原名。

歸納(きのう)**する** 個々の事實に共通なる法則を見出すこと。論理學上の語。

ギャップ (Gap) 裂け目。溝(みぞ)。隔たり。「父と僕の間には既に大なるギャップがあるかられ」など用ふ。

キャラメル (Chalamel) 砂糖を煮たゝせてかためた菓子の總稱。近頃ミルク・キャラメルと稱する菓子が流行してをる。

キュピット (Cupid) 希臘神話中の戀愛の神。その像は、裸體に翼を負へる盲目の小兒が弓に矢を番へた姿。一たびその矢に心を射られたものは、切なる戀愛の情を覺ゆといふ。羅馬にては之をエロスといふ。

グート・ネーチュアド（Good-natured）温厚なる。善良なる性質の。

クライマックス（Climax）最高潮。最高點。「あれが國家主義發現の——だつた」など用ふ。

クラスメート（Classmate）同級の親しき友人。

クリーア（Clear）明晰なる。透きとほつた。はつきりした。

クロマティーン（Clomatian）染色質體。細胞核中にありて、ある藥品に色彩反應を呈する蛋白質的組織の原形質。生命及び生命の有するそれ〴〵の特質は總てこの中に存すと言はるゝ。

過程（くわてい）（Process（プロッセス））徑路。すぎ行き。成立にまでの道行き。

形而下（けいじか）（Concrete（コンクレート））具體の世界。感覺に觸れて知ることの出來る世界。物質界。

形而上（けいじじやう）（Metaphysical（メタヒヂカル））何等形體の知覺されぬ世界。非物質界。精神的存在。神的存在等を指す。形而下の反對。

懸案（けんあん）解決せられずして殘されてある問題。「陸軍多年の懸案たる增師案」など用ふ。

幻滅（げんめつ）（Des-illusion（デスイリユージヨン））これまで空想して居たことが明になつて、初めて、事物の眞實性に觸れること。科學的智識の發達に伴うて、これまで、信じて居た神の世界といふが如き冥夢から覺めたことにいふ。

挂冠(けいくわん) 冠を挂けるで、公の職を辭する義。

後天的(こうてんてき) (A posteriori) 先天的と相對す。生れて後の教育境遇の影響によつて定まること。

コカイン (Cocain) 無臭無味、白色結晶粉末の劇藥。局部痲醉劑又は鎭靜劑として用ふる。

コンビクション (Conviction) 心證。自分でどうしてもかうあるべきだと信ずるにいふ。

コンモナー (Commoner) 平民。一般の人々。

コロボックル (Corobockle) アイヌの傳說にていふ、最も古く我が國に住んだ人種。即ち石器時代の人民の稱。貝塚、竪穴、多くの石器は其の遺跡であると言はれる。

サイコロジイ (Psychology) 心理學。心理。心持。學術上の言葉だが、通俗にも「政治家のサイコロジイは」など用ふる。

サタン (Satan) 惡魔。惡鬼。

サンスクリット (Sanskrit) 梵語。印度古代約二千年前の言語、ギリシア語、ラテン語と同系統に屬す。原義は「飾られたる」にて、もと聖語又は經典語の意。

サンプル・ルーム (Sample room) 見本室。標本陳列室。

サルバルサン (Salwarsam) 注射用の劇藥。

通俗には六〇六號といふ。梅毒の特効藥として世に知らる。英國エールリッヒ博士の發見藥。

シェク・ハンド (Shake-hand) 握手。洋式禮法の一。

ジオラマ (Diorama) 長い麻布に連續せる光景を畫き、暗室内にあつて、觀せしむる裝置、實物に接せしむるが如き思ひあらしむる見世物繪の一種。

自家撞着（じかどうちやく） (Self-contradiction) 論者の今いふ所が論者の平生の所論の反對なるをいふ。

シグナル (Signal) 信號。目標。信號器。

思索（しさく） (Speculation) 考へること。外物の經驗を直接するのではなくて、頭の中で一定の目的に適合するものを發見せんとするにいふ。

實感（じつかん） 官能を直接刺戟するをいふ。正しくは假感に對していふ語なれど、時としては、肉感と同一に用ひらる。——實感的 (Sensational)。

シニック (Cynic) シニクは皮肉（ひにく）に通ずる。(1) 嘲けり好きの。皮肉的の。(2) 冷笑家。わる口いひ。皮肉屋。(3) 富貴快樂を蔑視する超世間的の思想又は人間にいふ。支那でいふなら清談の徒。

シンガー (Singer) 「歌ひ手」の意より轉じて藝者の意に用ふ。

シンボル (Symbol) 象徴。記號。

シンメトリー (Symmetry) 均齊。上下左右よく釣合つて居ること。

ジュピター (Jupiter) 希臘神話に於ける諸神の主宰者。オリンプス山上に座を据ゑて居る。森羅萬象一として心のまゝならぬはない。ゼウスの神ともいふ。

醇化 (Idealization) （1）感興ある實體より作者の思想に從ひて藝術的に無用なる部分を除外し、その物自體の本性を有効に表現せんとするにいふ。（2）雜駁なる知識を分類して系統を立つるにいふ。（1）は藝術上。（2）は哲學上。

衝動 (Impulse) 目的の意識なく外界の刺戟に應じて行動するをいふ。吾人の本性が無自覺に外に發露するのである。

ショック (Shock) 心を打つ。精神に激動をうくる。

自律 (Autonomy) 他の命令又は世の習慣などによつてではなく、自己の信ずるところに從つて行動するを「自律的行動」といふ。

スイッチ (Swich) 開閉器又は電鑰など譯す。開閉によつて電路を接續又は遮斷する器械の稱。

スケッチ (Sketch) （1）實物實景より描きたる速成寫生畫又は畫的感想の浮びたる時備忘として描きたる略畫。（2）寫生的小品文、短篇。

スコッチ (Scotch) （1）スコットランド人の稱。

（２） 硬く光澤のある毛糸及びこの糸にて織りたる毛織物。

ステンド・グラス (Steiued Glass) 色硝子を組合せて種々の模様、繪畫等を表はしたる硝子。障子、窓の如き場所に用ふ。近時、純美術家の此の方面に手をつくるに及び、各國とも盛に行はるゝに至つた。

ステロ (Sterotype) ステロタイプの略。版を紙型に取り鉛の合金を流し込んで作つた版。鉛版。

スパイ (Spy) 犬。間諜。探偵。軍事探偵。

スピリット (Spirit) 精神。靈魂。

スペース (Space) 空間。場所。

スポイト (Spoit) 液汁注入器。洗滌器。

スモーキング・ルーム (Smoking room) 喫煙室。

スリッパー (Slipper) 爪革付の上草履。

スルー・トレーン (Through-train) 直行列車。

セオリー (Theory) 理論。セオリチカルで「學理上の」となる。

セックス (Sex) 性。即ち男女雌雄の別。

ゼニアス (Genius) 天才。俊才。

ゼネレーション (Generation) 産出。生殖。發生。時代。子孫。

潜勢力（せんせいりよく） (Potential-energy)（ポテンシアルエナージー） 内にひそみて外に

現はれざる力。

センシュアル（Sensual）肉感的。肉慾的。

センシブル（Sensible）聰明なる。物分りよき。

前提（Premise）普通には前起き又は或る物事を誘致するものゝ意。論理學にては、三段論法の根據となる命題。

先天的（A priori）生れる前からもつて居る。後天の對語。生得的ともいふ。

ゼラチン（Gelatin）**版**。精製したる膠をゼラチンといふ。これを石版印刷に應用すれば黒色鮮明に表はる。「**眞筆版**」ともいふ。

セルラック（Shellac）東印度産の一種の樹指を水に溶かして薄片になしたるもの「ワニス」の原料に用ふ。

造化（Creation）（1）天地間に於ける萬物が、生死幻滅しつゝ無窮に傳はること。（2）宇宙を支配經營する神即ち造物主。

屬性（Attribute）その事物を成立せしむる所以のもの。例へば「感覺には、强さ、性質、大いさ、長さの屬性がある」など用ふる。

側面觀（Side-view）正面からではなくて、他の方面から即ち横から又は裏から見るにいふ。

操觚者（Writer）文筆に從事する人の總稱。

總合（Synthesis）普通には個々別々のものを集

め合すること。論理學上では、個々のものを集めて組織立てること。「分析」の對語。

相對的（Relative）絶對的に對していふ。相互に關係し合つて事物の存在するにいふ。善は惡に對する故に相對的の觀念である。利に對する害、大に對する小、皆同樣。

ソドミー（Sodomy）色男。鷄姦。

ソンネット（Sonnet）十四行詩。短詩。

退化（Degeneration）生物體のある器官の構造や作用やが次第に單純になりおとろへてなくなること、男子の乳房の如きをいふ。又進歩なき以前にかへることにもいふ。

體系（System）個々のものを統一して組立てること。系統、組織などと同意義に用ふる。

第三者（Third person）當事者以外のもの。例へば甲乙の爭ふ時、丙丁その他のもの丶傍觀せる時、甲乙は當事者、丙丁その他の者は第三者である。

體驗（Embodimental Expirience）具體的經驗、世間の事實にぶつつかること。書物によつたり、机の上で考へたりした經驗に對していふ。

大團圓（Catastrophe）終り。おしまひ。大切り。

對比（Contrast）暑い後には、涼しいのを一層樂しく感じ、不味いものを食べた後には、御馳走が一層うまいやうなのをいふ。

タイム (Time) 時。時間。時代。

タイム・イズ・マネー (Time is money)

「時は金なり」の義。

タイムス (Times) (1) 時の複數。(2) 時報。

ダーウィニシアン (Darwinisian)（ダウヰンの）

唱導した學説を奉ずる人。進化論 。

ダーク・エージ (Dark age) 暗黒時代。

ターム (Term) 名稱。語。

タッチ (Touch) 觸れる。「ちつとも時代にタッチしてない」など用ふ。

妥當（だたう） (Propriety) ちやうど、うまく當てはまるの意。

ダンス (Dance) 舞踏。

他律（たりつ） (Heteronomy)（ヘテロノミー） 自分の考、即ち自己本來の意志に基かず、他の束縛支配によりて動くこと。教權又は習慣に左右せられ、全く無自覺に行動するを「他律的行動」といふ。

タレント (Talent) 才能。技倆。

チーチャー (Teacher) 教師。師匠。

中等階級（ちうとうかいきふ） (Msddle Class)（ミッドルクラス） 社會の中堅となる階級。才能を有し且つ肉體的勤勞を以て身を立て、よく自立の生活を營み得る階級。

チピカル (Typical) 模範的。代表的。生粋。

チョコレート (Chocolate) (1) カカオの種子を粉にしたるもの。(2)これに牛乳など加へて作つた一種の飲料。

挑發する(てうはつ) (Enticement)(エンタイスメント) 事件・事端を挑み發す意。そそりたてる。

ヂレッタント (Dilettante) (1) 物ずきの。道樂の。(2) 道樂に藝術を愛する人。

ツルース (Truth) 眞實。眞理。誠實。

ツレード・マーク (Trade mark) 商標。

ツワイライト (Twilight) 微光、黄昏。

低級 低い意。低級な頭腦。低級な趣味。低級な藝術。低級な洒落。低級な讀物など種々に用ふる。

低能(ていのう) (Low ability)(ロー アビリチー) 能力の普通人より劣つて居ること。多くは、先天的素質の缺陷に因すれど、稀には、教育境遇の不完全なるにも因る。

デイモン (Demon) 惡鬼。極惡人。

デザイン (Design) 圖案。意匠。模樣。設計。

デストラクション (Destruction) 破壞。土崩。滅亡。

デスイリュージョン 「幻滅」を見よ。

デッキ (Deck) (1) 船の甲板。(2) 鐵道客車等の屋根。

デブロップメント (Development) 發達。生長。開展。

デペンダント（Dependant）（1）從屬せる。附隨する。（2）從者。寄食者。

デマゴギズム（Demagogism）群民煽動。

天啓（Divine revelation）神が人間に自己を顯示し、特に靈感をうけたる人間を通じて思想又は意志を示すをいふ。默示。

典型（Type）よりどころとすべき型。手本。

テンペラ（Tempera）畫。テンペラ（油繪具に砂を交へたるが如き繪具）にて書きたる畫。此の繪具はよく乾くが故に、畫き上げに困難を伴へども、成功すればおもしろい畫が出來る。

テンペランス・ソサイチー（Temperance-society）節酒會。禁酒會。

デモンストレーション「示威運動」（正篇）を見よ。

デリュージョン（Delusion）迷想。妄念。心得違ひ。

同化（Assimilation）自己と異つた性質のものを自己の力で自己と同性質に變ずること。

ドクトリン（Doctrine）教義。主義。綱領。

ドクトル（Doctor）「ドクター」ともいふ。醫師。博士。學者。ドクトル・オブ・アーツ「米國醫學博士」、ドクトル・オブ・ペタゴギック「米國教育學博士」。ドクトル・メヂチーネは「一般に醫師・醫學博士」に用ふ。

ドライ (Dry) 無味乾燥なる。ひからびたる。趣味なき。

トリトン (Triton) 希臘の海神ポセイドンの子にて人頭魚體。かれ一度、笛をふけば狂瀾怒濤をも能く鎮め得といふ。「トリトンの笛の音」などの句として用ふ。

ドリンク・マネー (Drinc money) 酒手。

ナショナリスト (Nationalist) 國家主義者。

ナショナリチー (Nationality) 國體。國風。國民性。國粹。

ニック・ネーム (Nick name) 綽名。

ニルバナ (Nirvana) 涅槃。理想的靜寂境。

ネオロジスト (Neologist) 新語使用者。新語輸入者。新説創唱者。

ネガチブ (Negative) 打消の。否定の。消極的。

ネセシチー (Nesesity) 必要。窮乏。

ネープル・オレンジ (Na le-orange) 俗に「おへそみかん」といふ。伊太利ネープルが原産地なるよりいふ。

ノート (Note) (1) 記號。覺え書。通牒。手形。(2) ノートブック「手帳・備忘錄」の略。「ノートを取る」。書き留めておくこと。

バイブル (Bible) 基督教の經典。聖書。

バイブレーション (Vibration) 震動。顫動。近代生活の表徵語として用ひらる。

バガボンド (Vagabond) 無賴の徒。浮浪者。

バクテリア (Bacteria) 細菌。黴菌。

バザー (Bazaar) 慈善市。勸工場

パステル (pastel) 畫 パステル (色チョークに似てねばりのあるもの) を以て粗面を有する紙又は特別の地を作りたる畫布に畫きたる畫。

ハム (Ham) 獸の股の肉をふすべて鹽漬にしたる食品。中にも豚肉最も多く用ひらる。燻肉。

バンダリズム (Vandalism) 文藝破壞主義。

ハンチング (Hunting) (1) 狩臘。(2) ハンチング・キャップ (鳥打帽) の略。

パンテオン (Pantheon) 羅馬の神々を祭れる廟。

パンドラ (Pandora) 希臘神話にいふ婦人の始プロメシウスが天上の火を盜んだ爲に神が人間に與へた禍惡の源。それがパンドラである。

バラック (Barrack) (1) 兵營。兵舍。(2) 假屋。勞働者などの屯所。

パラドックス (Paradox) 逆說。外道の論。假論。異論。

バルコニー (Balcony) 露臺。掛出緣側。棧敷。

パレット (Palette) 洋畫を描くに用ふる色調板。即ち此の上にて繪具を混合する。

ピーオーピー (P. O. P.) 寫眞の印畫に用ふる紙の一種。「アリスト紙」ともいふ。

ヒプノロジー (Hypnology) 催眠術。メスメリズムよりも進歩したる意味の催眠術。

ピンポン (Ping-pong) 一種の室内遊戲。「テーブル・テニス」ともいふ。

ヒューマニチー (Humanity) 人間道。ヒューマニズム「人道主義」。

ピラミッド (Pyramid) 金字塔の字を充てる。埃及カイロ附近にある古代國王の墳墓。その大なるものは、十萬の人が二十年かゝつたといふ。

ファンクション (Fanction) 機能。はたらき。

ファラシー (Fallacy) 似て非なる推論。謬見。

分析(ぶんせき) (Analysis)(アナリーシス) 全體を部分に分つこと。總合の對。

フランク (Frank) 打ち解けたる。質朴にして飾りなき。

プリンシプル (Principle) 原理。主義。原則。

フレッシュ (Fresh) 清新の。生々した。

ブロークン・ハート (Broken heart) 胸に痛手をおふこと。失戀などの場合にいふ。

プロセス (Process) 進行。過程。經路。

ブロンズ (Bronzu) 青銅。唐金。ブロンズに取る——「青銅にする」(塑像などを) などともいふ。

ベター・ハーフ (Better-half) よき半分—愛妻の義。夫が妻を愛して呼ぶ語。

ペダンチック (Pedantic) 小癪なる。學者ぶる。衒學の。

ペトン (Peton) 要塞の石壁。彈丸を撥れ返す如く堅固に作りたる漆喰。

ヘモグロビン (Hamoglobin—獨) 血液中の赤色素。血球素。

ヘンペックド・ハスバンド (Henpecked-husband) 足らぬ男。女の尻にしかれる男。

ポエット (Poet) 詩人。詩人めいた人。

ホームシック (Homesick) 家郷戀しき病。正しくは「ホームシックネス」。

ポケット・ブック (Pocket book) 袖珍本。小本。

ポケット・マネー (Pocket Money) 小遣錢。

ポスター (Poster) 廣告繪。看板繪。近來、これを研究するもの益〻多く、外國にては、第一流の藝術家すらその意匠に骨を折つて居る。

ポプラー (Poplar) はこやなぎ。白楊。略して「ポプラ」といふ。文學上多く用ふる象徴語。

マキシマム (Maximum) 最大限。最大額。

マザー・カンツリー (Mother-country) 母國。祖國。故國。

マジョリカ (Majolica) 陶器の一種。軟き燒に美しき彩色畫を描きたるもの。近來、文房具として我が國にも輸入し來つて居る。

マスター・オブ・アーツ (Muster of arts) 米國文學士。

マスターワーク (Ma ter work) 傑作。

マンドリン (Maudoline) バイオリンに似て八絃を有する洋樂器。

マンナース・アンド・カストムス (Manners and Customs) 風俗習慣。

マンリー (Manry) 男らしい。

ミゼラブル (Miserable) 不幸なる。哀れむべき。

ミッドル・スクール (Middle school) 中學校。**味到** 表面だけ味ふのでなくて、その中心核子にふれる意。

ミトシス (Mitosis) 核分裂。一の細胞が段々分れて多くの細胞になること。

ミニマム (Minimum) 最小額、最小限。

ミラクル (Miracle) 奇蹟。普通には信じられぬこと。

ミレージ (Mirage) 蜃氣樓。何もなき海上などに樓閣の如きものゝ浮びて見ゆるをいふ。

ミルク・フード (Milk food) 牛乳から精製したる粉狀食物。幼兒に與ふるもの。

ムード (Mood) 情調。氣分。

ムーブメント (Movement) 運動。行動。

ムーンライト (Moonlight) 月光。

メソジスト (Methodist) 守法者。メソジスト教徒。

メタヒジックス (Metaphysics) 形而上學。純正哲學。

メンタル (Mental) 心の。心的。

メモリー (Memory) 記憶。記憶力。

メリンス・フード (Merince-food) 幼兒に適する食物を粉末に精製したるもの。

モーター・カー (Motor car) 自動車。

モーター・ボート (Motor boat) 發動機を備へた船。

モットー (Motto) 標語。題目。

モッブ (Mob) 暴民。暴徒。大隈伯留任の宣言に曰く、「大正の御代以來屢々繰返されたるモッブ的行動を云々」。

モディファイ (Modify) 改修する。

モノガミスト (Monogamist) 一夫一婦主義者。

モノセイスト (Monotheist) 一神論者。一神教をモノセイズムといふ。

モノポリイ (Monopoly) 獨りじめ。一手販賣。

モンスター (Monster) 怪物。人非人。

モルヒネ (Morphine. 獨) 白色針狀の毒藥。催眠劑。鎭痙・鎭痛劑に用ふ。

モルモット (Mormot) 天竺鼠。正しくはマルモット。

モルモニズム (Mormonism) 一夫多妻を主義とする宗教。モルモン宗。

ヤンガー・ゼネレーション (Yannger Generation) 若き人々。若き時代。

ユーチリチー (Utility) 利用。利益。功利。

ユニーク (Unique) 單一の。無双の。

ユーモリスト (Humorist) 氣まぐれもの。瓢輕者。奇癖家。

ユニオン (Union) 合一。聯合。同盟。

ユニチー (Unity) 單一。純一。

ユニバッサリスト (Universalist) 世界主義者。宇宙神教徒。

ユニバース (Universe) 宇宙。

ヨーグルト (Yogurt) 乳酸菌を牛乳に繁殖させて酸敗させたもの。腸菌を殺す効がある。

ラヂウム (Radium) 放射能物質の一。その純粹のものは得られぬが、臭化物、鹽化物として製し得られる。近來、醫療の上に之を用ひて特効を奏しつゝある。

ラブチャイルド (Love child) 私生兒。

ラブ・レター（Love letter）戀の手紙。艷書。

ランチョン（Lunchon）晝飯。一寸した食事。辨當。

リーズン（Reason）道理。理性。推理。

リズム（Rhythsm）律動　拍子。

リトマス（litmus）地衣類のある種屬より得た ろ紅紫色の色素。

ルーラー（Ruler）定規。簿記棒。轉じて印刷用のインキならしの棒にもいふ。

流轉（ろてん）變化して窮りなき意。

ルネッサンス（Renaissance）文藝復興。中世に一旦おとろへた古代文藝が、十四五世紀に至つて再び盛に興つたこと。

レギュレーション・ボール（Regulation ball）規則正しきバウンド（跳上り）をするボール。硬くてよく跳ねかへる。

レコレクション（Recollection）懷舊。回想。

レトリック（Rhetolic）修辭學。うまく形容する。

レデ・キラー（Lady-killer）やさ男。色男。艷福もの。女ごろし。

レビュー・オフ・レビュー（Review of review）（1）評論の評論。（2）英京より出る評論雜誌の名。

レベル（Level）水平。水平線。普通の高さ。

ローヤリチー（Loyality）忠義心。勤王。

ロール (Roll r)「ローラー」の略。地ならし機。「ロールをかけて」すべてうすき物の表面を壓しならすにいふ。「ロール半紙」—ロールをかけた半紙。

ロゴス (Logos) 神。神の言葉。道。理 理性。

基督。種々の意に用ふれども精神的の全一的實在を指すに於ては變りはない。

ロジカル (Logical) 理に合へる。論理的。

ワンダー (Wonder) 怪異。驚嘆。ふしぎ。

〔其三〕正面からでは意味のとれぬ 現代式轉用語 (正篇の補遺)

小引

吾々が、日常用ふる言葉の中には「頗る複雜な意味をもつて居て、文字通り言葉通りでは解釋のつかぬ語が可なりある。今、それらの語の中、一地方、一社會に限られて居るものは止して、一般に用ひらるゝものゝ中から、やゝ解し難く、而も解すれば興味ある語のみを選んで解説する。

暗中飛躍(あんちうひやく) 人の知られぬ間に、表てだゝぬ運動をやつて成功するにいふ。何れの社會にも此の語の流行を見る。

イキアタリバッタリズム 「なるやうになれ」の

態度で理想も目的もなしに生活するにいふ「行き當りばつたり」といふ語に英語の「何々主義」の意の「イズム」をつけたのである。

鰻上り（うなぎのぼり） 官海游泳術が巧みで、低い地位からトントン拍子に出世するをいふ。「山の芋が鰻になる」といふ古傳説に本づく。「山の芋から鰻とは早い出世のヤッコラサ」（眞功記）。

海千川千（うみせんかはせん） 世故に長けて老猾なるにいふ。「海に千年川に千年」の約語。

運動（うんどう） 「身體を動かして體育を目的とする」本義より轉じて、社會的にも個人的にも色々の意味を以て「暗中飛躍」を試むるにいふ。

エム （1）金錢。英語 money（錢）の頭字を取つて隱語としたるもの。（2）陰莖。梵語の mara（陰莖）の頭字を取つての隱語。

閻魔帳（えんまちやう） 教師の採點し又は操行を査定する教務手帳をいふ。地獄の沙汰が閻魔の記錄によつて定まる如く、學生の運命がこれによつて定まるの意。

をか 丘燒、丘ぼれ、丘目八目など用ふ。丘は小高きところ、直接關係のないところの意。

オッチョコチョイ 輕い、上ずつた、腹のない人間の稱。「拳」といふ遊戲に「オッチョコチョイのチョイ」など掛聲して手先を忙しげに使ふ。いかにも見たる所賑やかなるより斯くいふに至つたか。

大向（おほむかふ）　劇場の平土間以下即ち一等席二等席を除いた中以下の一般人の觀覽席をいふ。「大向にやんやと言はせる」など用ふ。轉じて中等階級以下の一般階級を意味するに至つた。「大向（一般民衆）の喝采を博する」など用ふる。

御大（おんたい）　御大將の略。公私に拘らず、ある團體の長たる人をその下に屬する人々が、あまり尊敬もせず又疎略にもせぬ位の意味で呼ぶに用ふ。古く「親分」と言つた語よりはやゝ近世的な意味を持つて居る。「御大」に對して古く「子分」と言つた語を「家來」といふ。此の語は、「部下」などいふ廣い意味でなく、特にその「御大」に親近する人々をいふ。

樂屋落（がくやおち）　意見又は主張が自分の仲間にのみ解つて、折角解らせようとする「大向」へは一向に理解されぬに用ふ。俳優がある藝によつてこゝを「利かせよう」と考へて骨折つたことが結局何の効果をも觀客に及ぼし得ず、高々、樂屋のものに理解せられる位に止まる意より出でたる語。「樂屋が落」の約。「落」は「高々」又は「關の山」の意。

感じを出す（かんじをだす）　印象派の藝術家の常用語「感じ」（正篇を見よ）より轉じて、今は一種の隱語となつた。例へば、男女がその關係に於ける極度の事柄を實行したるを「とう〳〵感じを出した」など用ふ。

翰長（かんちやう）　内閣及び上下兩院の書記官長の異名。

キ印（じるし） 氣狂のこと。「あれはちとキ印ぢや」と言へば「あれは餘程常識外れだ」の意となる。

玉碎主義（ぎよくさいしゆぎ） 「瓦となつて全たからんよりは玉となつて碎けんことを望む」の意より、「假令、逆境に立つても人格を疑はるゝやうなことはせぬ」主義にいふ。南洲の詩に「丈夫玉碎瓦全を耻づ」といふ句がある。此の「玉碎主義」に對して、「何と言はれても構はず、ある一定の地位を保たうとする」が如きを「瓦全全義」といふ。

漁夫利（ぎよふり） 他の相爭つて居る隙に乘じて旨い利を占めるにいふ。

切賣（きりうり） 魚屋が買込んだ魚を少しづゝ切賣する如く、教師が仕込んだ學問を何等自己の人格に融化せしむることなくたゞ片端から少しづゝ授けて行くをいふ。つまり、知識を賣るのみで人格の感化など少しも眼中に置かぬ態度をいふ。

食へない（く） 意のまゝに出來ぬ意で「あの男は食へぬ所がある」など用ふ。

黑幕（くろまく） 表面には立たず蔭に居て采配をとる人及び人々をいふ。芝居に、「科白（せりふ）」などの指圖する人が黑幕の中にかくれて居るより出た語。

火事盜（くわじどろ） 火事場盜賊の略。他人の騷ぎに乘じて、人のものを掠めさるにいふ。歐洲戰爭に際し、我が國が、支那問題を解決しようとしたるも如きは、「多少火事盜の氣味がある」と言はれた。

敬意を拂ふ（けいいをはらふ）　「心では馬鹿にしてゐながら、表面は尊敬して居るらしく見せてそれに近づかぬ」を「敬して遠ける」「敬遠主義」など言つた。今は、それが更に轉じて「敬意を拂ふ」になつた。例へば目上の人から好みもせぬに招待せられたる如き場合に「まア敬意を拂つて御免蒙つておかうよ」など用ふ。

けふき　これは「毛を吹いて疵を求むる」といふ諺を現代式造語法によつて約めたのである。旨くやるつもりが反つて失敗の原因になつたやうな場合に「何だけふきだつた」など用ふ。

後方勤務（こうはうきんむ）　正しくは戰爭に於ける衛生部兵站部の如きを後方勤務と言つたのを、今は、轉意して、黑幕になつて盡力することを後方勤務といふ。政黨の領袖などが、正面に立つことを厭めたのを「某は愈々後方勤務に廻つた」などいふ。

ござつた　古く「參つてしまつた」といつた語と同義に用ふる。衣服が古くなれば「ござつた」といふ。身體が疲れて眠くでもなれば「ござつた」といふ。男又は女が戀の爲に理性の明を失ふに至ると「ござつた」といふ。まことに調法な言葉である。

腰巾（こしきん）　腰巾着の略。腰巾着がその人に着つい廻つて何時も離れぬ如く、ある子分がその親分に隨從して何くれとなく親分の用を足す子分を「腰巾」といふ。「あれは某の腰巾さ」など用ふ。

コスめる　身のまはりを美しく繕ひ着飾る男子にいふ。「めかす」「ハイかる」などゝ同義。男子にして「コスメチック」を用ふるは概ね「ハイかる」ものなるより、「コスメチック」を動詞にしたのである。

コンマ以下（いか）　普通人より劣る。少し足らぬ意。コンマを單位と同義に用ひたので即ち單位以下の意。

御用（ごよう）――　御用紙。御用黨。御用會社など用ふる。政府の御用をつとめる意。

サーベル主義（しゆぎ）　（1）軍隊的に政治に行はんとする主義。（2）軍國主義即ち侵略主義と同義。

サイノロジー　「妻のろ」に英語の「サイコロッジー」（心理學）ミソロジー（神話學）など用ふる「ジー」を附したので、妻君に忠義なる夫をいふ。「嬶アにのろい亭主」の稱。

ザックバラン　見えたむき。打ちあけつぱなし。手取早く、實際のまゝを開明けて言つてしまふこと。

しきしま　官製煙草の一種。最も多く用ひらるゝより、轉じて煙草總體の代名詞となつた。

事後承諾（じごしようだく）　ある事を行つて後、その承諾を求むる意より、轉じて、野合してから夫婦になつたを嘲つていふ。

尻尾を出す（しつぽをだす）　（1）弱點を暴露すること。狐が娘に化けて居ても、その尾が見えると、化の皮があらはれる如く、旨く表面を見せて居ても、何かの齟齬から、その弱點の見ゆるに至つた場合にいふ。

しんねこ　藝者を招んで歌も歌はず、靜かに一室に話しあふ如きにいふ。「昨夜はしんねこをきめ込んで居たね」など用ふ。

ジァパニング　「ジァパン」(英語での日本)を動詞にしたので、ジァパンはもと漆器の意味、日本から渡つた漆器が賞美せられた爲に是が日本の名になつたことは誰も知つて居る。處が、近頃、「模倣する」の意味で「ジァパニング」といふ語が英國で用ひられて居ると或人は言つて居る。が是を否定する人は「ジァパニング」は「漆塗る」の義に用ひられるけれど、「模倣する」の意には用ひないだらうと言つて居る。若し、模倣する意に用ひたのが眞實だとすれば、氣の利いた造語と言はればならぬ。

處女(しよぢよ)—　處女演説。處女作。處女旅行など「處女」の語を種々に轉用する。その「初めて」の意なるはいふまでもあるまい。

星菫派(せいきんは)　星(ほし)・菫黨(すみれたう)ともいふ。數年前、新體詩流行當時、青年詩人の多くが、「星」と「菫」の類を詩題にすることが流行した。そして此の種の青年は、主として女性的・感傷的な空想を喜んだ。時人、是等の若き詩人共をやゝ侮蔑する意味で星菫派と呼んだ。轉じて、剛毅の氣象を缺ける軟弱な文藝青年の總稱となつた。

セカンド・ハンド (Second hand) 古手。他人の手に一度かゝつた。の意より轉じて、專ら「再婚の女」にいふ。「あの夫人は、セカンド・ハンドだつてよ」など用ふ。

宋仁（そうじん） 「宋襄の仁」の略。役にも立たぬ慈悲心をかけて反つて當方（こちら）が困る意。

總花主義（さうばなしゆぎ） 妓女などの誰彼なしにすべてに花「心づけ」をやるを「總花」といふ。轉じて、誰にも氣に入るやうに、地位を與へ、俸給を上せなどするにいふ。

大正藝者（たいしやうげいしや） 最近東京のある一部に現はれたる藝者兼賣淫婦。此の藝者の特色とする處は、「今晩は！」と御座敷に手をつけば、その瞬間から「總ての要求を諾する默契を有する。」即ち「女將（おかみ）」などいふ中間者を略して手取ばやくある目的に適合し得るにある。とか。或る人曰く、之に「大正」の語を附するは、大正の御代を侮辱するも甚しい。がまた、これほど、現代の社會道德の頽廢に對しての明白な裏書もあるまいと。

谷まる（たにまる） 「進退是谷（きは）まる」を讀み違へて「進退是谷（たに）まる」と讀んだ。その上の語を省いて「谷（たに）まる」とのみいふに至つた。「困つて了ふ」の意。「實際谷まつたよ」など用ふ。

―探(たん)　獨探。日探。露探などいふ語より轉じて、一般にある社會のある消息に通じて、それを他の處で棚下しするをいふに至つた。

だるま　「ころぶもの」の意。關東地方の宿場宿場にはつきものゝ密淫賣婦。「だるま屋」。「だるま買ひ」などいふ語さへある。

提灯(ちやうちん)を持(も)つ　實質以上に譽めて世間に吹聽すること。又單に「肩を持つ」にもいふ。提灯持は、先に立つて、その人の行くべき道を明にするよりいふ。古く「太鼓を持つ」と言つたのと同義。

チャランポラン　チャラッポコともいふ。よい位のことを無責任に喋舌るにいふ。葬式に役僧の撃つ鉦鼓の音から出た語であらうか。

勅參(ちよくさん)　（1）勅任參事官の略。（2）參政官が勅任官なるより、參政官のことを勅參といふ。

筒(つゝ)もたせ　夫婦牒し合せてその妻にある卑しき働きをさするにいふ。筒は「錢筒」の意か。或はもつと露骨に「圓く細長きもの」の意か。漢字「美人局」を充つるは何の意なるか不明。

つまみ食(ぐ)ひ　食物を摘み食ひする意より轉じて、妻ある夫の誰彼の別なく女あさりするにいふ。

積(つ)ん讀(どく)　書籍を買つて、讀まずにおくにいふ。精讀、熟讀、素讀、味讀などいふに對して、洒落(しやれ)ていふ語。

「積んで置く」を約めて「積んどく」となる。

低氣壓 正しくは、溫度の增加し又は水蒸氣の多量となる爲め大氣の壓力の低くなるにいふ。轉じて、社會のある事件の成行穩かならず、將に紛亂の起らんとする狀態にいふ。

テーノロジー 亭主思ひの妻。サイノロジーの對語。（その頃を見よ）。

敵本攻擊 目的以外の方面を間接に攻擊するにいふ。（正篇「敵本主義」を見よ）。

でも でも文士。でも美人。でも紳士。でも敎師など何にでも「でも」を附する。「あれでも…か」の意。實際、そのものとしては頗るあきたらぬ意。「似而非」の字を充てる。

超越してる 少々愚鈍なるか又は特に無頓着なる人間に對していふ。「常識の範圍外」の意。

なり金 俄分限者。一時の僥倖から數萬の富を積み得た人。將棋の時。「歩」が「なる」と「金」の力をもつやうになるよりいふ。「今なり」ともいふ。

ニヒギ連 青春の氣に燃ゆる若き人々の異稱。青年期には生理的特質としてニキビがふき出る。しかも之は性欲と關係があると言はれる。

ノラる 「ノラ」はイプセン劇「人形の家」の女主人公、これが思想的覺醒から、夫や子供を見捨てゝ家出するより、總て「だゞっこ」の妻君が、夫を赫さうとして一寸家出したりするのを「ノラる」といふ。「ノラ」を動詞にしたのである。

場當り（ばあたり）　(1)藝人が低い趣味の人々に媚びて、深みのない輕口、又は卑俗な猾稽を演ずるを「場當り」といふ。(2)演説者などがその場限り大向にやんやと言はさうと思つて、話の大筋には大した關係もない警句を以て、權勢あるものを攻撃するにもいふ。

バチルス　細菌の一種、腸チブス、肺結核等の病源となる。轉じて、種々社會的惡風の病源となる人間にもいふ。

發展する（はつてんする）　生長する發達するの原義より轉じて、若き男子の善からぬ方面に遊ぶにいふ。「近頃は何の方面に發展してるれ」など用ふ。

バット　一箱五錢也の官製卷煙草の名。轉じて、下級官吏の代名詞に用ふといふ。(しかし使用範圍は廣くないらしい。)序に「ほまれ」と言つて軍人專用品として製造される二十本五錢の卷煙草がある。ある將官が、範を下に示さんとて常に「ほまれ」以外を吸はなんだ。これが一時部下の大官連にも及んだが、ある人、それを皮肉つて「ほまれを吸ふ」と言つた。「譽められたさに辛抱して不味いものをすふ」の意だとか。

初瀬後家（はつせごけ）　やゝ古いが、日露戰爭當時、軍艦初瀬が沈沒して多くの海軍々人を殺した。その軍人の妻君達が流石に貞操が亡夫に對して守れず、或る意味で亂行を敢てするに至つた。當時、軍港あたりでは、此の語が特殊の意味を以て、氣の毒にも流行した。

八方美人主義（はつぱうびじんしゆぎ） 何れの方面にも敵を作らぬやうに程よく御世辭を振りまいて通る處世法。

半疊を入れる（はんでふをいれる） 「疊みかける」の轉化か。人の演說・談話などを聞きながら、處々反對の言葉を挿むにいふ。例へば、政友會代議士が同志會側の政策を攻擊すると、同志側のものが、「權兵衛はどうした」など交ぜかへすをいふ。

臂鐵を食ふ（ひぢてつをくふ） 「臂鐵砲を食ふ」の略。普通には女にはねつけられるに用ふれど、轉じて、「廣く要求を拒絕せらるゝ」にもいふ。

振り（ぶり）—— 議長ぶり。得意ぶり。議員ぶり。市長ぶり。など用ふ。以前からある語ではあるが、以前の用法とは違つて、新しい意味で近頃盛に用ひられる。本來の「樣子」の意でなくて、「仕方」「行き方」などの意で用ふる。

瓢鯰式（へうなましき） つかまへどころのなきにいふ。「瓢簞で鯰をおさへる」より出た語。

ペテンにかける 巧に人を欺くにいふ。何語の轉化たるか、今、考へ中。

ホコトン 「矛盾」を讀み誤つて「而もある代議士が帝國議會で」ホコトンと讀みたるより出た語。「矛盾」と同義。

マグダ張(ばり) マグダはヅーダーマンの作「故郷」の女主人公、此の女、自己の意志を張り通して父の意に服せぬを以て其の特色とする。轉じて我儘娘にいふ。『張(はり)』は「の如き行き方」の意で、種々の語の接尾語として用ふ。

まだ若(わか)い 世間を知らぬ青年に對して老練なる先輩のよく使ふ語。頗る複雜なる意味をもつて居る。

見(み)ず轉(てん) 下等なる藝妓をいふ。誰彼の見さかひなしに轉ぶの義。

味噌(みそ)をつける 思はぬところでつまらぬ失敗をするをいふ。衣服に味噌をつけると他人之を見て糞かと疑ふ。即ち割の悪い失敗(しくじり)の意。

めくへび 「盲人蛇におぢず」の約。未熟なる青年の向ふ見ずなる振舞にいふ。

やとな 「やとひなかゐ」の約。料理店、宿屋などの客の宴席にはんべり、寢後、客の望みに任せて、散歩の御供、旅行のお伴をも勤める。一夜漬の細君の格にもなる。

野心(やしん) 大望心の本義より轉じて、樣々の謀叛氣(むほんぎ)に適用する。

理屈(りくつ)だ 先輩が後輩の議論を打消す語。而もその語の中には「世の中のことは理屈では行かぬ、理屈がよくても實行が伴はねば何にもならぬ」と言つた風の頗る複雜な意味がある。

理想家（りさうか）　實行上の又は世間的のことは考へずに世の中を美しいもの人間を純なものと見て、概念的に一定の道德的理想を定め、それに總ての人を適合せしめやうとしてあせつて居る人。即ち道德的空想家を嘲りていふ。

良二千石（りやうせんごく）　地方長官の異稱。支那では、地方官の俸祿は二千石であつた故。

「**操縱する**」

大浦兼武氏、嘗て英國在朝の某大官と談るや、氏問うて曰く、貴國に於ける議院操縱の方法如何」と、某怪みて曰く「操縱？縱（ほしいまゝ）にあやつる？ごまかす？議院を？議院操縱とは何の意ぞ」と。反問に遇うて兼武氏やゝまごつき、「つまり、對議會策の意なり」。某うなづきて曰く「あゝ然うか、我等が信ずる唯一最良の對議會策は、正直に明白に所信を披瀝して贊否を問ふのみ」と。兼武氏、聊か耻ぢ入りたり。爾來、彼の政界にては、操縱 Manipulation（マニピューレーション） といふ一新語がその政治辭書に加はりたりと言はる。

第二増補

赤行嚢（あかかうなう）　貨幣その他貴重なる郵便物を收めたる嚢。總て貴重なるものを收めたる嚢には、その取扱に意を用ふるやう赤く印づけたるよりいふ。

赤本（あかほん）　講談落語その他凡て低き趣味を代表すべく作られた書物の總稱。これ等の書物を主として出版する本屋を赤本屋といふ。

遊蕩文學（いうたうぶんがく）　遊里に出入して、自棄的又は享樂的生活を營める人達の心理狀態及びそれに聯關する周圍の光景を美しく描き出したる類の小説類を總稱して遊蕩文學と云ふ。「何々情話」などの表題にて出版さるる書の内容の多くは此の遊蕩文學で滿たされてあるのである。

陰謀（いんぼう）　一般には表だたずに謀をめぐらすにいへど、今は專ら政治上に於て、政府反抗政府轉覆其の他の謀策をめぐらすにいふ一の流行語となつた。かゝる謀策に關與する人を策士といひ、かゝる人々の團體を陰謀團といふ。

優婆尼沙土（ウバニシヤツト）　印度の古代哲學。佛教思想は、主として此の思想を中心として組織せられてありと言はる。タゴールが來朝以來、印度思想の研究漸く盛ならんとし、印度思想の原流たるウパニシヤツトは、近時思想界の一寵兒となつたかの感がある。

エレクトロン (Electron)　最近に至るまでは、一切の物質は、原子から成つて居る。即ち、原子が分子に、分子が集つて種々の物體になつて居ると考へて居た。そこで、物質不滅の原則といふものが唱へらるゝに至つた。即ち、樣々の物體は變化するけれども、物體を組織して居る根本要素なる原子には何等の變化もないのであると唱へて居た。ところが最近に至つて、エレクトロン・セオリー即ち電子論といふ説があらはれて來た。「物質は、原子の集りではあるが、原子は、物質要素の最根底になつて居るものではない、原子は、更に解體する、解體して目方を計ることの出來ぬあるものにある。このものに假に名をつけてエレクトロン即ち電子といふ。電子の本體は何であるか分らぬが、その存在は確かである。そして原子の解體から生ずることも明である。」といふのである。電子論は、今日では多くの學者の承認するところとなつたが、かうなつて來れば、從來の如き意味での物質不滅の原則は根底から覆つたものと言つてよいのである。

大浦事件（おほうらじけん）　大浦兼武氏が、大隈内閣の内務大臣として、議會解散後の總選擧の當局者となり、自家内閣の勢力下に屬する議員を多數に得べく選擧干渉を行つた事實が暴露し、氏は遂に職を辭するの已むなきに至つた。世論は。内相たる大浦氏の辭職のみにては十分その責任を明にしたるものではない。内閣全部、責を負うて辭職すべきものであるとて之を攻撃し、加藤外相、若槻藏相の如きは責を引いたが、大隈首相その他の閣臣は、そのまゝに居据つた。爲に、議會に於ては、大浦事件として、やかましい問題となつた。（大正四年中の出來事）

書き入れ時（かきいれどき） 事業の收入を豫定しておいても間違ひの萬々なかるべき季節をいふ。「八月は醫者の書き入れ時。」だなどいふ類、語原は、（1）帳簿の上に書き入れて豫定しておく。（2）澤山收入がある、掻き入れる。の何れかであらうが、著者は、（1）の說を取る。

抗毒素（かうどくそ）（Antitcxm（アンチトキシン）-獨） 人體には、あらゆる病氣に對する免疫性といふものがある。即ちある種の病氣にかかると、その病毒に對抗し得る物質が血液中に發生する傾向がある。「多くの病氣が、藥物を用ひないでも、或る程度までは自然に治癒するのはこれが爲である。かく、病毒に對抗すべく血液中に發生する「物質のあるもの」を稱して抗毒素といふ。故に、ある種の病氣にかかつて居るものの血清をとつておき、同じ病氣にかかつて居るものに注射すれば病毒に對する對抗力を盛にし、且つ、その人自體の有する抗毒素の發生をも速かならしむるが故に、治病の効力が著しいのである、かくの如き療法を血清療法といふ。抗毒素に對して、別に抗菌素といふ語もあるが、これは單に、菌に對するか、非菌的の病毒に對するかの相違に過ぎぬ。廣い意味では、抗毒素といふ語の中に、抗菌素といふことをも含んで居るものと見てよい。また、血清でなく、死菌又は生菌を注射するをワクチン療法といふ。

過度文化（くわどぶんくわ）（Shuper cluzur（シユーパー クルツール）） 文明があまり進歩し過ぎた爲に、人間の幸福を目的として考へられた文化が、反って人間を不幸に導くが如くなつた一切の現象を過度文化の弊又は過度文化といふ。

三個のC（さんこのシイ） 代議政治の要素を言ひ表はす語。即論争(contest（コンテスト）) 商議(conferens（コンフエレンス）)妥協(compromise（コンフロマイス）)の三つが代議政治にはなくてはならぬ、との意である。これを「三個のC」と云ふは、この三語、共にC字で始まるからである。英國ジョンセーレーの言ひ出したるに始まると言はれてある。

曙光利用法（しよくわうりようはふ）（Daylight Saving scheme（デーライト セービング スケーム）） 一名、夏期時間法ともいふ。夏の日の出の早き季節中、朝一時間早く起き、夜一時間遲く寢ねて、以て燈火燃料を節約しようといふのである。その方法は、全國一樣に時計を一時間進めておく。從つて、郵便、鐵道、諸工場、諸學校等、總て、時間割の變更なしに、早起き、早寢の實行ができるのである。此の企

＊編集部注　ページ番号の（16）は（61）の誤り。

ては、初め英國に於てなされたのであつたが、大戦に刺戟せられて、今では、佛伊露獨等歐洲の諸國は何れも之を實行するに至つた。

青年獨逸(せいねんどいつ)(Jungdeutschland(ジユングドイツシエランド)-獨) 獨逸青年團の稱。獨逸にては、小學校卒業程度即ち十四歳頃から廿歳頃までの少年を以て一の青年團を組織し、獨逸特有の國家思想、軍國主義を吹き込まうとするのである。英國に起つた少年斥候團(ボーイスカウツ)と同樣の趣意に基くものである。

乃木問題(のぎもんだい) 故乃木大將は、實子がなく、その遺書中には、乃木家斷絶を望む旨記されてあつた、然るに、長州派の人々の策するところであつたか、毛利家の一分家の毛利元智氏をして、乃木家を繼がしめやうとし、既に襲爵の手續すら了した、ところがこれが世間の問題になり、議會の問題ともなつて、隨分騷いだ。爲に、結局、元智氏相續のことにはなつたが一時はやかましかつた、大正四年の秋から五年の春へかけての出來事であつた。

黑表(ブラツクリスト)(Blaklist) 取引禁止先名簿の俗稱である、此の黑表と云ふのは、機密の漏洩及び通貨の流出を防ぐ目的の下に、自國と敵國との商取引を禁止する爲、取引禁止人の住所氏名を掲記した名簿なのであつて、此の名簿に記入されてあるものと商取引をしたものは、所罰せられることになつて居る、英國に於て開戰後間もなく、此のことを始めたのであつたが今は、佛、伊、露等でもこの事を行ふに至つた、即ち、全世界何れを問はず、獨墺人と名のつくもの、全部を記入し、更にその商店を代表する他國人及び店員の主なるものをも包括してあるのである。

ホルモン (Hormon) 吾々の身體の成分中には腺と云ふ部分がある。此の腺には、樣々な種類があるが、此の腺は、それぞれ、身體局所、發達、機能の調節などに必要なる分泌液を、必要に應じて分泌しつつある。かやうに身體局所の發達、機能の調節などに必要なる分泌液を總稱してホルモンと云ふ、ホルモンは、汗や脂の如き分泌液が體外又は組織の外測に分泌するのとは事かはり、總て組織の内部に分泌するをその特色とする。かく組織の内部に分泌するを特に内分泌といふ。胎兒が宿れば、乳腺が急に發達して乳房が急に大きくなる。男子女子共に一定の年齢に達すればその生殖器が格段の發達を遂ぐる等は、此のホルモンの調節作用によるこ言はれてをる。

復か宰相(またかさいしやう) 大隈侯の異稱、侯は、大浦事件の當時、一たび、辭表を提出しおきながら、居据りを敢てし更に、大正五年の夏に至り、何故か再び辭意を内奏した。當時、侯の心事を知るの人は、「復か、また同じ手で居据らうとするのか」と評した。以來、「復か宰相」の名を得るに至つた。

連鎖劇（れんさげき） 活動寫眞の中間（あいま）に適宜に挾んで、寫眞の筋を助け、寫眞の說明を事實化せんとする低級なる演劇の總稱。

ワイルス氏病（しびやう） 黃疸出血病と譯する特種の病氣、最近、我が國にも此の患者の各所に發生するに至つて世間の注意を惹くに至つた、此の病氣の病原菌は、我が九州醫科大學の稻田博士等によつて發見せられ、スピロヘータなる學名を附して世界に發表せられた。

ガイド（Guide） 手引。案內者。

テープ（Tape） 紐。眞田紐。

パルプ（Parpə） 製紙に必要なる原料。

メス（Mess） 人體解剖に用ふる刀。

〔終〕

大正三年四月一七日印刷
大正三年四月三十日發行
大正三年五月十日再版發行
大正三年十二月五日増訂八版發行
大正三年十二五月日増訂十三版發行
大正四年一月廿日増訂十五版發行
大正四年二月廿日増訂十七版發行
大正四年三月十日増訂十八版發行
大正四年四月十日増訂十九版發行
大正四年五月五日増訂二十版發行
大正五年十二月一日再訂大増補二十四版發行

再訂増補 ポケット顧問 や此は便利だ
正價金七拾錢

著作兼發行者 東京市大久保町西大久保百卅五番地 下中緑

印刷者 東京市神田區三崎町三丁目一番地 畑竹次郎

印刷所 東京市神田區三崎町三丁目一番地 博進堂

◎發行所 東京大久保町西大久保一三五 振替東京二九六三九番 平凡社

小澤啓太郎著

増訂 算手必携 此は調法

△ポケット型六寸二分に三寸四分△製本堅牢無比紙質最上▽表の部百貳拾頁説明の部參拾六頁△定價七拾錢郵税六錢

『此の書一册あれば、對數表も計算尺も入らぬ。』『正味ばかりの本だ。』『最も能卒的の著書だ』との世評。實業家、事務家、技術家の一大福音

（平凡社發行）

解説——事典王・下中彌三郎と〝平凡〟の勝利

荒俣宏

昭和五四年ごろだったと記憶する。平凡社という、じつは相当に平凡でない出版社と縁ができ、数年後に世に出る予定の『世界大百科事典』という新企画の編集助手に雇われた。実際、平凡社の「平」の字からして、俗字でなく正字のほうが末広がりで縁起がいいから、点のところを「ソ」でなく「ハ」と書くのがいいです、と注意された。今でもパソコンは「平」の字の正字なるものをなかなか見つけ出せない。だとしたら、すでに社名からして平凡ではない。

当時のわたしは、十年弱つとめあげた水産会社、日魯漁業（現マルハニチロ）を退社して文筆業に身を投じたばかりだったが、たちまち収入がなくなり、好きな本すら買えない貧乏暮らしに落ちこんでいた。

しかし、本書『や、此は便利だ』の実用熟字便覧にも出てこないごく平凡な成句にある「捨てる神あれば拾う神あり」のことばどおり、だれか偽説や異説、あるいは奇説・虚説に興味がある者がいないか、というお達しを携えて、平凡社有数のスーパー編集者と謳われた友人が、アラマタケならぬサルマタケの生すかのような陋屋に来てくれた。その友人がいうには、正論・定説ばかりの百科事典ではおもしろくないから、俗説や誤伝、偽伝のたぐいまで盛りこんで、学術的にゴミと化した話も提供する大方針が決定したのだそうな。それで、オカルトだの神秘説だのを独り哀しくいじくっていたわたしを思いだしてくれたのだった。

「平凡社へ来れば本はなんでも読める、ゲスナーの『動物誌』も十八世紀以来の古い百科事典も、『山海経』や『本草綱目』もあるから、忘れられた奇説をいくらでも掘りだせる。何なら図書館に住みこんでもいいぞ」と誘ってくれた。

さすがは平凡社、本が読み放題の上に給料もくれるという話に飛びついたわたしは、「役にも立たなくなった知識の廃棄物を探す係」、通称「その他雑部門」に通うことになった。この部門の原稿には、語尾にかならず「〜といわれている」と付けること。けっして事実と誤解されぬ配慮をすることだけが心得であった。

当時の社屋は、麴町の日本テレビのすぐ前にそびえる白亜の殿堂であった。おそるおそる玄関をくぐると、そこから受付まで絨毯道が十数メートルも一直線にのびていた。要件を告げると、数十人でまわりに座れる特大の木製丸テーブルが据えてある大部屋に導かれて、待つようにいわれた。あんなに大きな木のテーブルは、その後二度とお目にかかれていない。

この会社でおどろくべき体験が、まだ二つあった。

一つは、社員がする話がほとんど大学院か学術会議の会合みたいに突拍子もなかったことだ。聞けば、原稿を依頼する教授クラスの先生よりも物知りがいくらでもいるという。たしかに、わたしの友人も、ギリシア語もラテン語も理解できる人だった。おまけに趣味は幻想怪奇文学で、好きな映画はルキノ・ヴィスコンティ監督作品と大林宣彦監督の『時をかける少女』だったから、好みが合った。

しかし、第二の衝撃は、図書室の規模だった。地下の二フロアーがすべて書庫になっており、和書から洋書までが開架棚を埋めていたからだ。蔵書数三十万冊！　しかも、昼休みになるとどこかで楽器を奏でる音も聞こえてくる。本好きにとっては、書庫というよりも世界の果てからかき集めた金銀財宝を秘蔵する宝物穴みたいに見えたのだった。

ここが、日本でもっとも有名な、「事典を出版する会社」の心臓部であった。

わたしも役に立たない知識の蓄積量には多少の自信があったけれど、ここを見たとたんに自惚れが吹っ飛んだ。見たこともない言語や、聞いたこともない時代や地域の文物資料がひしめきあい、しかもそれをちゃんと取り扱える超人的な編集者が集まっている。後年に再発見がおこなわれる「知の巨人」南方熊楠の全集も、漢字の字源に異次元の解釈を提示した白川静さんの『字通』構想も、この会社ではすでによもやま話みたいに親しまれていた。

新百科の製作を担当する部長さんに挨拶して、さらにおどろいた。何十万とも知れない項目表を示しながら、平気で話をひろげていく。この人が、新百科刊行後の挨拶で、「これだけたくさんの項目を取りまとめたのだから、もう人間業じゃありません。したがってわれわれには、まちがえる権利がある、ということです」と語った。人間にはまちがえる権利があるとは、まさしく名言だった。そうだ、その権利があるから、知は新しくなり、進歩もするのだ、と。

わたしはすっかり平凡社のとりことなり、今の『世界大百科事典』が世に出てからも都合二十年ほど、社内に住みこませてもらった。当時の社長・下中邦彦さんが徹夜してもいいとお許しくださったので、編集部に机を借り、眠くなると床に段ボールを敷いてごろ寝した。

しかし、どうしても理解できないのだ。こんな大会社がなぜ社内に他処者を住まわせてくれたのか？　それで悩んでいたら、古株の『アニマ』編集長が教えてくれた。

「それはね、創業者の下中彌三郎さんが若いころ教育改革をめざした人でね、社会運動家としても活動されたからだよ。第一回のメーデー運動を組織したり、アナーキストたちを支援したり。平凡社ができたあとは、その関係の本もたくさん出した。自然に会社が梁山泊みたいになって、行きどころがない人々が居候していたんだ」と。

実際、平凡社に居候して、彌三郎の子息である邦彦社長とも話ができるようになると、さまざまな信じがたい「社内伝承」をいくらでも聞かされるようになった。そもそもが、この邦彦ご本人がすでに「生きた伝説」である。じつは、百科事典の平凡社と称されるけれども、百科事典の刊行は作業量が膨大すぎるためにリスキーな企てとして有名だった。しかし昭和三六年に二代目社長の邦彦さんが一般家庭をターゲットに刊行を開始した『国民百科事典』が、一家に一セットというキャッチワードも効いて、以後十数年間は日本にただならぬ百科事典ブームを巻き起こしたのだった。

このとき、百科事典は売れに売れて、世間では「事典の増刷はお札を刷るのと同じことだ」との噂すら飛んだほどだった。そこで邦彦社長は百科事典の利益を還元するためにとんでもない方法を思いついたという。ある日、社員に向かって、「なにか大赤字になる企画はないか。できるだけ出費がかさむ企画が欲しい」と呼びかけた。それで生まれたのが、ぜいたくの極限を尽くしたグラフィック雑誌『太陽』と、価値はあるが絶対に大売れしないアジアの古文献を現代語訳にした「東洋文庫」の二企画だった。しかし世の中はおもしろい。たしかに思惑どおり、二企画は膨大な赤字を生んだが、百科事典ブームが去ったあとの平凡社を、これらが経済的に支えることになったからだ。

そういう経過があって、わたしは平凡社で暮らすうちに、創業者の下中彌三郎のことをすこしずつ理解できるようになった。彌三郎は、二代目の邦彦社長をも凌ぐ驚異の伝説を残していた。それを一言に尽くせば、大ホームランと大苦境のあいだをたくましく生き抜いた出版界の巨人だった、ということだ。しかも、このような出版王が誕生するには、時代のめぐり合わせも必要であった。日本は激変期にあったからだ。この大激変は大正から昭和初期にかけて発生している。背景にあったのが、文明開化の成果ともいうべき日本文化——とくに教育体制の成熟なのだ。初等教育から大学・大学院をふくめた高等教育まで、さらに女子教育も民間に浸透して、書物を読める人々が激増したことである。これにともない、出版業と書籍販売業も大きなビジネスへと成長し、新しいノウハウをもつ店や会社が各地に林立した。

それまでの本屋稼業といえば、新刊出版も古書販売も営業の主軸は訪問販売や売掛販売であって、本質的には江戸時代の習慣を踏襲しているだけであった。正価販売するという近代ルールもなく、お客との見合いで販売価格が変化する状況だったから、客ごとの値引きセールが中心といえた。しかしここに、大学を卒業した新時代の勢力が出版界に参入し、古い商習慣に反旗を翻すこととなった。

たとえば大正二年創業の岩波書店は古書販売業としてスタートし、正価で販売するという現在では当たり前のシステムを導入した。これで版元は値引きの心配なく全国に定価販売をひろげられるようになった。いっぽう、販売店のほうも仕入れた商品が不良在庫になるのを防ぐ手段として、返品自由制を勝ち取った。これで小さな町の小規模書店が気軽に開業できるようになった。出版も販売も近代システムに切り替えて、増大していくお客に対応できるのであれば、ヴェンチャー系の出版社も次々に参入してくるので、新企画の競争も始まる道理である。あとは、執筆者のほうにも利益が還元されるシステムが確立すれば、出版はいよいよ有望な新事業になるはずだった。

平凡社を大正三年に創業した下中彌三郎は、ちょうどそのころ埼玉県師範学校の教諭をしており、教育の現場にいた。熱い魂を持つ先生だったらしく、当代一流の物理学者、石原純と熱愛の仲になった〝新しい女〟の代表、原阿佐緒に和歌を教えたこともある。じつはかれ自身は家庭の事情で正規の学歴を積めなかった（小学校中退といわれる）ので、本人が独学の苦労を味わった経験から、人間は「教育を受ける権利」があると主張して、「義務教育」という概念にも批判の矛先を向けていた。教育を受ける権利をもとめる情熱はさらに燃え上がって、農業や労働とも両立できる教育システムをつくるべく、教員組合や労働組合の運動にも加わった。ところが、師範学校でこどもに授業してみると、かれらが初等教育すら身につけていないことを発見してしまう。その原因は、どうやらこどもに勉強がやれる環境とツールがないことにあるらしかった。

彌三郎は、やがて気づいた。人間は生きることが即、教育でなければならない。学校だけが教育の場ではないのだ。日々の労働生活の中でも独学ができるためには、新聞や雑誌を読める程度の知識を身に着ける道具が必要だ。それならば使いやすくて安価な本をつくるしかない。そこでかれが試作したのが、「新聞、雑誌に現はるゝ新意語・流行語・故事熟語等の中、やゝ難解のものを蒐めて簡明に解説を試み」る本、すなわち軽便な〝実用新語辞書〟であった。

さいわい、下中は教育運動や組合運動を通じて出版界にも友人が多かったから、成蹊社という出版社を経営する秋永東洋に相談してみた。この秋永という人は編集ができたらしく、のちに法律関係の条文を字引き風にまとめた法律便覧や家庭問題をあつかうガイド本を残した人物だ。そのかれは、下中の試作品を一読、即座にほれこんだという。ちなみに、秋永がおもわず、「や、これは便利な本じゃないですか」と口走ったことばが、この本のタイトルに採用された。

こうして急遽出版にこぎつけたのが、『ポケット顧問　や、此は便利だ』（大正三年初版、以後は『や便』と略す）であった。表記された著者名は、秋永東洋と下中芳岳であり、なぜか下中も筆名を使用している。あるいは教諭であったことで実名を避けたのだろうか。

ところが運悪く、本が出版された直後に秋永の成蹊社が倒産してしまう。が、原因は下中の本とは関係ないことであって、本自体は売れたらしい。そこで彌三郎は秋永から同書の版権を買い取り、あらたに自分の会社を興し、最初は通信販売の形で販売を開始した。以後、同書は再版から彌三郎の住居、西大久保に設立した平凡社を発行所とうたうことになった。発行者の名も彌三郎夫人の下中緑にした。社名も夫人の発案だったといわれる。

彌三郎夫人の緑（ミドリと読むが、ロクだともいわれる）はその当時、まさに社会の基盤である家族を守る立場にいたが、初期の出版物を見ると、『や便』と同じく緑が著作兼発行人になっているケースが多く、単なる名義貸しでなく、著作ないしは企画面まで関与していたように見える。実際、夫人はさまざまな文学アンソロジーにも編者に加わったらしく、実質的な著作者である場合もあった可能性がある。そうであればここに、平凡社が奥さん経営の「しもたや会社」から始まった、という事業の置きどころがあきらかになる。家庭の主婦の視点が加わった地道な生活支援の実用本も出すというメッセージだったのかもしれない。壮大なスローガンをならべたてて声をあげる「壮士」的なものでなく、真に知識や基本教養を欲している庶民のための出版社になりたかったのだ。

その証拠に、『や便』のキャッチフレーズは「正味ばかりの本」という、まさしく大言壮語とは逆の実質本位が選ばれている。

彌三郎はエスペラント運動や世界主義といった地球規模の平和追求にまで視野をひろげた人だが、その分、大ぶろしきをひろげる癖があった。彌三郎の孫で現社長の下中美都さんによれば、緑夫人は夫のそうした気質を理解したうえで、「あなた、会社のことも大ぶろしきばっかりひろげないで、着実で長続きできる名前にしなさい。平凡であることがいちばん大切よ、平凡社はどう?」と、あえて提案したのだという。彌三郎もハッと胸を衝かれて、そうか、よしそうしよう、と応じた。

ちょうどこの時期の日本は、危険思想や主義などの思想問題が起きており、いわば大げさで装飾的な大言壮語が飛び交う状況であり、政府の方もこうした危険思想に向けて権力的な規制で対峙した。要するに物騒な世の中になりつつあったのだが、民間の方でも社会主義だの無政府主義だのといった思想優先の考え方に嫌気がさしたらしく、野に下って政治的発言から洒脱な諷刺落書に戦術転換する旧士族の教養層がふえていった。一時は政府の御用新聞になることを辞せずに穏やかな議会制政治をめざした『東京日日新聞』の福地桜痴はその代表だが、政府にはしごを外されて、歌舞伎などの庶民向け芸能に身を沈めた。そのほか、声だかに怒鳴るよりも粋な趣味に徹して〝凡人〟の立場に立ち、「敗者の歴史観」や「仙人や遊民の思想」を宣伝する人々も出現した。中でも、江戸高輪の大遊民、三田平凡寺が、国際的でなお男女差別もなく趣味に遊ぶ結社である「我楽他宗」を旗揚げし、さかんに「趣味と平凡」という中立どっちつかずの粋な生活哲学を吹聴しており、新渡戸稲造なども「凡人非凡人」の説を語り、大正時代には「平凡」という冠が皮肉な革新性さえ持ちはじめていたのだった。

そういう時期であったから、壮士である彌三郎でさえ、「平凡」という語にカウンターパンチのような力を感じたにちがいない。この社名は「訴求力」がある。

こうして誕生した『や便』は、文字どおり、あたらしい平凡の実践となった。じっさい、この本は非常に売れ、近代出版史に記録される初期に大ベストセラーになった。この大ホームランにより、平凡社は出版社としての地盤を築いた。平凡社の誕生である。まさに飛ぶような売れ方は昭和初期までつづいて、増刷回数も一三五回を数えたというから半端ではない。『や便』の挟みこみシート（本書一〇〜一一ページ）によれば、出版後二年間で十数万冊を売り上げ、増訂も二十回を超えたとある。このたび復刻された版は再訂大増補二四版が底本だが、大正五年一二月の刊行である。ページ数は増補のたびに追加された部分が多く数えるのも大変だが、初版の六〇ページが三五〇ページまでにふえている。こうした増補がおこなわれる本は、書物生命も長く保たれる事実を、彌三郎は知ったことだろう。

最後に蛇足のようだが、今の目で本書を読み返してみよう。彌三郎はこのポケットサイズ本（当時の用語は袖珍本）を、昔風に「文字便覧」の一種だと断ったが、その排列方法と語の選択に新手法を用いた。なんと、世にあふれる新聞を読解するための「新聞用語」集を巻頭にもってきたのである。この手法は効果的だった。なぜなら、新聞は明治一〇年代中期以後、社会に発生する重要事件を日々報道する「メディア」の機能を強化したからだ。新聞を読まないと、社会の動きが分からなくなったともいえる。

ただし、そのメディアにも功罪はあって、新聞を読む読者の側にも「新聞に踊らされない構え」が必要となった。明治時代に誕生した文明の利器「新聞」は、明治一〇年代に天皇が議院開設を国民に約束して以来、政党の言論機関となる路線を選んだ。だが、彌三郎も嫌った「上から目線」や独りよがりの空論を展開するようになり、「大新聞（おおしんぶん）」と称して庶民を煙に巻いていた。いっぽう、そうした教養を得ていない庶民を読者に選んだ新聞は「小新聞（こしんぶん）」と呼ばれ、興味本位の瓦版扱いにされていた。これではどちらも教育を受ける権利の実現にはならない。ならば、社会一般の経済社会問題を批判的に考えさせる「大新聞」を、庶民が読めるようになる必要がある。

『や便』の大ヒットは、その需要に応えた成果だったのだ。あいにくなことに、当時はまだ、むずかしい漢語や古語を解読するための辞書も完全ではなく、ましてや最新に新聞用語や流行語の意味を解説する本は存在すらしていなかった。とくに要望されたのは、現代の事情にも共通する外来語の解説集だ。大新聞は海外の新聞を材料にして、欧米に流行する新語を次々にカタカナのままで紹介していた。これが読者を悩ませたのである。

このたび復刻された『や便』を開いてみよう。第一篇が最新の術語と新聞用語の索引で始まっている。それも、何回か追加された増補索引まで載っている。これこそが新しい語を載せる辞書の生命線だ。流行語はほぼ一年すれば大幅に置き換えられる。したがって、辞書もそれを追いかけて、増補改訂する態勢を常にとっていなければならないのだ。現役の本にたとえれば、

『現代用語の基礎知識』が年に一回、まるで昆虫の脱皮変態そのままの改訂増補をおこなうように。

第一篇の索引は、カタカナ語のオンパレードだ。漢字の語も多くは欧米の用語を漢訳したものが載せられている。アの項目をみれば、

> アーテイフイシヤル、アブサント、アイスなどのカタカナ語
> 偶像破壊主義（アイコノクラズム）、土瀝青（アスファルト）、雰囲気（アトモスヘア）などのカタカナ・ルビ付き漢語
> 新らしい女、悪徳新聞、暗示などの新語

などの例がみつかる。次にキの項を引くと、

> 「危険思想」社会主義殊に無政府共産主義の如き思想を目して、行政当路者の、之を危険思想と呼びなし、頻（しきり）に圧迫を加へたるに由来する。（中略）明治四十一年、所謂、大逆事件起り、幸徳一派の社会主義者斬罪（ざんざい）に処せられて以来、政府者に楯（たて）つかんとする如き思想は、たとへ、それが社会主義ならずとも、概して危険思想の名を以て呼ばるゝに至った。
> （本書四八ページ）

と、なまなましい解説がある。時代を反映してか、新聞用語にはこうした危険思想や政治思想、クーデターなどの物騒な外国語、そして意外や、キュービズムのような西洋美術用語も多く拾われている。これは現在でも役に立つ説明といえる。

だが、この本のメリットは、新語集だけで終わらずに、現代の読者でも読みごたえを感じられるありがたい基礎情報をきちんと載せていることだ。これが「平凡」の力である。平凡とは、常に変化しない基本情報のことなのだ。故事成語の本義や日本語の表記ルールといった、今では何が正しいのかよくわからなくなった「基本教養」部分のことなのである。中でも、大正時代にうまれた「正面からでは意味の取れぬ」日常用語に関する「トリヴィア」は興味深い。今なら女子高生用語にも近い事例で、当時の造語センスを知るための参考素材といってよい。たとえば……、

アイス：氷の意味だが、「高利」にも通じるので高利貸しの俗語にも転用され、アイス＝氷菓子＝高利貸しに転じた。「ところが面白いじゃないか、氷と高利貸とはその冷たい点においても一致して居るのだ」（本書一六二ページ）とつづくトリヴィア的なつぶやきが、おもしろい。これが彌三郎も気に入ったのか、ときに一ページをつぶして「笑話」というコラムに使っている。「二十世紀の学生」では、「イエス・フロムという新語を知っているか」と訊かれた学生が、

「もちろん！イエスは〝はい〟で、フロムは〝〜から〟だから、併せて〝ハイカラ〟さ」（本書一七二ページ）と答える。

これは今に変わらぬオヤジ・ギャグ？

また「成句」の項にもおもしろい事例がたくさん。たとえば、負け惜しみが強いことを意味する「石に漱ぎ流れに枕す」という『晋書』から出た成句についてのトリヴィアが紹介されている。じつは「流石」もこの故事から出ているとは、サスガの目の付けどころだ。

もう一つ例を挙げたい。第三篇実用文字便覧の項で「読み間違い熟字」をあげつらった部分が読ませる。彌三郎は冒頭さっそくに「読み誤り、すなわち〝百姓よみ〟の熟字がかなりあるから用心しろ」と警告してくれる。たとえば「施行」の読みはシコウであってセコウではないとある。法律を施行する、というときの用語だが、セコウと読んでいたので、あわてて調べると、ふつうは「シコウ」と読むのだが、法令用語はセコウと読むということだ。下中の時代には、法律用語でもシコウと読ませていたのか気になった。

読み始めるとやめられなくなるので、あとは本文を参照してもらおう。最後に、彌三郎はこのような常時更新を必要とする新語辞書の、商品としての有望性を初めて実証した人だった。大げさに言えば、デジタル時代の文書の特性を紙媒体によって証明したことになる。この体験はのちにめぐってきた第二のホームランにも拘るので、すこしだけ書いておきたい。

『や便』の成功により出版界に躍りでた彌三郎は、大正末期にも第二の飛躍を遂げた。それは、かの有名な円本ブームでの活動だった。関東大震災の来襲により関東は出版事業に壊滅的な打撃をこうむった。これに不況の追い打ちがあって、多くの企業が倒産の危機におちいった。

しかし、大正末期から昭和初期にまたがって、出版界には奇跡的な特需が発生したのである。改造社という大手出版社が危機を脱する大きな賭けに出た。それまで高価な商品とされた書籍を、同じ作者の作品を数冊分併せて五〇〇〜一〇〇〇ページもの大冊に収め、一冊一円という廉価で発売した。いや、それに加えてほかの作者についても同じような大冊を組みこみ、これを数十巻まとめてセット本とする全集企画を予約出版した。それが『現代日本文学全集』であり、円本ブームのきっかけとなった。これを見た他社も続々と同様の廉価全集を刊行し、すぐにブーム状態が現出した。これを称して「円本全集ブーム」という。平凡社も円本全集の三番目として昭和二年に『現代大衆文学全集』全六〇巻を刊行開始している。これでさらに円本ブームは過熱し、すさまじい巻数の全集が世間に氾濫したため、このブームはわずか数年で鎮静化してしまった。

平凡社もこの影響をかぶった。昭和二年から昭和六年までの間に三〇種、七〇〇巻以上の円本を刊行するという、まさに自転車操業を実行し、「円本全集の総本山」とまで呼ばれた彌三郎だけに、危機はさらに大きかった。しかし、彌三郎はここで『や便』を思いだした。この便利な手引きは新聞を独力で読むために考案した書籍だったが、人々は今やこの拡大版を渇望していたのである。それは、絵も入り、解説の文字数も多い、膨大な数の項目を字引と同じ手軽さで検索できる巨大百科で、しかも口語で書かれた文章でなければいけない。

しかし彌三郎は秘策を持っていた。数百人におよぶ執筆者に原稿を分担して書いてもらい、印刷機器のほうも格段に進歩した方式を用い、わずかの日時で本当に製作してしまった。『大百科事典』二八巻は昭和六年に刊行を開始し昭和一〇年に完結した。このとき編集長を務めた木村久一が、書名を辞典から事典に変えた。この百科事典がよく売れて、彌三郎の会社は名実ともに「百科事典の総本山」へとイメージを変化させたのだった。

本書は、平凡社が創り上げた「事典」という形式の源泉なのである。

（あらまた ひろし／博物学）

[編者]

下中彌三郎（しもなか・やさぶろう）

1878年兵庫県生まれ。埼玉で教員を務めたのち、1914年６月、『ポケット顧問 や、此は便利だ』の刊行のため平凡社を創設し、百科事典や各種専門事典を次々に刊行した。1919年には教員組合「啓明会」を結成。1930年代からは「大亜細亜協会」「大政翼賛会」などに参加。戦後は公職追放にあうが、51年に解除され、平凡社代表取締役社長に復帰した。出版界の重職を歴任。1958年に会長。1961年死去。享年84。

秋永常次郎（あきなが・つねじろう）

1873年茨城県生まれ。東京にて出版社の成蹊社を営み、主に実用用語辞典などを刊行。下中彌三郎との共編で刊行した『ポケット顧問 や、此は便利だ』は好評を博したが、やがて破産。

平凡社ライブラリー 947

ポケット顧問(こもん) や、此(これ)は便利(べんり)だ

発行日…………2023年6月9日　初版第1刷

編者……………下中彌三郎・秋永常次郎
発行者…………下中美都
発行所…………株式会社平凡社
〒101-0051　東京都千代田区神田神保町3-29
電話　(03)3230-6579［編集］
(03)3230-6573［営業］

印刷・製本……株式会社東京印書館
ＤＴＰ…………平凡社制作
装幀……………中垣信夫

ISBN978-4-582-76947-0

平凡社ホームページ https://www.heibonsha.co.jp/

松岡正剛著
白川静
漢字の世界観

博覧強記の著者が『字統』『字訓』『字通』の字書三部作等で知られる知の巨人・白川静の学問、思想、人生に分け入った初の入門書。写真・年譜のほか、五木寛之氏との対談を収録。

内田百閒著／平山三郎編
内田百閒随筆集

借金、酒、猫、鉄道……。諧謔と機知に満ちた随筆を多数残した百閒の珠玉の作品を、「阿房列車」シリーズに同乗したことで知られる「ヒマラヤ山系」こと平山三郎が精選。

泉鏡花・内田百閒・宮沢賢治ほか著／東雅夫編
幻想童話名作選
文豪怪異小品集 特別篇

平凡社ライブラリーの人気シリーズ「文豪怪異小品集」の記念すべき10冊目は幻想怪奇「童話」。鏡花、乱歩、谷崎、室生犀星、巌谷小波など名だたる文豪の意外な名品を精選。

柳田國男著／大塚英志編
柳田國男民主主義論集

「憲法の芽を生やせられないか」——経世済民の学として民俗学を興した彼の根底には、常に日本国憲法に通ずる精神が流れていた。民主主義の推進者・柳田國男を読み直す。

ルース・ベネディクト著／越智敏之・越智道雄訳
菊と刀
日本文化の型

西洋との比較の枠組みを与え日本文化への反省と自負の言説を巻き起こしつづけた日本論の祖。事実誤認をも丁寧に注釈しながら、強固な説得力をもつこの書を精確かつ読みやすく新訳。

【HLオリジナル版】

市村弘正編／山路愛山・丸山眞男ほか著
論集 福沢諭吉

日本近代を牽引した思想家・福沢諭吉。平易にみえてはなはだ厄介なその思考の振幅と射程を、「文明の精神」のどんづまりで学びなおす。同時代から現代までの代表的福沢論を集成。

水原紫苑著
改訂 桜は本当に美しいのか
欲望が生んだ文化装置

桜を美しいと感じるのは自然の情緒なのか、そのように刷り込まれただけではないのか。記紀や万葉集から最近の桜ソングまで、誰も触れえなかった問い＝タブーに歌人が果敢に挑む。

沢村貞子著
私の浅草

信じるものが稀薄で生活の寄辺なさが漂う現代にあって、羨ましいくらいに確かな価値観をもって生きる、慎ましいながらも凜とした市井の人々の暮らし。下町気質を描いた珠玉の74篇。
解説＝橘右之吉

氏家幹人著
増補 大江戸死体考
人斬り浅右衛門の時代

刀剣の試し斬りと鑑定を家業とし、生き肝から作った「霊薬」で富を築いた山田浅右衛門を軸に、屍でたどる江戸のアンダーワールド。人斬りの家・山田家の女性たちに関する論考を増補。
解説＝清水克行

榎本好宏著
季語成り立ち辞典

歳時記は、詩歌千二百年余の中で生まれた日本人の文化遺産である——現代の歳時記から消えてしまった季語の豊かな背景を追い、「美しい日本語」を楽しむ「読む歳時記」。

本山荻舟著

飲食事典 上巻

あ—そ

料理、食材、祭礼行事、人名を6000項目にわたり解説し、日本の食生活史を網羅する事典形式の大著復刊。小説家荻舟の豊かな趣味生活を反映し、実用と読み物を兼ねる。あ—そ収録。

本山荻舟著

飲食事典 下巻

た—わ

料理、食材、祭礼行事、人名を6000項目にわたり解説し、日本の食生活史を網羅する事典形式の大著復刊。下巻は、た—わ収録。 解説＝原田信男

佐野眞一著

宮本常一の写真に読む失われた昭和

宮本常一が残した10万点余の写真のうち190点を厳選。村里の暮らし、島と海に見た貧しさと豊かさ、街角の庶民の息づかい……。高度成長期前後の日本を知る手がかりとなる一冊。 解説＝森山大道

橋口侯之介著

和本入門

千年生きる書物の世界

これまでにない具体的で分かりやすい入門書。つい100年前まで日本人が生活のなかで育んできた和本が、どれほど興味深くかつ貴重な文化財であるかを懇切に説いた読書人必見の一冊。 解説＝揖斐高

白川静・梅原猛著

呪の思想

神と人との間

3300年前に生まれた漢字は、人が神の力を持つための手段だった！ 白川静をこよなく敬愛する梅原猛が原初の文字に封じこめられた古代人の心について聞く、東洋の精神にせまる巨人対談。